연봉 3억 파이어족이

# 서민에게
# 들려주는
# 부자의
# 돈 이야기

연봉 3억 파이어족이

# 서민에게
# 들려주는
# 부자의
# 돈 이야기

발행일     2022년 1월 28일

지은이     박춘성
펴낸이     손형국
펴낸곳     (주)북랩
편집인     선일영                    편집    정두철, 배진용, 김현아, 박준, 장하영
디자인     이현수, 김민하, 김영주, 안유경      제작    박기성, 황동현, 구성우, 권태련
마케팅     김회란, 박진관
출판등록   2004. 12. 1(제2012-000051호)
주소       서울특별시 금천구 가산디지털 1로 168, 우림라이온스밸리 B동 B113~114호, C동 B101호
홈페이지   www.book.co.kr
전화번호   (02)2026-5777                 팩스    (02)2026-5747

ISBN      979-11-6836-125-6 03320 (종이책)      979-11-6836-126-3 05320 (전자책)

**(주)북랩** 성공출판의 파트너

북랩 홈페이지와 패밀리 사이트에서 다양한 출판 솔루션을 만나 보세요!

**홈페이지** book.co.kr    •    **블로그** blog.naver.com/essaybook    •    **출판문의** book@book.co.kr

**작가 연락처 문의 ▶ ask.book.co.kr**

작가 연락처는 개인정보이므로 북랩에서 알려드릴 수 없습니다.

서민이여, 벌고 모으고 투자하라

연봉 3억 파이어족이

# 서민에게 들려주는 부자의 돈 이야기

박춘성 지음

북랩 book Lab

# 프롤로그

이 책은 제가 아버지로서 저의 두 아이(서준이와 민준이, 둘이 합쳐 '서·민'으로 통칭)에게 들려주고 싶은 제 삶의 경험 중, 특히 근로 소득과 비근로 소득 등 돈에 대한 이야기를 정리하여 책으로 집필한 것입니다.

꼭 글로 쓰지 않고 말로도 들려 줄 수 있겠지만 그러기에는 현재로서 아이들이 아직은 어려서 잘 이해 못 할 것이고, 나중에 이해 할 수 있을 정도로 성장했을 때에는 혹시라도 제가 이 세상에 존재하지 않을 수도 있어 책으로 남기게 된 것입니다. 사람 일이란 어찌 될지 아무도 모르는 일이니까요.

또한, 저의 돈에 대한 경험과 생각이 매우 방대하여 말로서 체계적으로 설명한다는 것은 한계가 있기에, 이렇게 글로 풀어 써보면서 꼭 들려주고 싶은 돈에 대한 이야기를 일목요연하게 정리한 것입니다.

부끄러움을 무릅쓰고 이 책을 집필하기로 마음먹게 된 결정적 계기가 있었습니다. 저의 세 번째 책인 『5도2촌, 농막 세컨드하우스 활용기』의 집필을 마무리하던 2021년 2월 8일 밤에 있던 일화입니다. 그날 밤, 잠들기 전 침대에 누워서 아이들을 한번 안아주고 있었을 때 13살이었던 큰아이가 물어왔습니다.

"아빠, 세 번째 책 다 만들었어?"

"응, 이제 초고 완성했고 퇴고하면 4~5월에는 출판돼."

"아빠, 그럼 네 번째 책은 돈 버는 방법에 대해서 가르쳐줘."

당시에 저는 아이들에게 스마트폰으로 주식투자 앱 설치해주고 은행 통장에 모아놓았던 아이들의 용돈을 이체시켜 아이들이 직접 주식을 사고팔수 있도록 해주었는데, 마침 그 시기가 주식 활황기이다 보니 며칠 만에 10~20% 수익률을 보이는 것이었습니다. 이렇듯 아무것도 안 하고 놀고먹어도 돈이 불어나는 것을 아이들이 직접 경험해 보니 부쩍 돈에 대해 관심이 많아진 것 같았습니다.

이 잠자리 대화를 계기로 아이들을 위해서 저의 경험과 지식을 글로 정리해서 남겨주고자 구상하게 되었고, 이왕 글을 쓰는 거 시간이 좀 들더라도 정성들여 이런저런 저의 경험들을 잘 정리해두면, 혹시라도 나중에 제가 세상에 없을 때 아이들이 이 책을 읽어봄으로서 아빠의 돈에 대한 생각과 경험을 이해할 수 있을 것이란 생각이 들었습니다.

돌아가신 저의 아버지는 저에게 전혀 이런 경험과 지식을 알려주지 않으셨거든요. 저희 아버지는 건설현장 근로자로서, 유일한 소득 유형은 공사장에서 일용직으로 힘들게 몸을 써야만 돈을 벌 수 있는 근로소득 단 한 가지뿐이었는데, 이마저도 제가 고교 시절 중병으로 쓰러지시는 바람에 끊겼습니다.

유일한 소득이 끊어지자 우리 가정은 풍비박산 났지요. 아버지는 그렇게 7년을 의식 없이 누워만 계시다가 돌아가셨고, 그 바람에 저는 아버지에게 돈에 대한 지식을 배우기는커녕 고교 3학년 때부터 대학 진학은 포기하고 바로 건설현장 막노동판에 뛰어들어 생활전선에 앞장섰어야 했습니다. 노비의 자식은 노비가 된다고, 마치 정해진 운명처럼 19살 나이부터 아버지가 일했던 힘든 막노동판 일을 이어받아야만 했지요. 먹고살기 위해서.

학교생활과 공부에 대한 이야기, 그리고 군대 이야기, 취업에 대한 이야기, 자격증 취득요령, 연애와 결혼, 여행, 투자 등등 사랑하는 아이들에게 들려주고 싶은 제 삶의 경험과 지혜가 다양한데, 이 모든 것을 책 한 권에 다 넣을 수는 없기에, 우선 살면서 가장 중요하다고 생각하는 돈에 대한 이야기만 추려서 이 책에 넣어봤습니다. 제 개인적인 경험상 돈이 행복한 삶의 전부는 아니라지만 그래도 한 98% 정도는 차지한다고 생각하기 때문이지요.

앞으로 저는 지금보다 더 큰 규모로 재산이 증식될 수도 있고 현재의 수준으로 머물러 있을 수도 있겠지만, 현재 수준으로만 머물러도 직장 다니지 않고도 평생 먹고 살 수는 있기에, 이런 안정감에 그동안 날카롭게 갈아두었던 돈벌이에 대한 전투감각이 무뎌지기 전에, 그간의 저의 투자 경험들과 돈에 대한 생각들을 이렇게 정리해 기록으로 남겨봅니다.

서·민아, 지금은 이 책을 다 이해 못 하겠지만 나중에 컸을 때 혹시라도 아빠가 너희들 옆에 없거든, 살아가면서 돈에 대한 고민이 있을 때마다 이 책을 읽어 보거라. 마치 삼국지에서 「제갈량」이 죽고 「위연」이 반란을 일으켰을 때, 이에 대한 해결 비법을 「비위」에게 남겨놓은 「제갈량」의 비단 주머니와 같이, 이 책을 읽다보면 「마대」가 짜잔~ 하고 나타나 「위연」을 처단했듯이, 불현듯 깔끔한 해결 방법이 떠오르게 될 것이란다.

2021년 여름, 강화도 고구마 농장에서,

부(父)가 서민에게…

## 차례

# 결론

서민아, 혹여 이 책에 돈에 대한 어떤 엄청난 비법이 쓰여 있을 거라 허황된 기대를 할까 싶어 먼저 결론부터 간략히 정리해주마.

## 결론 요약

1. 「비법」은 없다.
2. 좋은 대상에 투자하면 가치상승으로 비근로 소득을 벌 수 있다.
3. 하지만 평소에 투자할 수 있는 자금(종잣돈)이 있어야만 좋은 기회가 왔을 때 투자할 수 있다.
4. 재벌 2세가 아닌 이상 투자금을 모으려면 우선은, 성실하게 일해서 근로 소득을 벌어야만 한다.
5. 남들보다 좀 더 편하게 더 많은 근로 소득을 벌기 위해서는 학벌이 높고, 또 그 분야의 전문가로 인정받으면 유리하다.
6. 즉, 전문가로서 근로 소득을 많이 벌고, 그 돈을 모아서 적재적소에 잘 투자하면 비근로 소득까지 덩달아 벌어들여 더 빠른 속도로 부를 이룰 수 있다.
7. 끝으로, 부를 이뤄 비근로 소득이 근로 소득을 초과하는 경제적 자유를 달성했다 하더라도 전문직으로서 근로 소득을 지속 창출하기 바란다. 전문성이 없는 사람들이나 전업투자를 하는 것

이고 전업투자한다는 것 자체가 근로활동의 한 유형일 뿐이란다.

부자가 되는 가장 쉽고 빠른 방법은 아빠가 큰 부자라서 서민이를 금수저로 태어나게 해주는 건데, 안타깝게도 아빠는 큰 부자가 아니다. 그저 평균보다는 3~5배 높은 수준의 근로 소득을 벌어들이고 있고 또한 이를 잘 모으고 투자해 평균보다는 약간 높은 수준의 재산을 형성했을 뿐이란다.

그리고 현행법상 우리나라는 상속세가 어마 무시하여 아빠가 세상을 떠나게 되면 재산의 50%를 상속세로 내야 하는데, 어마어마한 세금을 납부하기 위해 불가피하게 재산을 급매 처분하고 법적 상속 기준에 따라 엄마와 너희가 재산을 상속받으면 결과적으로 너희 각자의 손에 쥐어지는 재산은 별로 없을 것이란다. 그러므로 서민이는 금수저가 될 수 없단다.

그렇기에 아빠 생각에는 시간 지나면 썩어서 없어지는 물고기를 물려주는 것보다, 강과 바다에서 신선한 물고기를 직접 잡을 수 있는 방법을 알려주는 게 더 합리적이라 생각해서 지금 이 순간 이 책을 집필하고 있는 것이란다.

서민아, 황당하고 어이없겠지만 앞에 써놓은 7가지 결론이 아빠가 지난 40여 년을 살아오면서 몸소 느끼고 습득한 가장 현실적인 쉽고 빠르게 부자가 되는 방법이란다. 아빠가 40년 넘게 살아보니, 돈을 많이 벌고 재산을 크게 늘리는 데는 '운'이 따라야 하더라. 아빠 주변에 어느 정도 부를 이룬 사람들을 면면히 살펴보면 십중팔구는 정말 운이 좋아서 부의 초석을 쌓게 되었단다.

첫 투자처를 잘 고르는 것도 운이고, 투자 시기를 잘 만난 것도 운이고, 좋은 투자 동료(혹은 선의의 경쟁자)를 만나는 것도 운이 가장 크게 작용하더라. 이 여러 가지 유형의 운 중에서 하나라도 운때가 잘 맞으면 큰 이익을 남길 수 있는 것이고, 여러 운들이 한꺼번에 몰려온다면 그게 바로 '운수대통'이라는 것이란다.

하지만 운이 모든 것을 100% 좌우하지는 않는다. 이른바 '운칠기삼(運七技三)'이라는 말이 있지. 성공의 70%는 운이 크게 좌우하지만 나머지 30%는 본인의 노력에 따르므로, 운이 없어도 평상시 노력하여 어느 정도 금융 지식과 투자 실력을 쌓아두면 아무리 악조건이어도 최소한 손해는 보지 않을 수 있다는 뜻이란다.

서민아, 이제부터 아빠가 들려주는 이야기는 결코 정답이 아니다. 아빠도 부자가 되는 완벽한 정답이 있다면 좀 알고 싶구나. 그저 아빠가 지금까지 40여 년 살아오면서 해왔던 투자의 과정들을 세세하게 기록한 것일 뿐이란다. 그 투자 과정의 결과가 지금 너희들이 알고 있는 현재의 우리 집 재산인 것이지. 이 책은 아빠가 소소하나마 평균보다 약간 더 많은 재산을 형성하기까지의 과정을 가감 없이 진솔하게 정리해본 책이니 서민이가 앞으로 투자를 하는 데 있어 참고해보길 바란다.

아마도 너희가 살아갈 시대는 아빠가 살아온 시대와는 많은 차이가 있을 것이야. 금리도 아빠 때보다는 더 저금리일 것이고, 투자대상도 부동산, 주식뿐만 아니라 비트코인, 미술품 등등 더 다양할 것이고, 근로 소득 유형도 4차 산업혁명 여파로 많은 변화가 있겠지. 이러한 변화된 여건까지 고려한 해답은 서민이가 직접 찾아야만 하지만 이 책에 기록된 아빠의 경험과 생각을 통해 얻을 수 있는 교훈이 있다면 그것을 잘 활용하여 너희들만의 해답을 찾는 데 참조했으면 한다.

아빠는 여러 가지 투자대상 중에서 직업 특성상 아무래도 부동산에 가장 먼저 관심을 가지게 되었고 그러다보니 자연스레 현재 아파트와 농지, 임야 등 부동산 위주로 재산을 형성하게 되었단다. 따라서 이 책도 아무래도 부동산 투자에 대해 좀 더 초점을 맞추고 있단다. 지금까지 아빠가 부동산 거래한 횟수를 모두 헤아려 보니 아파트는 39번, 토지는 13번을 사고팔고 임대 줘서 50번이 넘는 부동산 거래 경험이 있더라. 이러한 경험 사례들을 가감 없이 이 책에 정리해 두었으니 이 또한 앞으로 너희들이 부동산 거래할 때 참고하길 바란다.

그리고 부동산 외에도 주식이나 미술품 투자 등에 대한 아빠의 소소한 경험들도 써 두었는데, 아빠가 부동산에 대해서는 어디 가서 대화에 낄 정도는 되지만은 그 외 분야는 지식과 경험이 빈약하여 별 도움은 안 될 것이란다. 하지만 간접경험이나마 서민이의 투자 다양성과 안목 형성에 도움 되기를 바라는 마음에서 같이 정리해 두었단다.

# 1장 과거기록

## 1981~2015년

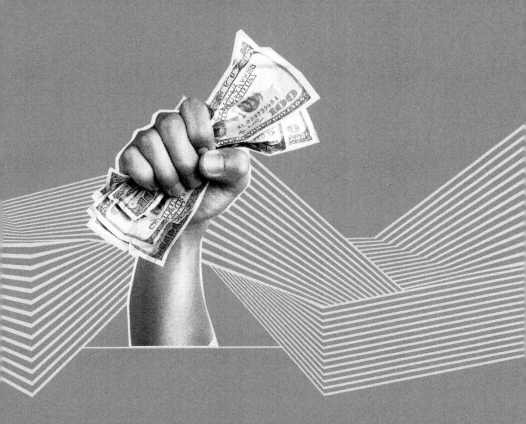

# 1절 이른 독립, 월세살이

# 달동네 단칸방 셋방

서민아, 아빠도 평범한 사람인지라 4~5살 때 기억들은 조금씩만 남아 있는데, 그때 아빠가 살던 동네는 인천 미추홀구 수봉산 바로 밑에 붙어있던 달동네였단다. 집이 산 밑에 붙어있었던지라 어릴 때 서민이의 친할머니 손을 붙들고 등산하듯 힘들게 걸어다녔던 기억이 나는구나. 화장실은 야외 마당에 있는 재래식이어서 밤에 화장실 가는 걸 엄청 무서워했던 기억도 있단다.

수봉산 달동네 집(1985)

연봉 3억 파이어족이 서민에게 들려주는 부자의 돈 이야기

아빠 기억으로는 그 달동네에서 월세살이로 1984년부터 4년을 살다가 1987년 아빠 나이 8살 때 같은 수봉산 밑자락이기는 하나 그나마 조금 낮은 지역에 있는 집으로 이사를 했단다. 이때부터는 전세였던 것으로 기억하는데, 그 집은 부엌이 주변 골목길보다 지대가 낮다 보니 장마철만 되면 늘 빗물이 골목길에서 부엌으로 넘쳐흘러 들어와 부엌이 무릎높이까지 물에 잠겼던 기억이 난다.

그 집은 잦은 물난리 때문이었는지 전세 연장 없이 2년만 살고 아빠 나이 10살 때 또 이사를 했는데, 이전 집과 비교하자면 다른 것은 다 비슷했는데 그나마 옛날 부엌이 아니라 방 한쪽 구석에 싱크대가 놓여있었던 것이 조금 달랐다. 거기서 전세 계약을 한 번 연장하여 4년을 살다가 아빠가 중학생이 되던 1994년에 연수구에 새로 지어진 영세민 임대아파트로 이사를 했지.

아빠가 서민이만 할 때는 우리 집은 왜 매번 이사를 다녔는지 이유를 알지 못했단다. 지금 생각해보면 매번 돈 모아서 전세 보증금 올려

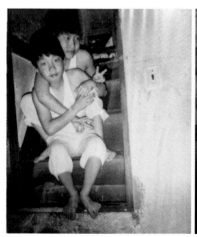

부엌이 침수되던 집(1988)

처음 싱크대가 있던 집(1990)

주다가 집주인이 계약연장 안 해주면 다른 전셋집 찾아서 이사 다녔던 것인데, 어릴 때에는 주변의 왕래하는 모든 사람들이 다 그렇게 살았으니 으레 당연한 것이라 생각했었단다.

서민아, 유유상종이라는 말이 있지. 같은 무리끼리 서로 어울려 다닌다는 뜻인데, 가난한 사람들은 대부분 자기와 비슷한 수준의 가난한 사람들하고만 어울리다보니 자연스레 본인의 삶이 중산층 평균치라 여기고 현실에 안주해 버리는 경향이 많단다.

옆에 사는 이웃집도 가난하고 형제의 집도 가난하고, 친척 집도 가난하고, 주변에 온통 자신과 비슷한 가난한 사람들뿐이기에 가난을 당연하게 받아들이고 이를 바꾸고자 노력하지를 않는단다. 그렇기에 옛부터 지금보다 더 나은 삶을 살기 위해서는 만나는 사람을 바꾸거나, 살고 있는 동네로 바꾸거나, 이도저도 능력이 안 되면 최소한 책이라도 많이 읽으라고 했지.


집을 한 채라도 소유한 사람은 최소한 물가상승에 대비한 방어를 해둔 것이고, 더 나아가 집을 여러 채 소유한 사람은 전월세 소득까지 올리며 시세차익에 의한 비근로 소득도 벌어들이게 되는 것이지. 부자들이 집 사서 이러고 있을 때, 서민이의 돌아가신 친할아버지는 2년마다 전세보증금 올려주기 위해 전전긍긍하면서 다람쥐 쳇바퀴 돌 듯 가난한 삶을 이어가고 있었단다.

냉철하게 본다면 서민이의 친할아버지는 자본주의 사회의 본질을 깨닫지 못한 전형적인 지배받는 계층으로서, 오직 근로 소득에만 충실하여 간신히 굶어죽지 않을 정도 수준으로만 사셨던 것이지. 즉 자본을 지배하기는커녕, 자본에 의해 지배당했던 돈의 노예였던 것이다.

그 와중에 서민이의 친할아버지는 나중에는 중병을 얻어 근로 소득

마저 끊기고 비싼 병원비와 생활비 부담을 아빠에게 전가하게 되었지. 마치 고대 죄수노예들이 자기 발목에 차고 있던 무거운 족쇄를 아들 발목에 옮겨 채운 것과 같은 것이랄까? 그래서 아빠는 이 가난이라는 족쇄를 더 이상 우리 서민이에게는 물려주지 않기 위해 불철주야 몸부림을 쳤던 것이란다.

# 영세민 영구임대 아파트

1993년에는 처음으로 아파트에 살게 되었단다. 그때가 아빠 나이 14살로 중학교 1학년이었는데, 난생 처음 아파트를 경험해보니 무엇보다도 집 안에 있는 수세식 화장실이 너무나도 신기하고 좋았어. 비록 전용면적은 10평도 채 안 되었지만 드디어 단칸방에서 벗어나 작은방이하나 더 달려있는 투룸 구조였단다. 서민이가 지금 살고 있는 집의 반토막도 안 되는 작은 크기이지만 아빠에게는 아파트라는 주거시설을처음 경험하게 된 아주 획기적인 삶의 변화였단다.

첫 영세민 임대 아파트 평면구조                    출처: 네이버 부동산

여기에 이사 오기 전 아빠가 5학년 때 부모님이 이혼해서 어머니는 안 계셨고 이 집에는 아버지(서민이의 할아버지)와 형(서민이의 큰아빠)이 함께 살았는데, 아무리 투룸이라도 다 큰 남자 3명이 살기에는 많이 비좁은 편이었단다. 게다가 형이 작은방을 하나 독차지해 버려서 아빠는 아버지와 안방을 썼는데 딱 잠자리 깔고 누우면 방이 꽉 찼단다.

아빠는 거기서 고등학교 1학년 때까지 약 3년간 살았는데, 당시에는 어려서 잘 몰랐지만 나중에 알고 보니 국가에서 가난한 사람으로 인정받은 영세민(수입이 적어 생계가 어려운 사람)을 대상으로 월세 받고 빌려주는 공공 임대 아파트였단다.

어쩐지 동네에 휠체어 타고 다니는 몸이 불편하신 분이 이상하게도 엄청 많더라니. 그리고 인근 다른 아파트에 살고 있는 중학교 친구네 집에 놀러가서 친구 부모님들이 어디 사느냐고 물어서 말씀드리면 은근히 아빠를 불쌍한 듯 쳐다보셨던 기억이 난다.

국가에서 공식 인정해준 가난뱅이라, 이걸 좋아하는 게 맞는 건지 모르겠다. 아니, 절대 좋아해서는 안 될 일인데 당시 아빠의 아버지는 저렴한 월세로 아파트에 살 수 있다고 매우 좋아하셨단다. 삶의 마인드가 그러니 아들에게 그 국가가 인정해준 가난을 고스란히 물려주신 것이겠지.

그때 놀러갔던 친구네 민간아파트는 그 임대아파트에서 불과 걸어서 5분 거리였지만 아파트 구조도 계단식 구조였고 층수도 더 높았으며 주로 30평형 이상으로 되어 있는 등 아빠가 살았던 임대아파트와는 많은 차이가 있었단다. 그러다 보니 아빠가 아무리 어렸어도 우리가 살고 있는 임대아파트가 정상적인 주거환경은 아니라는 생각을 조금씩 하게 된 것이지.

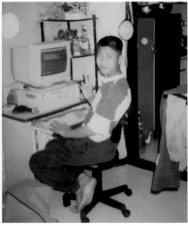

중학교 3학년 때 영세민 영구임대아파트에서(1995년)

| 구분 | 우리 집<br>(영세민 임대 아파트) | 친구 집<br>(민간 아파트) |
|---|---|---|
| 구조 | 복도식 저층(5층 이내) | 계단식 고층(10층 이상) |
| 평수 | 소형 위주(12, 14, 18평) | 중대형 위주(24, 32, 34평) |
| 주차장 | 주차장 꽉 차는 경우가 별로 없음 | 항상 만차 |
| 중개사 | 없음(일반 매매 불가) | 많음(자유 거래 가능) |
| 사람들 | 장애인, 편부 편모 가정 위주 | 정상인, 정상가정 위주 |

곰곰이 분석해보면 아마 어린 나이에 이런 기억들 때문에 나중에 아빠가 본격적으로 부동산 투자에 눈을 떴을 때, 여러 동네의 많은 아파트들 중에서 바로 저 친구 집 민간아파트를 선택하여 투자하는 데 영향을 미치지 않았을까싶다. 나중에 이 민간아파트는 말로만 들어보던 무피 투자를 직접 경험하게 된 사례가 되는데 자세한 내용은 뒤에 설명하마.

연봉 3억 파이어족이 서민에게 들려주는 부자의 돈 이야기

아빠는 중학교를 동인천역 주변에 있는 광성중학교를 다녔는데, 당시 연수구에서는 교통편이 굉장히 불편하여 3년 내내 등하교에 꽤나 고생했단다.

현재의 발전된 대중교통 체계로도 근 1시간이 걸리는데, 25년 전에는 길도 좋지 않았고 버스도 많지 않아서 매일 왕복 4시간 이상을 등하교 버스에서 보냈단다. 그 많은 시간을 보낸 등하교 버스에서, 중학교 2학년 여름 때 라디오 속보로 북한 김일성 사망 소식을 들으며 전쟁 나면 어떻게 하나 걱정했던 기억도 떠오른다.

# 불법 건축물 천막집

서민아, 아빠가 고등학교 1학년이 되던 1996년에 아버지가 재혼을 했단다. 아버지는 몸을 써서 일하는 직업 중에서도 가장 힘든 편에 속하는 건설현장 근로자였는데, 처음에는 잡부로 막일을 했지만 나름 어깨너머로 경험을 쌓다보니 목수로 인정받아 건설현장에서 거푸집 등을 조립하는 목수 일을 하셨단다.

당시 아버지가 벌어오는 하루 일당이 약 5만 원 정도였는데, 당시 자장면 한 그릇이 2천 원 정도였고 지금은 7천 원 정도 하니 물가가 약 3배 올랐다고 가정하여 현재 가치로 환산해 보면 약 15만 원 정도라고 보면 될 것이야.

하루 종일 오지게 몸 고생 하는데 일당이 겨우 15만 원이라니. 서민이도 잘 알겠지만 아빠가 현재 주 소득원인 강의나 설계심의 등의 일을 하면 최소 시간당 10만 원 이상은 벌어온단다. 아빠가 1~2시간이면 벌어올 돈을, 아버지는 하루 종일 힘들게 몸 고생 해야지만 벌 수 있었다니 지금 생각하면 참 서글프단다.

서민아, 그러니까 아빠가 항상 너희에게 말하는 것이, 아직까지 우리나라 사회에서는 머리를 써서 돈을 벌어야 하지, 몸을 써서 돈 벌면 안 된단다. 몸 쓰는 것은 운동을 하거나 취미생활을 할 때에만 써도 충분하다.

연봉 3억 파이어족이 서민에게 들려주는 부자의 돈 이야기

다시 본 이야기로 돌아가서, 아빠가 17살 때 아버지는 어느 큰 교회를 짓는 공사현장에 나름 목수반장급 일을 맡았는데, 거기서 천막집을 지어놓고 공사장 근로자들에게 밥장사하는, 소위 함바식당 장사하는 아줌마를 소개받아 몇 달 후 아버지는 사실혼 관계로 같이 살기로 했단다. 그 아줌마도 이혼 전력이 있어서 서로 혼인신고나 성대한 결혼식은 하지 않고, 양가 가까운 친인척만 불러놓고 간략히 결혼식을 치렀었지.

그런데 아빠는 그 아줌마와 같이 사는 게 영 싫었어. 고등학교 1학년 17살이면 다 큰 나이인데 생전 처음 보는 사람에게 엄마라고 부르라고 시키는 아버지도 싫었고, 그 좁아터진 10평 남짓 영세민 임대아파트에 매일같이 낮선 아줌마 얼굴 마주보며 사는 것도 싫었단다. 그래서 아빠는 학교 마치고 집에 오면 작은방에만 콕 박혀 밖으로 나가지를 않았단다. 아, 참고로 그 당시에 서민이의 큰아빠는 일치감치 집 나가서 주유소 알바하며 고등학교 친구들과 따로 살고 있었단다.

아버지도 이런 아빠가 불편했는지 그 아줌마와 상의해서 아빠를 집에서 내보낼 방법을 찾아내셨지. 어떤 방법이냐 하면 그 아줌마가 장사하는 천막집 식당으로 아빠를 내보내는 것이었단다. 얼마 후 아버지는 천막집에 각재와 합판으로 약 2평 남짓 되는 방 하나를 뚝딱 만들었고 아빠를 이제부터 그 곳에서 지내라고 내보냈단다.

엄밀히 말하자면 거기는 방이 아니었어. 왜냐하면 장판도 깔리지 않은 그냥 맨 흙바닥이었거든. 땅바닥 위에 목재로 만든 침상 하나 만들어둔 구조였단다. 그래도 아버지께서 고등학생이었던 아빠에게 공부 열심히 하라고 쓰다 남은 합판 쪼가리들로 대충 못질해서 거지 같은 책상도 하나 같이 만들어 주셨단다. 아빠는 세상에 단 하나뿐인 흙바닥 방에서 세상에 단 하나밖에 없는 수제 침대와 책상을 선물받을 정도로 아버지에게 큰 사랑을 받으며 자랐단다.

그래도 아빠는 나쁘지 않았어. 불편하게 그 아줌마를 매일 안 봐도 되니까. 아버지와 아줌마가 함바식당 영업하는 낮 시간에만 밖에 나가있으면 밤에는 조용한 혼자만의 시간을 보낼 수 있었으니까. 그래서 아버지와 아줌마가 천막집으로 출근하기 전에 새벽 일찍 학교로 나가고, 하교 후에는 여기저기 싸돌아다니다가 해 질 녘에나 그 천막집으로 들어갔단다. 비록 천막집이어도 명색의 식당이다보니 먹을 건 많이 있었어. 밥, 김치, 라면은 언제든지 넘쳐났지. 심지어 소주, 맥주도 박스채로 쌓여있었단다.

지난 서글픈 기억들을 떠올리자니 쓸 말이 많지만 이 천막집 함바식당의 결말을 간략히 요약하자면, 아빠가 고등학교 3학년 되던 1998년 여름에 불법 건축물로 민원이 들어와서 구청 단속반에 의해 강제집행으로 철거되었단다. 어차피 천막과 합판으로만 만든 허술한 건물이다 보니 구청에서 나온 단속반 3명이 망치와 장도리, 빠루(노루말 못뽑이) 등으로 여기저기 내리찍어 버리니 1시간도 채 안 되어 뼈대만 남기고 벽체가 싹 뜯겨지고 말았지.

이러한 일련의 과정을 현재의 아빠가 습득한 지식과 상식을 바탕으로 당시 상황을 추측해 보자면, 공사장 인부들이 그 함바식당만 이용하니까 인근 일반식당에서 미워했을 것이고, 그래서 불법 건축물이라는 것을 꼬투리 잡아 구청에 민원을 넣지 않았을까 싶다. 구청에서는 민원 접수되면 무언가 조치해야만 하니 우선은 자진 철거하라고 몇 번 경고장 보냈을 것이고, 그걸 무시하면서 계속 장사하니 결국 구청에서 행정대집행 방식으로 철거한 것이겠지.

그 이후 아빠는 다시 좁은 영세민 임대아파트에서의 불편한 동거가 몇 개월 있었고, 그해 10월, 그 이후로 다시는 아빠는 아버지와 같이 살지 않았단다. 왜냐하면 아버지가 그해 10월에 뇌출혈로 쓰러져 7년간을 병원 중환자실과 중환자요양원에서만 누워 지내다 돌아가셨기 때문이지. 7년간의 투병 끝에 아빠가 25살이 되던 2005년 초봄에 의식 없이 누워만 계셨던 아버지는 결국 폐렴 등의 합병증이 심해져 돌아가셨단다. 아버지가 돌아가신 나이는 54살이었지만 뇌출혈로 인해 실질적인 삶을 마감하신 나이는 47살이라고 봐야겠지.

　이제 아빠 나이도 어느덧 43살이란다. 앞으로 4년만 더 지나면 아버지가 쓰러지셨던 그 나이가 되는 거지. 그래서 아빠는 아빠가 겪었던 그 고통과 슬픔을 너희에게는 절대 물려주지 않기 위해 부단히 노력하고 있단다. 서민이가 알고 있을지는 모르겠지만, 엄마와도 행복하고 화목한 집을 만들려고 어지간해서는 싸우지 않고 지내며 혹여 말싸움을 하더라도 항상 아빠가 먼저 사과하며 엄마의 용서를 구하고 있지. 또 건강도 챙기려고 매일 새벽마다 30분씩 운동도 하고, 일 하면서 생긴 스트레스를 안 쌓아두려고 강화도 경치 좋은 곳에 농장 만들어 놓고 주말마다 휴양하면서 스트레스를 풀고 있는 것이란다.

# 건설현장 숙소 가설 판넬집

서민아, 1998년 아빠가 고등학교 3학년 때 처음 실습 겸 취업을 나간 건설회사는 작은 상수도 공사 전문 업체였어. 당시 배치된 공사현장이 현재 인천문학경기장역 주변도로 밑에 큰 상수도관을 매설하는 공사였는데, 1998년 그 당시에는 도로 말고는 아무것도 없던 시골 논밭 허허벌판이었는데, 지금은 인천문학경기장도 지어졌고 지하철역도 들어섰지.

만약 문학경기장 주변 논밭을 그때 좀 사두었다면 지금은 개발되면서 수십 배 땅값이 올랐을 텐데, 그때는 이런 투자에 대한 지식도, 관심도, 돈도 없었단다. 상수도공사현장에서 그해 7월부터 11월까지 4개월만 일하고 그만두었는데, 아빠가 일이 힘들다고 먼저 그만둔 것은 절대 아니란다.

아빠는 아버지에게 배우고 물려받은 게 거의 없지만 그나마 딱 하나라도 꼽아보라면, '근면성실'한 태도만은 보고 배웠단다. 아빠의 아버지는 건설현장 막노동을 하다 보니 일 나가는 날에는 자명종 알람 없이도 새벽 5시에는 벌떡 일어나 일하러 나가는 것을 십 수 년 동안 옆에서 지켜보면서 알게 모르게 그런 근면성실한 모습은 따라 배운 것 같구나.

이 회사에서는 첫 달만 월급을 주고 다음 달부터는 계속 돈을 안

주더라고. 하지만 그 회사 사장이 아빠의 고등학교 토목과 한참 선배이자 전직 인천광역시 공무원 출신이라기에 별말 없이 참고 기다렸지.

　그러다 그해 10월 말 아버지가 급작스러운 뇌출혈로 응급실에 실려가 긴급 수술 후 중환자실 입원을 하게 되는 등 급작스레 목돈이 필요한 상황이 벌어졌어. 그럼에도 그 회사에서는 밀린 월급을 안 주었기에 어쩔 수 없이 병원비 낼 돈 벌기 위해 그 회사를 그만두고 다른 회사로 옮긴 것이란다. 밀린 3개월치 월급은 고등학교 선생님에게 상담드리고 나서야 간신히 받아낼 수 있었단다.

　새로 옮긴 회사는 인천 영종대교 건설현장에서 사내하청을 받아 일하는 작은 측량전문회사였는데, 그 회사 자체는 별 볼일 없었지만 그 회사에게 용역을 준 원청사가 한진건설(현 한진중공업 건설부문)이라는 굴지의 대기업이어서, 운 좋게도 한진건설 직원들과 어울려 일하면서 대기업의 선진 근무 문화와 사내 분위기를 몸소 체험할 수 있었지. 이때의 경험이 아빠에게는 정말로 큰 도움이 되었단다.

　사람은 모름지기 큰물에서 놀아야 한다고, 앞서 있었던 작은 상수도 업체에서는 모든 직원들이 죄다 고졸 수준이었기에 고등학교만 졸업해도 이 세상 사는 데 아무 불편이 없다고 만족해했지. 사장도 고졸이었고 부장도 고졸 과장도 고졸. 그나마 대리가 전문대졸로서 최고 학력자였는데 하지만 건설과는 전혀 상관없는 인문계열 출신이었지.

　그런데 새로 옮긴 영종대교 건설현장의 측량팀 직원들은 아빠 빼고는 모두가 전문대졸 출신이었단다. 게다가 원청사인 한진건설 직원들은 하나같이 모두 내로라할 명문 4년제 대학교 출신이었어. 또 그 옆 공구인 삼성물산, 현대건설, 코오롱건설도 마찬가지로 원청사 직원들은 죄다 명문 4년제 대졸이었단다. 심지어 일부 설계팀 직원들 중에서는 대학원을 졸업한 석사 학위를 받은 직원들도 있었어.

어린 나이에 엄청난 문화 충격이었지. 여기에 와보니 고졸 출신은 아빠를 비롯해서 각 부서에서 잡일하는 막내 실습생들 3명 외에는 아무도 없었어. 더 놀란 것은 그들은 학력이 높은 순서대로 받는 월급도 차이가 크게 나더라고.

아빠가 그 측량회사에 처음 입사한 1998년 12월에는 아직 고등학생 신분이어서 월급 80만 원(현재 가치로는 약 160만 원)을 받았고, 몇 개월 지나 고등학교를 졸업한 이후에는 월급 100만 원(현재 가치 약 200만 원)을 받았지. 같은 측량회사에서 일하는 전문대졸 대리직급은 약 130만 원(현재 가치 약 260만 원)을 받았는데, 원청사 대기업의 4년제 대졸 출신 직원들은 아빠와 같은 신입임에도 약 200만 원(현재 가치 약 400만 원) 정도를 받고 있었단다.

더 많이 배운 사람들이 더 좋은 회사에서 더 편한 일을 하면서 더 많은 월급을 받아간다는 것을 거기서 깨달았단다. 이 때 경험이 아빠에게는 큰 깨우침을 주어서 나중에는 아빠도 주경야독하여 독학으로 학사 학위를 취득했고, 또 그 이후에도 야간 대학원에 다니면서 석사는 물론 박사 학위까지도 취득하게 된 것이지.

그 결과 지금은 월 평균 세전 2,500만 원 정도를 벌고 있단다. 게다가 최고위 국가기술자격인 기술사 자격도 4개나 보유하고 있다 보니 어떨 때에는 서류에 기술사 도장 한번 찍어주는 것만으로도 300만 원 정도를 벌기도 한단다. 이처럼 학벌이 높을수록 근로 유형에 대한 선택의 폭도 넓어지고 더 쉽고 편하고 빠르게 더 많은 돈을 벌 수 있는 것이란다.

당시 아빠가 일했던 영종대교 건설현장은 도심지와 멀리 떨어져 있

건설현장 가설 사무실 및 숙소 사례 예시                    출처: 카카오맵

어서 아무것도 없는 황량한 논밭 한가운데에 가설 판넬로 사무실, 식당, 숙소를 만들어놓고 직원들이 숙식하며 같이 모여 살았단다. 꼭 영종대교 건설현장만이 아니라, 도심지에서 벗어나 있는 모든 공사현장은 대부분 이렇게 가설 판넬이나 컨테이너로 사무실과 숙소를 만들어 놓고 생활한단다.

　이런 가설 판넬 구조는 몇 가지 특징이 있어. 우선 여름에는 엄청 따듯하고 겨울에는 엄청 시원하단다. 가설로 짓다보니 단열이 좋지 않아 여름에는 열기가, 겨울에는 냉기가 그대로 침투하는 것이지. 또 같이 숙소를 이용하는 사람들끼리 허물없이 친하게 지내게끔(?) 방음이 하나도 안 된단다. 옆방 사람의 코 고는 소리는 물론, 전화통화 할 때 전화기 너머의 그 통화 상대자 목소리까지도 옆방으로 고스란히 다 들리지. 어때? 엄청 살기 좋겠지?

# 토지 가격은 세월을 먹고 자란다

돌이켜보면 아빠는 근무 환경이 땅 투자하기에 꽤나 괜찮은 조건이었 단다. 앞서 설명했듯이 1998년에 일했던 상수도 공사현장 인근 논밭 에는 지금 문학경기장과 지하철역이 들어서 싹 개발되었고, 1999년부 터 2년간 일했던 영종대교 건설현장 숙소 주변은 지금 청라국제도시 가 조성되었단다.

영종대교 현장사무실 주변의 변화된 모습(청라국제도시)　　　　　출처: 카카오맵

　　　　　연봉 3억 파이어족이 서민에게 들려주는 부자의 돈 이야기

| 2008년 | 2021년 |
| :---: | :---: |
|  |  |

송도국제도시의 변화된 모습 출처: 카카오맵

또한, 지금 우리가 살고 있는 송도국제도시도 아빠가 군대 전역한 2006년도에는 대부분 허허벌판이었단다. 하지만 지금은 15년 지나는 동안 온통 아파트와 오피스, 상가 등의 건물이 빼곡히 들어찼지.

청라와 송도 같은 신도시를 개발하기 위해서는 가장 먼저 택지조성을 위한 토목공사가 선행되어야 하는데, 아빠는 토목공학 박사이자 전문 기술사로서 이렇게 신도시가 개발되는 과정에 참여한 적이 꽤 많았단다. 그럼에도 그때는 미래를 내다보는 눈이 부족했고 투자에 대한 개념도 부족하여 이렇게 좋은 토지투자 기회들을 모두 흘려보냈었지.

그러니 서민아, 너희들은 아빠처럼 20년이 지난 후 '그때 그 땅을 좀 사둘걸.' 하면서 후회하지 말고, 발전 가능성 있어 보이는 토지가 보인다면 과감히 투자해두기를 바란다. 토지를 사둔 그 돈은 아예 없는 돈이라 생각하고 10~20년 푹 묵혀두면 수십~수백 배로 불어나서 되돌아 올 것이란다. 그리고 더 중요한 것은 투자가 성공적이어서 자산 가치가 불어나더라도, 아래와 같이 꼭 필요한 상황이 아니라면 자산은 가급적 팔지 말고 계속 소유하고 있어야 한단다. 한 번 내 손을 떠난 자산은 다시는 그 가격에 되살 수 없기 때문이지.

## 자산을 되팔아도 되는 경우

1. 그 돈이 없으면 당장 생계유지가 안 되는 경우

2. 더 확실하고 좋은 투자처를 찾았는데 자금이 부족한 경우

3. 양도소득세, 상속세, 증여세 등 절세를 위해 부득이한 경우

# 월세, 인하대 후문 단칸방

서민아, 아빠는 생활비와 아버지 병원비를 벌기 위해 대학 진학을 포기하고 고등학교 3학년 때부터 직장을 다녔단다. 그렇게 2년 정도 일하다 보니 여러 가지 일들을 겪으면서 학벌의 중요성을 정말 절실히 느끼게 되었지. 일화로 그 측량회사에 아빠보다 1년 늦게 입사한 신입사원이 있었는데 불과 2년 만에 아빠를 앞질러 먼저 승진하는 것이었어. 그 직원은 아빠가 측량에 대해 하나하나 직접 가르치면서 일 시켰던 사람이었는데 전문대를 졸업했다는 이유로 아빠보다 먼저 승진한 것이었단다.

그 전에도 학벌이 중요하다는 것은 알았지만, 그래도 노력하여 열심히 일하고 등급 높은 국가기술자격증을 취득하면 학벌이 낮아도 충분히 인정받을 수 있을 것이라 생각했는데 완전한 오판이었단다. 아빠가 비록 대학은 안 갔어도 또래의 친구들 중에서 가장 빨리 측량 산업기사 자격증을 고등학교 졸업 1년 만에 독학으로 취득했었는데도 결국 자격증은 학벌을 이기지 못하더라.

이것 말고도 전문 자격증이 학벌을 이기지 못한 경험은 많았단다. 군대에 있을 때에는 4년제 대졸 수준이 응시할 수 있는 기사 자격증을 건축기사, 측량기사, 건설안전기사 이렇게 무려 3개나 합격했어도, 전문대졸 이상의 학위가 없다는 이유로 장교(간부사관)에 지원할 수가 없었고, 현대건설에서 계약직으로 일할 때에는 국가기술자격 중 최고위 등급인 기술사를 2개나 취득했음에도 정규대학 졸업 학위가 없다는 이유로 정규직 전환이 안 되었다가, 나중에서야 석사학위를 취득한 후 정규직이 될 수 있었단다.

서민아, 안타깝지만 우리나라에서 아직까지는 학벌이 인생의 편한 삶을 사는 데 아주 많은 영향을 끼친단다. 대학을 안 나와도 성공하고 돈 잘 벌어들이는 사람이 있기는 하지만 그렇게 될 수 있는 확률이 매우 낮은 게 현실이란다. 그러니 성공 확률을 높이기 위해서는 가능한 한 학벌을 높이는 게 쉽고 빠르고 유리한 것이지.

서민이는 나중에 아빠처럼 박사 학위까지 받았으면 한다. 아빠가 박사 학위가 있다 보니 사회적 대우와 인식에 아주 효과가 좋다는 것을 몸소 느끼고 있단다. 일단 처음 보는 사람이 호칭할 때에도 '박사님'이라고 예우 해주며, 또한 기술사 자격증은 이게 뭔지도 모르는 사람들은 많아도 박사 학위는 모든 사람들이 다 알아준단다. 심지어 3살배기 애기도 척척박사, 똑똑박사 등을 알아듣는단다. 그러니 박사학위를 잘 활용하면 더 좋은 조건으로 돈 벌 기회도 늘어나는 것이지. 그래서 서민이도 꼭 박사까지 취득하기를 바란다.

서민아, 대학교 졸업 후 우선 취업하여 열심히 일하며 그 돈 모아서 야간 대학원을 다니렴. 아빠가 대학교까지는 학비 내주겠지만 대학원 비용은 너희가 직접 돈 벌어 내야 한단다. 그래야 자기 돈 아까워서라도 정신 바짝 차리고 열심히 공부하게 된다. 아빠가 대학원 비용은 안 내주는 대신 늙어서 서민이에게 손 안 벌리도록 노후 준비를 잘 해둘 테니 쪼잔하다고 생각하지는 말아다오.

아빠가 본격적으로 부동산 투자에 눈을 뜬 30대 중반 이전까지 늘 입에 달고 다녔던 말이 "가장 손해 안 보는 완벽한 투자는 자기계발이다."였단다. 지금도 그 생각은 동일하지만, 아빠는 다행히도 이러한 진리를 남들보다 좀 일찍 깨우쳐 30대 중반에 이미 공학박사 학위와 4개 종목의 전문 기술사 자격까지 달성해두어, 마흔이 넘은 지금은 이렇게 여유 있게 부동산이나 주식 등 현물자산에 투자하며 책이나 쓰면서 지낼 수 있는 것이지. 그러니 서민이도 젊을 때에는 자기계발에 많이 투자해두어, 적게 일하고 돈은 많이 벌면서 편안한 중년과 노년을 보내기를 바란다.

다시 회사 이야기로 돌아가면, 그 후배 직원의 빠른 승진은 아빠에게 큰 충격을 주어서 아빠도 결국 대학을 나와야겠다는 확고한 생각을 가지게 되었단다. 그리고 아버지가 쓰러진 지 2년이 넘어갈 즈음, 평일에는 생활비 마련을 위한 지방 건설현장 숙소에서 지내고, 주말에는 아버지 병실 간이침대에서 간병하며 지내다 보니 아빠도 너무 지쳐, 이제 더 이상 맹목적으로 내 인생을 아버지 간병만을 위해 살 수는 없다는 생각이 들더라.

'죽을 사람은 죽더라도, 산 사람은 살아야 한다.'라는 속어가 있지. 3년 병수발에 효자 없다고 아빠도 한 2년을 병수발 들어 보니 너무 지쳐버렸단다. 당시 아버지는 의사 소견에 의하면 정상적인 회복은 불가능하고 그저 자가 호흡 외에는 아무 신체활동 없이 자연사 하실 날만 기다리며 콧줄로 집어넣은 미숫가루 물에 의지하며 생명만 유지하던 상황인데, 거기에 맹목적으로 아빠의 인생을 모두 갈아 넣을 수는 없다고 생각했단다.

서민아, 아빠는 혹시라도 이런 경우를 대비해 보험도 잘 들어놨고 재산도 좀 일궈놨으니 조금 낫겠지만, 혹시라도 정말 만약에 아빠가 저런 상태가 된다면 서민이는 양심의 가책을 가지지 말고 범죄로 인정되지 않는 범위 내에서 콧줄 삽입 등의 무의미한 연명치료는 하지 말아다오. 아빠 병수발보다는 너희의 장래를 최우선으로 챙기렴. 그냥 하는 말이 아니라 진심이란다.

그래서 병수발 2년차부터는 가뜩이나 없는 살림에 억척같이 허리띠 졸라매어 생활비를 좀 더 줄이고 대학에 가기위한 등록금을 한 푼씩 모으기 시작했단다. 그리고 아빠가 22살이 되던 2001년 1월에 아버지가 계시는 중환자 요양원과 그나마 가까이 있는 인하공업전문대학에 야간반으로 지원을 했고, 고등학교 성적이 나름 나쁜 수준은 아니어서 바로 합격하였단다.

2001년 3월 입학식, 아빠는 또래보다 2년 늦은 나이로 늦깎이 대학생이 되었지. 당시 측량회사는 천안시에 있는 철도공사 현장에서 근무하고 있었는데, 아무리 야간반이어도 학교 수업은 매일 있다 보니 더 이상 지방에서 일할 수는 없기에 측량회사를 그만두게 되었지만, 병원비와 생활비를 벌기 위해서 학교 다니는 기간에도 군대 가기 직전까지는 이런저런 아르바이트를 계속했단다.

대학 입학 직전까지는 부평역사에 있는 롯데마트(당시 마그넷)에서 주차장 관리하는 일을 했고, 입학 후에는 근로 장학생으로 선발되어 토목과 사무실에서 조교선생님들의 사무보조 일을 했었지.

대학 다닐 적에 아빠가 살던 곳은 인하대 후문의 자취방이었는데, 화장실도 부엌도 없이 순수히 3평 정도 되는 방만 있는 집을 월세 5만 원씩 주고 잠만 자며 살았단다. 그때 느낀 게 집을 활용해 월세라는 방식으로 매월 고정적으로 돈을 벌 수도 있다는 것에 새삼 놀랐단다.

그 전까지 아빠가 살던 집은 대부분 전셋집이어서 보증금을 이사 갈 때 고스란히 돌려받았기에 집으로 돈을 번다는 것은 생각을 못해 봤는데, 이렇게 매달 따박따박 월세 받으러 오는 집주인을 보면서 "직접 일하지 않고도 이렇게 돈을 벌 수도 있는 거구나" 하는 생각을 했었지.

서민아, 부동산으로 수익을 낼 수 있는 방법은 크게 2가지 유형이 있단다. 하나는 '시세차익'으로 돈을 버는 것인데, 부동산의 가치가 상승하여 수익을 내는 방식으로 입지가 좋다면 토지든 집이든 모든 부동산에 적용할 수 있는 투자방식이란다.

그리고 두 번째 방법은 '월세수익'으로 돈을 버는 것인데, 이것은 토지에는 적용하기 어렵고 빌라, 아파트, 상가 등 건물에 투자할 때 쓸 수 있는 방법이지. 이 월세수익은 매월 고정적인 돈이 들어오니 현금흐름 측면에서는 더 좋지만 단점도 많단다.

우선은 전세 갭 투자에 비해 자기 자본이 많아야 하니 초기 투자금이 많이 들지. 그리고 세입자들이 불만 갖지 않도록 시설물 보수 등 요구사항들을 잘 관리해주어야 해. 즉 시세차익형 투자에 비해 신경이 많이 쓰이지. 또한 월세 수익이 나오는 대신 부동산 자체 가격의 상승은 일반적으로 시세차익형 투자보다는 적게 상승한단다.

그래서 아빠는 아직까지는 수익형 투자보다는 시세차익형 위주로 투자하고 있단다. 현재는 아빠의 월 평균 소득이 꽤 되어서 매달 현금흐름이 충분히 여유 있으니, 차익도 적고 신경도 많이 써야하는 수익형 투자는 구태여 많이 하지 않고 있는데, 월 소득이 충분치 않은 전업투자자나 은퇴자들은 아무래도 먹고살아야 하니 매월 고정소득이 들어오는 수익형 투자를 더 선호하게 되겠지.

아빠는 기술사에 공학박사로서 전문직 프리랜서이기에 몸만 건강하다면 정년 없이 충분한 월 소득을 올릴 수 있어서 구태여 수익형 투자에 큰 흥미를 못 느끼지만, 많은 일반적인 회사원들은 회사에서 나오는 순간 모든 소득이 싹 사라지고 나이를 먹을수록 재취업이 힘들어지기에 이렇게 수익형 투자로 은퇴를 미리 대비한단다.

서민이도 가급적이면 의사, 변호사, 기술사 등의 프리랜서로 일할 수 있는 전문성을 가진 직업을 선택하길 바란다. 그러면 회사의 눈치를 보지 않고 정년 없이 안정적인 소득을 올릴 수 있으니 구태여 신경 쓰이게 수익형 부동산에 투자할 필요는 없을 것이라 생각한다.

하지만 갑작스레 병에 걸리거나 사고가 나면 아무리 정년 없는 프리랜서라 할지라도 안정적인 근로 소득을 벌 수 없게 되니, 이런 최악의 조건까지 미리 대비하여 어느 정도는 월 소득이 들어오는 수익형 투자도 같이 준비해둔다면 더 좋겠지.

아빠는 월세받는 수익형 투자는 아직까지는 한 건밖에 없지만 대신 현재 다수의 책을 출간하여 벌어들이는 인세 등으로 매월 약 200만 원 정도의 안정적인 비근로 소득은 만들어 두었단다. 하지만 월 200만 원으로는 우리 집 한 달 생활비가 충당 안 되니 앞으로는 조금씩 수익형 투자에 관심을 더 가지고 비중을 좀 높이려 포트폴리오를 구상하고 있단다.

아, 그리고 서민아. 월세 투자에 대해 몇 가지 더 아빠의 생각을 말해보자면, 세입자를 선정할 때에는 가급적이면 나이 어리고 젊은 사람들 위주로 받는 게 좋단다. 그 부동산이 원룸이면 대학생이나 사회 초년생을 세입자로 받는 게 좋고, 빌라나 아파트라면 아이가 없는 신혼부부를 세입자로 받는 게 좋단다.

대학생이나 사회초년생은 집에 잘 안 들어오고 주로 밖에서 친구들과 놀다가 집에서는 거의 잠만 잘 것이고, 신혼부부는 대부분 아기자기하게 잘 꾸며놓고 살다 보니 둘 다 집을 깨끗하게 사용할 가능성이 크지. 또한, 나이가 어리니 상대적으로 부동산에 대한 지식과 경험이 부족해서 어떤 협상을 할 때 좀 더 쉽게 설득할 수 있는 것도 장점이란다.

이와 반대로, 나이 많고 혼자 사는 사람은 가급적 세입자로 받지 않는 게 좋단다. 사람은 그 나이에 맞춰 평균적인 삶을 사는 게 가장 좋은 것이란다. 또래의 남들은 모두 가정을 이루고 자가에서 살고 있을 나이에 본인 집도 없이 월세를 전전하며 혼자 살고 있다면 필시 무슨 사연이 있는 사람일 테니 가급적 안 받아들이는 게 좋을 것 같구나.

# 육군 병사 내무반

아빠가 대학에 입학했을 때 나이가 벌써 22살이었으니 군대에 가야 할 나이가 좀 지났지. 군대에 일찍 간 아빠 친구들은 그때 벌써 상병 ~병장 계급으로 분대장을 맡고 있었으니 확실히 좀 늦은 편이었단다. 아빠는 더 이상 군 복무를 늦출 수가 없어서 병무청에 찾아가 상담 받은 후 측량 특기병으로 지원을 했고, 대학은 입학한 2001년도 1학기 만 마치고 그해 6월에 군에 자원입대 했단다. 그 이후 내용도 뒤이어 설명하겠지만 슬기로운 군대 생활에 대한 아빠의 생각을 간략히 요약 해서 의견을 주려 한다.

군복무에 대한 가장 슬기로운 최고의 해결책은 바로 면제받는 것이 란다. 별 심각하지 않은 사유로 면제를 받으면 젊었을 때 잠시 동안은 주변 사람들이 약간 의아하게 쳐다보기도 하겠지만, 어차피 군대 다 녀온 또래 친구들도 예비군 기간 지나고 30대 넘어가면 주변에서 아 무도 신경 안 쓴단다.

18개월이라는 기간은 결코 짧은 시간이 아니란다. 게다가 군대 가기 전 몇 개월간 방황 좀 하고, 군대 제대 후 몇 개월간 자유 좀 만끽하 며 놀다 보면 2년이라는 시간이 아깝게 홀쩍 지나버린다고 봐야겠지. '국방의 의무를 마쳤다는 자긍심' 글쎄…? 군 간부 출신이라면 모를까,

연봉 3억 파이어족이 서민에게 들려주는 부자의 돈 이야기

병사로 전역한 사람이 군 복무에 대해 자긍심을 가지고 있는 경우는 아직까지 아빠가 본 적이 없구나.

요즘 군대에서는 '병사'라는 호칭 대신 '용사'라고 순화하여 호칭한다던데 그래 봐야 군 조직 내 최하위에서 지배받는 계층인 것은 변함이 없단다. 만약 군대를 면제받을 수 있다면 젊은 20대 초반에 대학원 석사과정까지 연달아 졸업을 해도, 또래의 친구들이 군대 다녀온 후 복학해서 대학을 졸업할 때와 비슷한 시기가 될 터이니, 좋은 직장을 찾는 등 미래를 위한 준비에 월등히 더 높은 경쟁력을 가질 수 있을 것이란다.

하지만 요즘 시대에는 병 복무기간이 짧아지면서 병력자원이 부족하다보니 그 공백을 메우기 위해 군 면제 조건이 매우 까다로워졌지. 그러니 어지간해서는 면제 받기는 어려울 것이란다. 그러면 면제 다음으로 추천하는 방법은 지배받는 병사가 아닌, 나름 지배하는 간부로서 군 복무를 하는 것이란다.

대학 졸업 후 장교로 임관하는 게 더 좋지만, 군대를 좀 빨리 가고 싶다면 대학 졸업 전이라도 부사관으로 복무하는 것도 괜찮단다. 보통 사람들은 주변에 군 간부로 복무해본 사람들이 많지 않다 보니, 대다수 병사 전역한 사람들은 현역시절 간부들에 대한 불만스러운 기억들을 바탕으로 간부 복무를 군대에서 오래 썩는다는 등 안 좋게 이야기하는 경우가 많은데, 아빠는 직접 이등병에서 상병까지 15개월 동안 병사로도 복무 해봤고, 간부로도 하사부터 중사까지 4년 복무에 현재도 예비역 상사로서 비상근직 복무를 하고 있다 보니, 확실히 병사 보다는 간부로서 복무하는 것이 장점들만 있지 단점은 전혀 없다고 생각한다.

단점을 억지로 하나 꼽으라면 20대 초반의 젊은 나이에 친구들과 많이 어울리지 못하는 것 정도가 유일한 단점이라 생각되는데, 그 외에는 모든 것이 장점이라 할 수 있단다. 대표적인 장점을 몇 가지만 꼽아서 정리해 보자면 아래와 같단다.

### 군 간부로 복무 시 대표적인 장점

1. 국방부 소속 정규직 공무원 신분으로서 그에 합당한 수준의 근로 소득까지 벌 수 있으므로 군 복무 중에도 종잣돈을 모을 수 있다.
2. 실질적인 직장생활로서 군복무 경력이 전역 후 사회생활에 큰 도움이 된다.
3. 윗사람을 대하는 예의범절과 아랫사람을 지휘하는 조직 리더십을 배우고 경험할 수 있다.

장교와 부사관에 대한 자세한 설명은 차차 뒤에서 하기로 하고, 병사로 군에 갔을 때에는 현재 육군 기준 18개월로서 복무기간이 가장 짧다는 것 외에는 장점이 하나도 없다고 생각한다. 그러니 아빠는 우리 서민이 군대를 면제받을 수 없다면 꼭 장교나 부사관으로 복무하기를 희망한다. 그중에서도 이왕이면 장교로 복무한다면 더욱 좋겠구나.

너희도 사회생활 해보면 느끼겠지만, 사회적 인식이 부사관 출신이라고 하면 '몸 건강하고, 생각 건전하고, 리더십 있는 사람' 이라고 보는데, 장교 출신이라고 하면 '거기에 대학교도 우수한 성적으로 졸업한 머리까지 좋은 엘리트'라고 보는 경향이 많단다.

아빠는 2001년 6월 1일에 입대해서 2002년 8월 30일까지 병사로 복무 후 부사관으로 지원해 군 간부가 되었단다. 약 15개월을 병사로 복무했던 것인데 병 복무할 때를 떠올려 보면 내무반 생활이 참으로 불편하기 그지없었단다. 병사는 집이라고 할 수는 없지만 잠자고 쉬는 곳은 정해져 있는데, 아빠 군 시절에는 그런 장소를 '내무반'이라고 불렀단다. 한 내무반에 약 20명 정도가 같이 지내면서 모든 것을 공동으로 사용했는데 그런 생활이 불편하기 짝이 없었지.

지금은 군 시설이 많이 개선되어 '생활관'이라고 부르며 개인 침대와 책상도 있다고는 하지만, 어쨌든 한 방에 여러 명이 공동생활 하는 불편함은 변함이 없을 것이란다. 그러니 몇 개월 더 짧은 것 외에는 아무 장점도 없고 불편하기만 한 병사보다는 꼭 장교나 부사관으로 복무하여 간부로서 제대로 월급 받고 공무원으로 인정받으며 군 복무할 것을 강력히 추천한단다.

아빠는 어쩌면 군대 면제가 가능했을 수도 있었단다. 아빠의 형은 먼저 군대에 가있었고, 아버지가 중환자 상태라서 법적 보호자가 아빠밖에 없었으니 이런 사유를 잘 설명하면 군 면제 대상에 해당될 수도 있었는데, 아빠 고교시절에 아버지와 잠시 같이 살았던 그 아줌마가 아무 상의도 없이 멋대로 혼자 아버지와의 혼인신고를 해버리는 바람에, 아버지에게 법적으로 우선권이 있는 보호자의 지위가 정식 부부관계인 그 아줌마로 넘어갔기에, 부득이 아빠는 군 면제가 불가능하게 되었던 것이지.

대체 그 아줌마가 무슨 생각으로 혼자서 아버지와의 혼인신고를 해버렸는지 정확한 이유는 알 수 없지만, 아마도 아버지 명의로 가입되어 있던 보험금을 원했던 것 아닐까 싶다. 그 아줌마는 이제 본인이 법적 보호자라고 아빠 몰래 아버지를 중환자 요양원에서 퇴원시켜 영세민 임대아파트로 옮겨놓고, 아빠에게 아버지 치료비로 쓰겠다며 아버지 명의의 보험금 1억 원을 내놓으라고 요구했었지.

아버지 명의로 생명보험 가입된 게 하나 있기는 했는데, 보험금 지급금액이 1억 원이 아니라 '0'이 하나 빠진 1천만 원이었단다. 그 아줌마는 그 사실을 듣고 처음에는 안 믿었지. 다 알고 있으니 보험금 1억 원 내놓으라고 요구하기에 보험증서를 보여주니 그때서야 혼인신고를 다시 취소하겠다고 난리를 피웠단다.

법이라는 게 참 웃긴 게 혼인신고는 혼자서 몰래 할 수가 있는데 취소는 쌍방 합의 아니면 불가능하단다. 정식 재판을 통해 혼인신고 무효소송을 하거나 이혼 신청을 해야 하는데 이것 모두 당사자 둘 다 직접 동의해야만 가능하단다.

그래서 아빠가 의식 없는 아버지 대신 혼인신고 무효 소송을 진행해서 재판을 받았었는데, 판결 담당했던 젊은 여자 판사가 아주 냉정하고 무성의한 말투로 혼인 당사자 둘 다 직접 출석하지 않으면 소송이 성립되지 않는다며 아빠에게 원고 패소 판결을 내렸지. 그 이후 아빠는 어차피 곧 군대에 가야 할 수밖에 없게 되어서, 고심 끝에 그 아줌마에게 당신이 벌인 일이니 당신이 알아서 하시라고 보험금 1천만 원과 임대아파트 명의를 넘겨주고 얼마 후 군대에 갔단다.

# 육군 간부숙소

아빠는 23살이 되던 2002년 8월에 상병 계급에서 군 간부인 부사관으로 임관하기 위해 육군 부사관학교에 입교했단다. 거기서 6주의 간부 양성 훈련을 받고 9급 공무원인 하사가 되었고, 이후 육군공병학교에서 10주간의 공병 주특기 훈련을 더 받고 24살이 되던 2003년 2월에 다시 원래 소속되어 있던 부대로 원대복귀 했지. 한여름에 상병이었던 아빠가 부대를 떠난 지 반년이 지나 한겨울에 하사 계급으로 다시 돌아와 보니, 아빠보다 선임 병사들은 대부분 전역하고 없었단다.

그리고 생활 편의 측면에서 엄청난 변화가 있었어. 간부이니 만큼 내무반이 아닌 1인실 간부숙소로 배정받았고, 월급도 이것저것 수당 합하니 하사 때에는 150만 원(현재 기준 약 250만 원) 정도 벌었단다. 기본적으로 국방부 소속의 정식 9급 공무원이니, 기본급에 군인 업무 특성상 위험수당 등 여러 가지 수당들이 붙어서 일반 공무원들보다는 실 수령액이 더 많았단다.

그로부터 3년 후에는 8급 공무원인 중사 계급으로 진급해서 월급도 약 220만 원(현재 기준 약 350만 원)으로 올랐고, 그리고 무엇보다 직업군인은 놀고먹는 비용 외에는 돈 쓸 일이 없기 때문에 종잣돈 모으기가 아주 유리하단다. 부대에서 숙소도 제공해주고, 밥도 하루 3끼 다 공짜로 먹을 수 있고, 옷도 전투복과 운동복만 입으면 되니 돈 쓸 일이 없었지.

　이렇게 의식주가 모두 해결이 되니 본인이 마음만 먹는다면 군대에서 받는 월급을 단 한 푼도 쓰지 않고 전액 다 모을 수도 있단다. 아빠도 이렇게 돈을 전액 다 모았으면 참 좋으련만, 기본적으로 아버지 병원비로 매월 50만 원 이상을 아줌마에게 보내주었고, 또한 주말에 외박이나 휴가 나온 부하 병사들에게 밥 한 번씩 사주다 보니 한 달에 한 20만 원 정도는 지출했단다.

　그래도 그 외 나머지 돈은 차곡차곡 모았으니 아빠가 근 6년간의 군 복무를 마치고 전역했던 2006년 10월에는 27살 나이에 7천만 원(현재 기준 1억 1,000만 원 이상) 정도의 목돈을 손에 쥘 수 있었단다.

육군 중사 시절 급여명세표(2006년 1월, 세전 253만 원)

연봉 3억 파이어족이 서민에게 들려주는 부자의 돈 이야기

아빠는 비록 남들보다 3배 이상 길게 군대에 있었지만 그 시간들을 결코 후회하거나 아깝다고 생각하지 않는단다. 무일푼으로 시작하여 나이 또래에 비해 종잣돈도 꽤 모았고, 어린 나이부터 일찌감치 공무원으로서 직장생활의 경험도 쌓았단다. 무엇보다도 건설기술인으로서 경력이 인정되는 공병 부사관이었기에 군에 있으면서 실무 경력도 쌓고 측량기사, 건축기사, 건설안전기사 등 더 높은 등급의 국가기술자격증도 다수 취득할 수 있었단다.

게다가 병사와는 다르게 간부숙소가 제공되어 개인적인 사생활이 보장이 된다는 것도 큰 장점이었다고 할 수 있지. 군 복무 유형에 대한 최종 선택은 서민이의 몫이지만 아빠는 이러한 경험을 바탕으로 어차피 군대를 면제받지 못할 것이라면 장교나 부사관 등 간부로 복무해 볼 것을 적극 추천한단다. 특히 그중에서도 장교로서 복무를 더욱 권장해본다.


군 복무 방향에 대한 아빠의 의견은 여기까지만 하고, 이제 군 복무 중에도 투자를 통해 부를 일굴 수 있었는데 놓쳤던 아쉬운 경험들을 들려주마.

아빠가 늘 강조하는 부자가 되는 3단계 중에서 아빠는 군대에 있던 근 6년 동안에 1단계 '벌기'와 2단계 '모으기'는 성공적으로 이뤄냈단다. 아버지 병원비를 매월 50만 원씩 보내드리면서도 27살 나이에 현재 가치로 1억 1,000만 원 이상을 모았으니 지

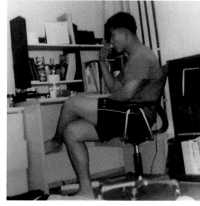

1인실 군 간부숙소(2003년)

금 돌이켜봐도 어린나이에 참 억척스럽게 살았던 것이지. 그런데 아쉽

게도 3단계 '투자하기'는 제대로 하지 못했단다. 일단 그 당시에는 투자에 대한 개념과 지식도 부족했었지.

지금 서민이는 아빠가 틈나는 대로 이런저런 투자지식들을 알려주고 있는데, 아빠에게는 그런 지식을 알려주는 사람이 아무도 없었단다. 서민이도 경험했다시피 이런 투자법 등 부자가 되는 방법은 학교에서는 알려주지 않는다. 오히려 학교 선생님들도 한 달 벌어 한 달 사는 가난한 월급쟁이일뿐이어서 투자에 대해서는 우리 서민이만큼도 모르는 분들이 태반일 것이란다.

결국 가장 실질적인 투자지식은 부모형제를 통해서 입에서 입으로 대물림 되는 것이지. 그래서 대부분의 부자는 대를 이어 계속 부자가 되는 것이고, 또 반대로 이런 투자지식을 모르는 가난한 사람들은 대부분 대를 이어 가난하게 사는 것이란다.

그럼, 이토록 중요한 부자가 되는 투자지식을 대체 왜 학교에서는 가르쳐주지 않는 것일까? 왜냐하면 정치, 경제, 사회 분야에서 권력을 가지고 있는 소수의 상류 지배계층 사람들은 다수의 지배받는 하위계층 사람들이 자기와 같은 수준의 지식을 알게 되는 것을 경계한단다. 우리가 살고 있는 자본주의 사회란 돈으로 모든 것을 지배하는 사회인데, 그 자본주의에서 너도나도 모두가 부자가 된다면 대체 가장 밑바닥에서 지저분하고 힘든 허드렛일은 누가 할까?

소수의 지배하는 상류층 사람들은 이러한 부자가 되는 비법을 하위계층 사람들에게 가르쳐주지 않고, 각각 수준에 맞게 공장이나 회사에 취직해 상류층이 시키는 대로 열심히 근로하고, 그 대가로 월급 받으면 그 돈에 감사해하며 지배계층에게 더욱 충성을 받치도록 유도하고 있는 것이란다.

그렇기에 이토록 중요한 금융지식과 투자지식은 절대로 공교육에서는 가르쳐 주지 않는 것이란다. 더 나아가 교육기관의 선생님들도 월급쟁이일뿐이라서 이런 지식들을 모르는 경우가 허다하니 가르쳐 주고 싶어도 가르쳐 줄 수가 없는 게 현실이란다.

아빠 또한 지배받는 하위계층으로 태어나 자랐기에 제대로 된 금융지식을 배우지 못해서, 비록 20대의 어린 나이에 오랜 기간을 군대에

군 복무 중 돈 모으기 위해 매일 썼던 가계부(2003년)

서 복무하며 어찌어찌 고군분투해서 돈을 벌고 모으는 것까지는 터득했지만, 투자하는 방법까지는 전혀 알지 못했단다.

나름대로의 계획은 그 돈으로 군대 전역 후 전셋집 얻고 대학 등록금도 내야 하니 절대 다른 곳에 쓰면 안 된다고 생각해 안전한 은행에 예금 넣어두는 것만이 최선이라고 생각했었지. 2006년 당시에는 은행 예금이자가 약 4% 정도였는데, 그땐 금융지식이 부족하여 한심하게도 그 4%의 이자를 받는 것만으로도 크게 만족했단다.

만약 2006년에 그 돈으로 아빠가 군 복무했던 파주 북부지역 민통선 아래에 땅을 좀 사두었다면 지금쯤 어떻게 되었을까? 전역 후 전셋집은 실제로 보증금 1,400만 원에 살았고, 대학 잔여학기 등록금 약 600만 원을 포함해 총 2,000만 원만 남겨두고, 나머지 5천만 원을 파주지역 좋은 땅에 투자를 했더라면 어땠을까?

아빠 군 복무 초기 때만 해도 파주 북부지역은 군사지역이라서 땅값도 싸고 완전히 논밭밖에는 없었단다. 그런데 군 복무 중인 김대중 정부와 노무현 정부 시절에 북한과의 관계가 개선되면서 파주 북부지역에 군사제한이 완화되고 각종 산업단지 개발이 시작되더니, 군 전역할 즈음에는 LCD산업단지와 출판산업단지가 커다랗게 조성되었지.

서민아, 생각해보자! 산업단지가 조성되어 공장과 회사들이 들어오면 그 직장에서 일해야 하는 사람들이 그 근처로 많이들 이사 오겠지? 특히나 그 공장이 LG그룹 같은 대기업이라면 그 직원들은 소득수준이 높은 편이니 돈을 잘 쓰겠지?

그러면 장사해서 돈 벌려는 식당, 술집, 영화관, 마트 등이 그 인근에 들어설 것이고, 결정적으로 회사 가까운 곳에 살면서 출퇴근 편하게 하기 위해 인근에 넓고 쾌적한 아파트 단지들이 만들어지지 않겠

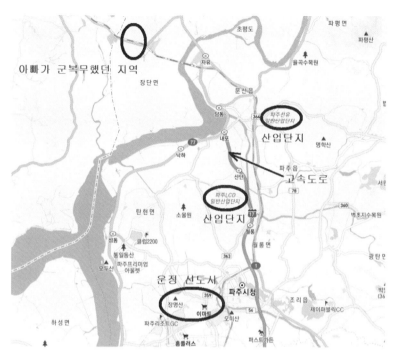

군 복무하던 파주지역의 최근 20년간 개발 상황 　　　　　　출처: 카카오맵

니? 그런 과정으로 대기업 산업단지 주변의 논밭들이 천지개벽하듯이 신도시로 탈바꿈하는 것이란다.

　산을 깎으려면 공사비가 많이 들어가지만 논과 밭은 땅이 평평하여 신도시로 개발이 쉬운 편이지. 만약 2006년 그때 그 5,000만 원을 가지고 아직 논밭이었던 파주 지역의 장래 개발 가능성이 있는 계획관리지역 땅을 좀 사두었으면, 약 15년이 지난 지금은 대충 짐작만 해도 최소 10배 이상 가격이 올랐을 것이란다.

　지금 생각하면 좋은 투자기회를 놓쳐서 아쉽지만 서민이는 앞으로 군 복무 하면서도 이런 좋은 기회가 있는지를 유심히 잘 살펴보았으면 한다. 아빠는 앞으로도 시간이 흐를수록 군사지역은 점점 축소되어 고밀화될 수밖에 없다고 생각한다.

인구감소로 병력 수는 점점 줄고 신무기 위주로 기계화 부대가 주력부대로 운용될 것이니, 이런 신무기들을 유지, 정비, 관리하려면 전문적 시설을 갖춘 곳에서 일괄 운영하는 것이 더 효율적일 테니 군부대는 특정 거점을 중심으로 점점 고밀화될 수밖에 없을 것이란다.

서민이는 아빠처럼 이런 투자기회를 놓치지 말고 군 복무하면서도 좋은 투자처가 보이면 꽉 잡아야 한다. 땅값은 세월을 먹고 자라기 때문에 20대 나이에 몇 천만 원 묻어두면, 서민이가 아빠 나이 되었을 때에는 아주 큰 수익을 볼 수 있을 것이란다.

# 2절 가정을 꾸리고 전세살이

# 전세, 1,400만 원 투룸 빌라

2006년 10월 10일. 아빠가 근 6년간의 군 복무를 마치고 27살 나이에 수중에 7,000만 원(현재가치로 1억 1,000만 원 이상) 들고 민간사회로 다시 나와서 가장 먼저 한 것은 거주할 집을 구하는 것이었단다. 아버지는 7년간을 의식 없이 누워 계시다가 2005년에 돌아가셨고 그 영세민 영구 임대 아파트는 사실혼 관계인 아줌마에게 명의를 넘겨주었으니 아빠가 살아야 할 집이 따로 필요했지. 이렇듯 집은 우리 삶에서 가장 필수적이고 중요한 것이란다. 그러니 남들도 살고 싶어 하는 좋은 집들은 시간이 흘러도 가격이 계속 오를 수밖에 없는 것이지.

이 시절에는 아직 까지도 아빠가 투자 개념도 없었고 집 보는 안목도 없었어. 그저 군대에서 피땀 흘려 모아온 소중한 돈을 잃지 않고 지키는 게 아빠의 최고 목표였단다. 그래서 보증금을 다시 돌려받을 수 있는 전셋집을 알아보았지. 당시에는 아빠가 인하공전에 복학했기에 학교 인근에 좀 오래된 15평짜리 투룸 빌라를 1,400만 원에 전세 계약했단다.

당시 주택임대차보호법에 의하면 세입자들의 주거 안전성을 보호해주기 위해서 2년의 계약기간을 보장해 주었는데, 아빠는 당시 그런 부동산 상식들이 없었고 또 왜인지 모르게 2년을 계약했다가는 보증금을 제대로 돌려받지 못할 것 같은 근거 없는 두려움에 계약기간을 1년

연봉 3억 파이어족이 서민에게 들려주는 부자의 돈 이야기

으로 하자고 먼저 제안했단다.

당시 아빠의 생각으로는 1년만 계약하게 되면 집주인은 1년 후에 다시 새로운 세입자를 찾아야 해서 부동산 중개수수료도 또 들 것이고, 다시 계약서 작성하러 부동산도 왔다갔다 해야 하기에 번거로워져서 아빠 제안을 거절할까봐 콩닥콩닥 했었는데, 집주인은 오히려 좋아하며 흔쾌히 그러자고 하더라.

그땐 그 집주인이 멍청한 사람이라고 생각했단다. 하지만 어느 정도 부동산 투자 지식이 쌓인 지금 돌이켜 보면 사실은 아빠가 멍청한 사람이었던 것이지. 왜 그런가 하면, 집주인 입장에서는 1년 후 계약기간 종료되면 새로운 세입자를 맞추면서 전세 보증금을 더 올려 받을 수 있기 때문이지.

하여간 아빠의 20대 때에는 이 정도로 금융과 투자에 대한 기본 상식조차 매우 부족했었단다. 열심히 근로해서 돈 벌어 봤자 투자 지식이 없으면 지배받는 하위계층의 삶을 벗어날 수 없는 것이란다. 이른바 앞으로 남기고 뒤로 까지는 것이라 할 수 있지.

그 집에서는 2006년 10월부터 딱 계약기간만큼인 1년을 살았는데, 그래도 이 집에 사는 동안에 아빠에게는 평생 기억에 남을 세 가지의 좋은 일들이 있었단다.

군 전역 후 현대건설의 어느 공사현장에서 측량 하청업체에 취직해 월급 150만 원 받으며 일하다가 28살이 되던 2007년 4월에 그 공사현장에서 원청사인 현대건설에 경력직으로 입사하게 되었지. 이게 첫 번째 기억에 남는 좋은 일이었단다. 비록 현채직(현장채용계약직)일지라도 어쨌든 우리나라 최고의 대기업에 소속된 직원이 되었고 그 명성에 걸맞게 월급도 이것저것 다 포함하면 세전 약 350만 원으로 껑충 뛰었 단다. 이전 측량 하청회사에서 받던 것보다 2배 이상 오른 것이지.

역시 이래서 투자할 수 있는 종잣돈을 빨리 모으기 위해서는 돈 많이 주는 대기업에 가야 하는 것이란다. 중소기업과는 급여 수준 차이가 엄청나지. 그래서 그런 대기업에 입사하기 위해서 학위, 자격증, 경력 등을 남들보다 경쟁력 있는 스펙으로 만들어 두어야만 하는 것이란다.

두 번째로 좋았던 기억은 2007년 4월 현대건설로 이직하던 그 시기에 서민이의 엄마와 처음 만나게 된 것이란다. 그땐 너무나도 행복한 순간들이었지. 현대건설의 직원이 되어 월급도 2배 이상 올랐는데 나를 사랑해주는 연인까지 생기니 하루하루가 정말 꿈만 같았고, 지난 이십 대 초반에 고생하며 살아온 것을 하늘이 알아주시어 이제야 보상을 받나 보다 싶었단다.

마지막으로 세 번째 좋았던 기억은 그해 8월, 그간의 주경야독 노력의 결실로서 4년제 대학교 졸업과 같은 토목공학 전공 학사 학위를 독학으로 취득한 것이란다. 밤마다 온라인 강의 들으며 많이 고생해서 그런지 학사 학위증을 등기우편으로 수령 받았을 때 그 떨림과 설렘은 이루 말할 수가 없었단다.

하지만 서글프게도 고생한 보람도 없이 독학으로 취득한 학사 학위는 현대건설 같은 민간 회사에서는 4년제 대학 학력으로 인정해주지 않더라. 이런 소소한 좌절도 있었지만 여기저기 알아보고 궁리한 끝에 그 독학 학사 학위를 기반으로 인천대학교 야간 대학원에 진학해 석사과정을 밟게 되었단다.

이런 대학원 진학 과정에 대한 자세한 이야기들은 아빠가 처음 집필한 책 『새벽 4시, 꿈이 현실이 되는 시간』에 자세히 쓰여 있으니 따로 읽어보면 될 것이고, 이러한 학위취득 경험을 바탕으로 아빠가 느낀 것은 위기가 곧 기회라는 것이다. 예상치 못한 벽에 가로막혀 더 이상 앞으로 나아가기가 어렵다고 느껴질 때, 그때가 바로 그 벽을 뛰어넘어 더 높은 곳으로 도약하게 되는 기회가 될 수 있단다.

살면서 어떤 위기가 닥쳤을 때 당황하거나 포기하지 말고, 어떻게 하면 이 위기를 해결할 수 있을지를 차분하게 곰곰이 생각하다 보면 무언가 해결책이 불현듯 확 떠오른단다. 그 답이 정면 돌파가 아닌 우회법일지라도 일단 그 위기를 넘기게 되면 이제 한 단계 더 발전하여 더 큰 성장을 할 수 있게 되는 것이지.

또 돌이켜보면 그 투룸 빌라에서 살던 중에 황당한 일도 있었단다. 어느 날 모르는 번호의 사람에게서 전화가 와서 본인이 이 집을 샀다면서 계약기간 만료되면 전세가 아닌 월세로 내놓을 생각이니 월세로 재계약하든가 아니면 계약종료시기 맞춰서 나가라고 하더라.

군 전역 후 처음 살았던 전세 투룸 빌라 (2006~2007년)

지금 아빠의 지식과 상식 수준이었으면 말도 안 되는 이야기라서 절대 가만히 있지 않았을 것이다. 최소한 나가주는 대신 보상금을 요구하거나 아니면 심할 경우 임대차 보호법 위반으로 소송을 걸었을 지도 모른다.

왜냐하면, 앞서 이야기 했던 것처럼 아무리 계약서를 1년 기간으로

썼어도 주택임대차보호법에 의해 세입자가 원하면 2년까지는 전세 기간이 보장되며, 또한 세입자가 거주하고 있는 집을 아무리 집주인이라고 해도 세입자와 아무런 상의 없이 집을 팔아버리는 것도, 아빠의 전세보증금에 대한 채무자가 변경되는 것으로서 법적으로 따지고 들어가면 사전 협의 없이 매매한 것이 문제 될 수 있기 때문이지.

하지만 그때는 아빠가 아무것도 몰랐으니 집주인이 월세로 살 거 아니면 나가라 해서 그래야만 하는 줄 알고 부랴부랴 1년 계약기간에 맞춰 이사 갈 집을 알아봤단다. 서민아, 이처럼 자본주의 사회에서는 금융과 투자지식에 무지하면 눈 뜨고 코 베이는 것이란다.

# 땅이 있어 든든하다는 차장님

군대 전역 후 측량 하청업체에서 일하고 있던 아빠를 성실하다고 좋게 봐주시어 현대건설 현채직원으로 끌어당겨주신 차장님이 계셨단다. 그 차장님은 비록 전문대졸 출신이지만 어찌어찌 노력하여 현대건설에 경력직으로 입사하게 되었고 근 30년을 열성적으로 건설현장을 누비며 일하셨지.

하지만 전문대졸이라는 학벌의 부족으로 승진은 계속 떨어져 결국에는 차장 직급에서만 머물다가 50대 초반에 명퇴(명예퇴직)를 당하였단다. 서민아, 이 사례처럼 학벌 낮으면 사업으로 성공할 수 있을지는 몰라도, 정상적인 기업에서는 제대로 인정받기가 힘들단다. 운이 좋아 잘 풀릴 수도 있겠지만 학벌 낮다는 이유로 잘 안 풀릴 가능성이 수백 배 더 높단다.

2007년 초봄에 그 차장님과 함께 경기도 파주시 일대에 본인 땅을 살펴보러 같이 간 적이 있었단다. 아빠는 아직도 투자에 대해서는 아무 지식이 없었던 때였는데 그 차장님은 혼자 가기 심심하기도 하고 직접 운전하기 귀찮기도 하여 아빠에게 운전을 시켜 데려갔던 것이지. 같이 가봤더니 파주에 차장님 소유의 넓은 땅이 있었고 최근 그 옆 땅에서 개발공사가 한창 진행되고 있어 혹시나 본인 땅을 침범했을까 싫어 감시하러 갔었던 것이란다.

땅을 쭉 둘러보던 중에 공사하는 사람들이 차장님의 땅 일부에 자재와 흙을 좀 쌓아두었는지 차장님이 막 호통을 치며 남의 땅을 누구 허락받고 함부로 침입하냐고 소리를 지르셨지. 상대방은 꿀 먹은 벙어리처럼 아무 말도 못하고 현장 책임자라는 사람이 나와서 연신 굽실거리며 차장님께 죄송하다고 사죄를 했었어. 땅의 정확한 경계를 잘 몰라서 인부들이 실수한 것 같다며 바로 원상복구할 테니 제발 용서해달라며 싹싹 빌더라고. 역시 큰소리 치고 살려면 '주님'이 되어야 하는 것 같구나. 건물주님, 토지주님 이렇게.

그렇게 파주 땅을 다 둘러본 후 사무실로 돌아오는 길에 차장님은 본인이 어찌어찌 열심히 살아왔고, 어디어디 땅을 사서 투자를 했다느니, 아파트가 몇 채 있다는 등의 이야기를 해주셨는데, 당시에 아빠는 아직도 투자에 대한 개념이 없었던 시기라 그냥 흘려만 듣고 말았단다.

지금 생각하면 그 차장님의 투자방향이 참 옳았다. 아마도 부동산 투자의 귀재가 아니었을까 싶다. 파주시가 지금은 땅값이 많이 올랐지만 그때까지만 해도 아직은 개발되지 않아 싼 편이었고, 아파트는 지금 너희들도 몸소 체험하고 있는 것처럼 세금 문제만 잘 대응한다면 많으면 많을수록 좋은 안전한 자산이니, 그 차장님은 아주 제대로 투자하고 계셨던 것이지.

차장님이 돌아오는 길에 하셨던 말이 어렴풋이 기억나는구나. 본인은 땅이 있어 마음이 든든하다고. 나중에 회사 퇴직 후 할 거 없으면 저 땅에서 유유자적하게 농사만 지어도 먹고사는 데 지장 없다면서

　　　　연봉 3억 파이어족이 서민에게 들려주는 부자의 돈 이야기

뿌듯해 하셨지. 그때 그 차장님께 조언을 구해서 아빠가 가지고 있던 돈을 그 인근에 투자했더라면 어땠을까? 그 일대가 지금은 파주 운정 신도시로 싹 개발되었던데 놓쳐 버린 기회에 아쉬울 따름이란다.

그때에도 아빠는 군대에서 피땀 흘려 모아놓은 5천만 원이라는 잔여 종잣돈을 일 시킬 생각은 안하고, 오직 은행 예금통장에 넣어두고 딸랑 4% 이자에 만족하며 돈을 썩히고 있었단다.

# 집값 폭등, 로또 청약

서민아, 잘 알고 있겠지만 지금 우리가 살고 있는 32평 아파트는 6년 전 샀던 가격보다 2배가 넘게 집값이 올랐단다. 그리고 2019년에 미분양되어서 청약통장 없이도 원하는 동 호수 골라서 사두었던 어느 수도권의 아파트 분양권 2채도 분양 당시 가격보다 지금은 근 3배 가까이 더 올랐단다.

또 2년 전에 전세 끼고 사두었던 지방 대도시의 아파트들도 지금은 모두 2배 가까이 올랐고, 그중 일부는 올해 초에 전세 계약을 새로 하면서 올려 받은 전세보증금만으로도 아빠가 매수했던 금액을 훨씬 초과하여 이른바 무피 투자가 되었단다.

그뿐만이 아니지. 정부에서 2020년부터 주택임대사업을 못 하게 하여 아파트 대신 투자한 강화군의 토지도 땅값이 평당 60만 원대에 사둔 게 불과 1~2년 사이에 지금은 평당 80만 원 이상을 부른단다. 그렇다면 서민아, 과연 이러한 현상들이 정상일까? 이건 아빠가 봐도 명백히 비정상적인 현상이란다. 그런데 이런 비정상적인 현상들은 일정 주기별로 계속 반복해서 발생되고 있단다.

아파트 가격 변동에 가장 크게 영향을 미치는 요소는 수요와 공급의 불균형이란다. 요즘 인구가 줄고 있어 아파트 수요가 감소되어 가

연봉 3억 파이어족이 서민에게 들려주는 부자의 돈 이야기

격이 떨어질 것이라는 말이 있는데, 인구가 줄어드는 만큼 한 집에 같이 사는 식구 숫자도 같이 줄어들고 있어 이는 별 의미 없는 해석이란다.

아빠가 어릴 때에만 해도 대부분의 집은 할아버지, 할머니들을 모시고 한집에 같이 살았지. 아빠의 친할아버지도 평생 작은아버지가 모시고 살았어. 하지만 지금은 어떠니? 할아버지 할머니와 같이 사는 집은 거의 찾아보기 힘들 거야. 게다가 결혼하지 않은 젊은 사람들도 요즘은 사생활을 중시하여 혼자 독립해 따로 사는 경우가 많지. 서민이가 즐겨보는 프로그램 중에 '나 혼자 산다'라는 것도 있지 않니? 그게 요즘 젊은 사람들의 트렌드이지.

즉, 인구가 좀 감소하더라도 가구 수는 더 늘면 늘었지, 줄지는 않았단다. 이렇게 집 수요는 변함이 없는데 인구가 줄 것이라는 추측만으로 집을 새로 짓지 않으면 어찌되겠니? 수요는 그대로인데 공급이 줄어드는 것이지.

또한 사람도 늙으면 노화되어 죽듯이, 집들도 30~40년 되면 늙어서 망가진단다. 이른바 멸실 주택이라 하는데, 이런 건 그때그때 철거하고 새 집을 지어주어야 하지. 이를 원만히 하지 않으면 공급은 더 줄어들게 되는 거야. 집이 필요한 사람들은 많은데 집 공급이 부족해지면 가격이 오를 수밖에 없는 것이란다.


두 번째로 큰 영향요인으로는 '물가상승'이라고도 불리는 인플레이션 현상이 있단다. 정부에서는 매년 국가를 발전시키고 국민들의 복지를 향상시키기 위해 많은 돈을 쓰는데 어떨 때에는 세금 걷는 것만으로는 부족하니 국채를 발행해 돈을 빌려 오기도 하고, 아니면 아예 기존에 없던 돈을 새로 만들어내기도 하지. 그런데 국민의 숫자와 국가의 생산능력은 변화가 없기에 이렇게 시중에 유통되는 돈만 늘어나면 돈의 가치가 하락하는 것이란다.

이해하기 쉽게 예를 들자면, 서준이가 아껴 먹으려고 아이스크림 하나를 가지고 있는데 민준이가 자기에게 1,000원에 넘기라고 협상해 온다고 치자. 그때 마침 지나가던 아빠가 민준이에게 아무 이유 없이 그냥 1,000원을 더 손에 쥐여주고 가는 것을 서준이가 봤다면 과연 서준이는 어떻게 할까? 그럼에도 그냥 처음 이야기한 1,000원만 받고 아이스크림을 넘길까? 아니지. 아마도 2,000원으로 가격을 올리거나 최소한 1,500원으로 더 올려서 받으려 할 거야. 이게 바로 인플레이션 현상이란다.

물론 물가상승에는 이런 통화량 증가 외에도 생산량이 줄어드는 것 등과 같이 다양한 원인이 있겠지만 이해하기 쉽게 여기서는 갑자기 늘어난 돈에 대해서만 생각해보자꾸나.


이렇게 없던 돈이 새로 만들어져서 물가가 상승되는 현상은 주로 가난한 서민들의 복지를 더 챙겨주려는 진보측 정당이 집권하면 더 크고 빠르게 일어난단다.

진보와 보수에 대해 서민이에게 온전히 이해시켜주기에는 이 책의 주제와는 맞지 않으니 간략히만 설명하고 넘어가자면, 진보측은 주로 노동자와 가난한 서민들의 지지를 받는 정당이야. 그래서 당명을 다른 나라에서는 주로 노동당이라고도 부르는데, 우리나라에서는 북한과의 특수성 때문에 서민이 주인이라는 뜻의 '민주'라는 이름을 당명으로 주로 사용한단다.

반대로 보수측은 경제인과 집권층 등 상대적으로 부유한 국민들의 지지를 많이 받는 정당으로, 부유한 사람들이 자유로운 경제활동을 통한 소득 증가 등을 보장해 준다는 취지로 당명에 주로 '자유'라는 단어를 넣거나 애국심 고취를 위해 '한국' 등의 단어를 당명으로 많이 사용한단다.

시기에 따라 이러한 정당들이 투표를 통해 엎치락뒤치락하며 권력을 잡게 되는데, 이때 진보 측 정당이 집권하게 되면 노동자들에게 각종 무상 복지와 혜택을 높여주기 위해 없던 돈을 새로 만들어 내 시중에 돈을 많이 풀게 되는 것이지.

만약 새로 짓는 아파트가 부족한데 마침 시중에 돈까지도 급격히 늘어나게 되면, 이 두 가지 원인이 서로 곱하기가 되어 요즘과 같은 급격한 집값 폭등이 일어날 수 있는 것이란다. 이때 아파트 가격이 너무 오르면 사람들이 비싸다고 생각해서 아파트를 매수하는 대신 전세를 찾게 되고, 전세를 찾는 사람들이 많아지면 전셋집이 부족해지니 전세보증금이 또 껑충 뛰게 되고, 그러다가 전세보증금이 너무 올라 아파트값에 근접하면 사람들이 그 많은 돈을 주고 전세를 살 바에는 그냥 집을 사버리는 게 더 나을 거란 생각에 다시 집을 사고자 하는 사람들이 늘어나 아파트값이 또 오르게 된단다.

이렇게 악순환이 반복되어 아파트 가격이 지금과 같이 비정상적으로 몇 배 이상 뛰어오르면, 이제 많은 사람들은 아파트는 포기하고 가격이 더 싼 빌라라도 사려 하니 빌라 가격도 오르는 것이고, 또한 아빠 같이 부동산 투자를 선호하는 사람들은 아파트에 투자하기에는 너무 비싸졌으니, 토지, 상가, 지식산업센터 등의 다른 투자처로 몰리게 되어 그것들 역시 찾는 사람들이 늘어나니 가격이 오르는 것이란다.

그런데 서민아, 이렇게 비정상적으로 가격이 크게 올랐을 때에는 투자를 조심해야 한단다. 마치 풍선이 너무 과도하게 부풀어 오르면 조금만 바람을 더 집어넣어도 뻥 터져버리는 것처럼, 별거 아닌 이유로 집값이 갑자기 하락·정체될 수도 있기 때문이지. 물론 그렇다 해도 떨어지는 금액은 올랐던 금액보다는 덜 떨어질 것이고, 또한 어느 정도 시간이 지나 앞서 언급한 수요와 공급이 안 맞아지고 시중에 돈이 많이 풀리게 되면 또 다시 급등하는 사이클을 계속 반복할 것이란다.

아빠가 20대였던 2006년부터 2008년까지가 딱 이랬었다. 기억나는 일화가 2006년 연말에 현대건설 공사현장에서 같이 근무하던 설계팀 차장님이 인천 계양구에 있는 아파트 청약에 당첨되자 주변 사람들 모두 로또 잡았다고 부러워했고, 그 설계 차장님은 청약 당첨을 자축하면서 30여 명의 현장직원들을 모두 초대해 삼겹살 전체회식을 쐈을 정도로 집값이 엄청 오르고 있었단다.

그 이후 2007년과 2008년에도 청약 당첨된 분양권의 프리미엄이 계속 오르니 그 차장님 본인도 '지금은 집값이 미쳤다'면서 도저히 정상이 아니라고 말씀하셨던 기억이 난다. 그때 20대 후반이었던 아빠는 아직 투자지식이 부족하던 때, 이제 아파트는 영영 살수 없는 것이라 생각하면서 어쩔 수 없이 빌라에서 전세나 살면 된다는 어리숙한 생각만 하고 있었단다.

그러다 2008년 미국에서 발생된 서브프라임 모기지 사태가 우리나라에도 영향을 미치면서 2008년 즈음부터는 집값이 하락하는 사태가 벌어졌는데, 이런 간접경험이 아빠를 부동산 투자로부터 관심을 더 멀게 만들었단다. 그때는 지식이 부족해서 이렇게 10여 년 후 다시 집값이 폭등할 것이라고는 전혀 예상하지 못했었지.

연봉 3억 파이어족이 서민에게 들려주는 부자의 돈 이야기

서민아, 아빠가 해주고 싶은 말의 핵심은 집값이 오를 때에는 엄청 오르지만 떨어질 때도 있다는 것이고, 하지만 떨어지더라도 올랐던 폭보다는 적게 떨어지며, 또한 장기적으로 시간이 흐르면 수요와 공급 및 정부 정책의 변화로 다시 오를 수밖에 없으니, 젊은 날의 아빠처럼 절대 관심 끄지 말고 항상 부동산 동향을 주시하면서 좋은 투자기회를 엿봐야 한단다.

# 전세, 3,500만 원 12평 아파트

군 전역 후 마련한 첫 투룸 빌라 전셋집에서 전세 계약이 만료되던 2007년 10월에 아빠는 엄마와 결혼하기 위해 둘이 같이 살 만한 집을 알아보았단다. 아빠 혼자서 사는 것이라면 골목길의 낡은 빌라도 상관없지만 엄마가 불편해할까봐 아파트를 알아보았던 것이지. 그래서 당시 엄마가 일 다니던 남동공단에서 가까운 연수구 위주로 소형 아파트를 알아보고 있었지.

그 결과 인천지하철 1호선 원인재역 인근에 있는 승기마을 단지의 12평짜리 아파트로 이사하기로 했단다. 평수는 좀 작아도 엄마와 둘이서 살기에는 나쁘지 않을 것 같았고, 무엇보다도 지하철역 바로 옆이라 위치가 좋았단다. 그때 당시 시세가 매매는 7,000만 원이었고 전세는 3,500만 원이었어. 그때로부터 약 13년이 지난 지금은 시세가 많이 올라 매매가 2억 1,000만 원이고 전세는 1억 2,000만 원이란다. 13년 동안 딱 3배가 올랐지.

일반적으로 전세가는 매매가의 50% 수준이 적절한 수준이란다. 전세 수요는 그 동네에서 실거주하며 생활하려는 수요이기 때문에 아파트를 투자할 때에는 꼭 전세가 시세를 확인해야 한단다. 전세가가 50%보다 낮은 아파트는 실거주 여건이 좋지 않으니 사람들이 선호하

연봉 3억 파이어족이 서민에게 들려주는 부자의 돈 이야기

지 않아서 어쩔 수 없이 전세가를 낮추는 것이니 이런 아파트는 투자하면 안 된다.

반대로 전세가가 50%보다 높은 집이라고 해서 무조건 살기 좋은 것만은 아니란다. 전세가가 높은 이유는 크게 두 가지 경우가 있는데, 정말 실거주 여건이 좋아서 너도나도 살고 싶어 해서 가격이 올라가는 경우가 일반적이지만, 반면 그 동네에 평생 살고 싶지는 않은데 어쩔 수 없이 직장이 가깝다는 등의 이유로 그 동네에 살 수밖에 없다보니 차마 집을 매수하기는 싫어서 전세만 찾는 경우도 있단다.

통상 수도권은 전세가가 높다면 전자에 속할 것이고 지방도시의 경우는 후자인 경우가 많은데, 이렇게 단순하게 단정 지을 수는 없고 종합적으로 주변의 입지를 고려해봐야 전세가가 높은 이유를 정확히 알수 있단다.

저 아파트를 전세 계약하기 전에 당시 연인이었던 엄마에게도 같이

소형 아파트 전셋집(2008년)

출처: 카카오맵

보여주고 의견을 물었는데 엄마가 괜찮다고 해서 전세 계약을 하고 이사 했단다. 그리고 몇 개월 후 드디어 엄마와 아빠는 결혼을 하기로 약속을 했지. 그런데 그때 와서 엄마는 이 집이 너무 좁다며 아파트가 아닌 빌라일지라도 더 넓은 곳으로 이사 가자는 것이지 뭐야.

아빠는 황당했어. 본인도 집 같이 보고 좋다고 했으면서 말이야. 엄마의 입장은 아마도 그땐 결혼까지는 생각 없었던 것인지, '너 혼자 살기에는 좋아 보인다'라고 했던 것 같구나. 그런데 막상 결혼하기로 마음먹고 본인이 들어와 살 생각을 하니 좁아서 불편하다는 것이었겠지. 아빠는 지금도 엄마 말 잘 듣는 '애처가'이지만, 그때도 연인 말 잘 듣는 '착한 남친'이었단다. 그래서 엄마 요구대로 쿨하게 엄마의 가족이 거주하고 있던 인천 남동구의 좀 더 평수 넓은 빌라 전세를 신혼집으로 알아보게 되었지.

그래서 이 승기마을 아파트는 2007년 10월에 이사를 와서, 2008년 4월에 반년 만에 이사 가게 되었단다. 세입자 사유로 전세 계약기간을 못 채우고 이사 나갈 때에는 새로운 세입자가 맞춰질 때까지 기다려줘야 하고, 또한 새로운 세입자 맞추는 데 소요되는 부동산 중개수수료도 대신 내주어야 하는 게 보통 관례란다.

그 집주인은 앞서 투룸 빌라 집주인처럼 또 멍청한 세입자 잘 만나서 땡잡았던 것이지. 원래는 전세 계약한 2년 동안은 보증금을 못 올려 받는데, 아빠가 6개월 만에 알아서 나가준다니 새로운 세입자에게 보증금도 올려 받고 중개수수료도 아빠가 대신 내주니 아주 좋아했을 것이란다.

지금 생각하면 그때 아빠가 가지고 있던 재산을 다 끌어 모으면,

7,000만 원에 그 아파트를 살 수 있었는데 그런 생각을 못했던 것이 아쉽고 후회된다. 그때는 집을 여러 채 가지고 있어도 된다는 것을 알지 못했어. 그런 거는 아주 극소수의 특별한 사람들이나 하는 것이고, 일반 국민들은 한 가정에 집이 한 채만 있어야 되는 것으로 생각했단다.

그러니 그 집을 사게 되면 거기서 평생 살아야 하는 것으로 착각해서 그리 결정 못 했단다. 바보 같았지. 아마 지금의 금융지식을 가지고 13년 전 그때로 다시 돌아간다면 어떻게든 엄마를 설득해서 그 집을 매수하고 거기서 1~2년만 살다가 돈이 다시 좀 모이면 그 집은 전세주고, 그 전세금에 모은 돈을 보태어 더 평수 넓은 빌라나 아파트로 전세 얻어 이사갔을 텐데.

서민아, 아빠는 주변에 어른이 안 계셔서 이런 것을 누구와 상의 할 사람이 없단다. 그러나 서민이 옆에는 아빠가 있잖니? 그러니 돈과 관련해서는 아빠와 상의해주면 더 좋은 방법을 찾도록 아빠가 도와줄게. 나름 아빠는 몸값이 비싼 전문직 기술사 프리랜서로서 누가 상담을 요청하면 시간당 최소 15만 원은 받고 만나주는데 서민이에게는 특별히 무료로 상담해줄 테니 잘 활용하길 바란다.

그리고 만약 서민이가 상담 받고 싶을 때 어떤 불의의 사고로 아빠가 서민이 곁에 없다면, 우선 이 책을 잘 읽어 참조하고 다음으로 큰아빠에게 연락해 조언을 구하렴. 너희들도 잘 알겠지만 큰아빠가 부동산 투자에 대해서는 아빠보다 좀 더 빨리 눈을 떠서 더 좋은 투자 성과를 보이고 있으니 큰 도움이 될 것이란다.

서민이의 큰아빠는 군대 가기 전 어린 시절에 아빠에게 지은 죄(?)가 좀 있어서 아빠가 세상에 없더라도 너희들에게 많은 도움을 줄 것이란다. 어떤 죄를 지었냐면 군대 가면서 휴대폰 요금을 많이 밀려서 신용불량자가 될 뻔한 것을 아빠가 대신 돈 내주어서 해결해주었지. 큰 아빠의 사생활이 있으니 자세한 이야기는 나중에 개인적으로 들려주 도록 하마.

연봉 3억 파이어족이 서민에게 들려주는 부자의 돈 이야기

# 전세, 3,500만 원 15평 빌라

서민아, 엄마가 아빠랑 결혼하기로 한 후 엄마가 직접 구한 전셋집은 지금의 외할머니 댁 근처인 인천 남동구 구월동에 있는 15평 빌라였단다.

아빠는 군대에서 오래 살다 나와서 어디 일정한 연고지가 없었어. 그냥 태어나고 자라서 익숙한 동네가 인천이었기에 인천으로 다시 온 것 뿐이지, 인천이 아닌 어디에서 살든 별문제될 게 없었단다. 게다가 직업이 건설회사이니 언제 어느 지방으로 발령받을지도 모르는 상황이기에 더욱이 연고지에 대한 생각은 없었단다.

건설회사도 규모가 작은 회사는 한 지역에서 소소한 공사들만 하기에 한 동네에 정착이 가능하지만, 아빠가 다녔던 현대건설은 우리나라를 대표하는 최고의 대기업이다 보니 규모가 매우 큰 공사들만 해서 전국 곳곳에 공사현장이 있었단다. 게다가 글로벌 대기업인지라 국내뿐 아니라 싱가폴·터키·두바이 등 해외 현장도 많아서, 부장 이상으로 승진하려면 의무적으로 최소 2년 이상은 해외 현장 근무도 해야 했단다.

그렇기에 아빠처럼 대기업 건설회사에 다니는 사람들은 가급적이면 처가댁 근처에 터 잡고 사는 게 가장 좋단다. 그래야 아빠가 멀리 건

처가댁 근처 빌라 전셋집(2008~2010년)                                        출처: 카카오맵

설현장에서 일하는 중에 집에 무슨 일이 생기면 근처에 사는 처가댁 가족들이 도움을 줄 수 있기 때문이지.

아빠는 고등학생 시절부터 혼자 살아오다 보니, 돈 관리의 중요성에 대해 일찌감치 눈을 떴단다. 그래서 19살 돈 벌기 시작한 때부터 결혼하기 전까지는 쭉 수기로 가계부를 써왔는데, 결혼 후에는 단순히 아빠 혼자의 용돈을 관리하는 차원이 아닌 우리 가정의 모든 재산을 관리해야 하다 보니, 더 체계적으로 관리하기 위해 엑셀 프로그램으로 가계부 양식을 만들어 관리했단다.

2009년에 작성했던 가계부 기록을 보자면, 그해에는 총 세전 4,279만 원을 벌었고 세금 공제 후에는 3,889만 원이 실소득이었는데 여기서 1,822만 원을 저축했으니, 벌어들인 소득의 약 50%는 모아 두었단다. 당시 아빠와 같이 연봉 약 4,000만 원 수준이라면 아빠 나이에 비해 그렇게 나쁘지 않은 수준이었단다. 아마도 아빠의 친한 고등학교 친구들과 비교했을 때 그때나 지금이나 아빠가 가장 돈을 잘 벌고 있을 것이란다.

아무리 현장채용 계약직 신분이었어도 대기업이었기에 월급은 많은 편이었지. 하지만 같은 현장에서 근무하는 몇몇 정규직 직원을 보면서 아빠는 분노했단다. 아빠보다 일을 제대로 하지도 않고 매일 뺀질거리는데도 정규직이라는 이유로 3년차 사원 연봉이 5,500만 원을 받았는데 그게 그렇게 배가 아팠단다. 일은 아빠가 더 많이 하는데 돈은 정규직이라는 이유 하나로 그 사람이 연봉 1,500만 원을 더 받아가는 것이었지.

그게 바로 대졸자와 고졸자의 수준 차이란다. 학벌이 더 좋을수록 직장 선택 기회의 폭이 더 넓어지는 것이고, 같은 대졸 학력이라도 더 이름 있는 명문대 출신일수록 더 좋은 직장에서 선택받을 확률이 높아지는 것이란다.

현재까지도 사용 중인 엑셀 가계부(2009년 부분만 발췌)

그러니 근로 소득을 통해서만 돈을 벌 수 있는 서민들은 남들보다 좀 더 편하고 쉽게 빨리 돈을 벌기 위해서는 공부를 열심히 해서 좋은 명문대학교를 나와야 하는 것이란다. 꼭 대학교를 안 나와도 운이 좋으면 사업 등으로 자수성가하여 큰돈을 벌수도 있겠지만, 그 가능성은 아주 희박하단다. 이렇게 가능성이 희박한 것에 본인의 돈과 인생을 거는 것을 바로 '도박'이라고 한단다.

서민이가 엄청 비범하여 도박에 성공할 수도 있겠지만, 실패했을 때 책임져야 하는 삶의 짐들은 매우 가혹하단다. 그래서 아빠는 서민이가 인생을 도박에 걸기보다는, 좋은 학력으로 본인의 가치를 더 높여

연봉 3억 파이어족이 서민에게 들려주는 부자의 돈 이야기

좀 더 높은 수준의 근로 소득을 빠르게 벌기를 바라는 것이란다.

그렇게 벌어들인 근로 소득을 소비성 지출에 쓰면 안 되고 잘 모아서 투자를 해야 한단다. 그 투자들이 어느 정도 성과를 내어 부풀어 오르면 그때부터는 직장생활이 지겨우면 안 다녀도 될 것이고, 그냥 놀고먹기에는 너무 심심할 것 같으면 심심풀이로 직장생활을 계속해도 된단다.

경제적으로 여유가 생기면 직장생활에 목을 맬 필요가 없기에 항상 당당하게 자신의 의견을 말할 수 있고, 이런 자신감 있는 모습들이 윗사람들에게 좋은 인상을 남겨주어 본인의 몸값을 더 높이며 남들보다 빨리 좋은 자리로 승진할 수도 있는 것이란다.

이번에는 결혼 후 돈 관리에 대해 아빠의 생각을 정리해보마. 아빠는 결혼 후에도 아빠가 경제권을 가지고 돈 관리를 계속하고 있지. 하

2021. 8. 31                                                           단위 : 만원

| 자산 | 금액 | 비율 | 부채 | 금액 | 비율 |
|---|---|---|---|---|---|
| 내집 | 0,000 | | 대출 | 2,050 | |
| 강화 농막시설 | 3,000 | | 은행대출 계 | 2,050 | |
| 토지 | 4,981 | | 전세보증금 | 4,000 | |
| 분양권 | 9,400 | | 보증금 계 | 4,000 | |
| 채 | 9,000 | | 분양권중도금 | 1,230 | |
| | | | | 1,230 | |
| 부동산 계 | 6,381 | | | | |
| 자동차 | 7,977 | | | | |
| 미술품 | 1,250 | | | | |
| 동산 계 | 9,227 | | | | |
| 주식 | | | | | |
| 청약 | 435 | | | | |
| 보험/연금/공제 | 8,414 | | | | |
| 농협 출자금 | 300 | | | | |
| 현금 | 1,511 | | | | |
| 현금자산 계 | 1,593 | | | | |
| 자산총계 | 7,201 | | 부채총계 | 7,280 | 32% |

부재 제외한 실 자산   9,921         전월 대비   1,550 상승

우리 가정의 자산 현황 대차대조표 양식(2021년 08월 기준)

지만 아빠도 신혼 초기에는 엄마에게 경제권을 넘겼단다. 엄마는 결혼 전까지 쭉 외할아버지, 외할머니와 같이 살면서 직접 돈 관리를 해본 경험이 없다보니 꽤 어려워했었지. 엄마는 단 한 번도 가계부를 써본 적이 없었으니 돈 관리에 매우 큰 부담을 느꼈던지, 몇 개월 만에 아빠에게 다시 경제권을 넘기면서 매월 일정 생활비만 받아가기로 협의한 것이란다.

아빠의 이런 경험을 바탕으로 정리하자면, 결혼 후 돈 관리는 꼭 여자가 해야 하는 것은 아니라고 생각한다. 둘 중 좀 더 경제적 관념이 바로 서있고 성격이 세심한 사람이 관리하면 되는 것이란다. 하지만 누가 경제권을 쥐고 관리를 하든 간에 한 달에 한번은 현재의 자산 상황에 대해 서로 공유하는 게 좋단다.

아빠의 경우도 매월 말일이면 한 달 동안의 총 수익과 총 지출을 파악하고 이중 평소와 다르게 두드러지는 항목들은 엄마에게 설명해주고 있고, 또한 매월 우리 가정의 자산현황을 대차대조표로 정리하여 총자산과 순자산 현황을 엄마와 공유하고 있단다.

여기 빌라에서는 아빠가 29살이던 2008년 4월부터 거주하여 전세기간 딱 2년을 채우고 2010년 3월에 또 다른 전셋집으로 이사를 갔단다. 여기 살 때 우리 사랑스러운 큰아들 서준이가 태어났지. 서준아, 이 전셋집이 너의 진정한 고향이란다.

큰아들 서준이가 태어난 15평 빌라 전셋집
(2008~2010년)

연봉 3억 파이어족이 서민에게 들려주는 부자의 돈 이야기

# 전세, 7,000만 원 28평 아파트

엄마와 결혼 후 첫 빌라 전셋집이 계약기간 끝나가자 아빠는 다른 전셋집을 알아보기 시작했단다. 그 빌라 전셋집은 집주인이 월세로 내놓을 것이라고 재계약 안 해준다고 하더라. 그래서 계약기간이 끝나가는 2009년 연말에 이사갈 집들을 알아보기 시작했단다. 그때까지도 아빠는 구태여 집을 살 필요가 없다고 생각하고 있었단다.

당시 몇 년 전까지만 해도 끝을 모를 정도로 계속 뛰어오르던 집값이 2007년에 미국에서 발생된 서브프라임 모기지 사태가 뇌관이 되어 전 세계의 주요 금융기관들이 대출과 투자를 옥죄기 시작하는 바람에 사람들의 심리가 위축되어, 2008~2009년부터는 아파트 값이 폭락이라 불릴 정도의 엄청난 집값 하락이 있었단다. 그런 급작스러운 집값 폭락으로 대출 많이 받아 비싸게 집을 사두었던 사람들은 매일같이 뚝뚝 떨어지는 집값에 엄청난 절망을 하고 있었단다.

그때는 집값 폭락이 정말 무시무시했었지. '집만 달랑 있는 거지'라는 뜻의 '하우스 푸어'라는 신조어가 등장했고, 너무 많은 빚으로 투자를 해 대출 이자도 감당하기 힘들어진 많은 사람들이 개인 파산을 신청하기도 했고, 또 그중에서도 몇몇 사람은 대출 빚에 대한 압박을 견디지 못하고 삶을 포기하는 극단적인 선택을 하기도 했을 정도였단다.

지금 생각하면 그럴 때가 가장 싸게 좋은 투자처를 골라내어 살 수 있는 바겐세일의 시기였는데, 그때의 아빠는 지식과 경험이 부족하여 부동산으로 투자 한다는 것은 상상도 못했었고, 그저 이제 집은 가격이 떨어지기만 하니 더 이상 비싼 돈 주고 매수할 필요 없다고만 생각했단다.

지금 생각하면 참 무식했지. 아빠가 집을 사지 않는다고 해도 전세나 월세의 형식으로라도 집에 살아야 하는 것인데, 집은 사람들에게 반드시 필요한 필수재이니 결국 아빠와 같이 많은 사람들이 전세만 찾게 되면 전세 물량이 부족해져 전셋값이 오를 것이고, 전셋값이 오르면 집값이 전세값보다는 쌀 수 없는 노릇이니 다시 집값이 상승한다는 지극히 상식적인 지식을 그때는 몰랐단다.

아빠는 그때 깨달았지. 뭐든지 폭등이 있으면 그 끝에는 폭락이 따르는 법이란다. 그래서 아빠는 솔직히 2019~2021년의 집값 폭등 사태가 그리 좋지만은 않구나. 집값이라는 게 다소 등락을 보이면서 완만하게 꾸준히 올라야 정상인데 지금의 집값은 불과 2년 사이에 2~3배가 넘게 오를 정도로 엄청나게 폭등했기 때문이지.

다주택자인 아빠 입장에서 집값이 올라 자산이 증가되어 좋기는 하지만 몇 년 후에 뒤이어 올 폭락이 걱정되기에 그리 좋아하고만 있을 수는 없단다. 폭락의 시기에 자금부족으로 압박당하지 않기 위해서는 지금부터 미리 세밀하게 금융계획을 세워 관리해야 하기 때문이지.

정부에서 최근 들어서야 공급부족을 인정하고 공급 대책을 퍼붓기 시작했으니 아마도 몇 년 후에는 가만히 놔두어도 많은 가격 하락이 있을 것이라 예상된다. 혹여 그 이전이라도 예전 IMF 사태나 서브프라임 모기지 사태와 같은 돌발변수가 발생된다면 더욱 급격한 폭락이

연봉 3억 파이어족이 서민에게 들려주는 부자의 돈 이야기

올 수도 있지.

　하지만 그럼에도 불구하고 부동산에 투자는 계속해야 한다고 생각한다. 왜냐하면 부동산 가격이 떨어지더라도 오른 가격보다는 덜 떨어지기에 최소한 인플레이션에 대한 방어효과는 있기 때문이지. 즉, 손해보다는 이익이 더 크다는 것이란다.

　그러니까 갑작스레 사람들의 심리가 위축되어 부동산 가격이 폭락하더라도, 자금 압박에 시달리지 않고 버티어 낼 수 있는 범위 내에서 투자를 한다면 그리 큰 걱정 없이, 그냥 계속 보유하며 전월세를 주면서 기다리면 되는 것이란다.

　오히려 여유자금이 있다면 그런 폭락 시기가 더 좋은 매물을 싼 가격으로 살 수 있는 엄청난 할인의 기회가 되는 것이지. 지금이야 이처럼 부동산 등락의 원리를 조금이나마 이해하고 있다지만, 2009년 당시에 아빠는 부동산과 투자에 대해서 전혀 모르는 무식한 근로 소득 추종자여서, 계속 집값이 떨어질 것이라는 두려움에 집을 매수할 생각 없이 또 다시 전세만 알아보았단다.

　빌라에서 살면서 가장 불편했던 건 주차 문제였는데 별도 주차장이 없다 보니 인근 대로변에 주차를 하고 십여 분을 걸어가야지만 집에 올 수 있었단다. 또 어떤 때에는 대로변에 주차해두었다가 불법주차로 구청에 견인된 적도 있었지. 그래서 아빠는 상대적으로 주차가 편리한 아파트로 이사가고 싶었단다.

　공인중개사를 통해 처가댁 근처의 아파트 몇 군데를 둘러보았지. 그 당시 구월동 모래내 시장 맞은편에는 옛날에 있었던 낡은 주공아파트를 싹 철거하고 '구월 힐스테이트&롯데캐슬' 아파트가 새로이 완공되어 입주했단다.

이 아파트가 인근에서는 가장 최근에 지어졌고 또 가장 브랜드가 좋으며 가장 대단지 아파트였지. 그러니 당연히 가격도 가장 비쌌단다. 아빠도 마음은 그런 새로 지은 멋진 브랜드 아파트에서 살고 싶었으나 돈이 부족해서 엄두를 낼 수 없었지.

지금이야 정부에서 신혼부부 전세자금 대출 등 선심형 복지정책을 남발하기에 전세도 당연히 대출받아 들어가는 게 일반적인 상식이 되었지만, 그 당시만 하더라도 전세자금 대출 제도가 없어서 전세는 자신이 보유하고 있는 현금 범위 내에서 집을 구할 수밖에 없었단다.

이후 박근혜 대통령 통치 시절에 전세자금 대출 제도가 확산 도입되면서부터 가난한 사람들이 돈 없으면서도 대출받아 전세로 아파트에 살려고 하다 보니 전세가가 한 차례 대폭 상승했었지.

전에는 돈이 없어 빌라에서 살던 사람들도 너도나도 대출받아 아파트 전세로 들어가려는 바람에 아파트의 전세물량이 급감하면서 전세보증금이 비싸졌고, 전세 시세가 올라가니 자연스레 매매시세도 밀려 올라가는 상황이 발생되었지.

결국 정치인들이 선거 때 표 받으려고 서민들을 위한답시고 어설픈 포퓰리즘 정책을 남발하다가 오히려 집값과 물가를 올려 서민들을 더 살기 어렵게 만들어 놓은 상황이란다. 2021년 지금의 집값 폭등도 그 원인을 파헤쳐 보면 이러한 정책의 부작용이 아주 많은 부분을 차지하고 있단다.

다시 옛날이야기로 돌아가서, 아빠는 결국 수중의 돈이 부족해서 신축 브랜드 아파트에는 못 들어가고, 가격이 맞는 오래된 구축 아파

꿈의 아파트, 현실의 아파트 　　　　　　　　　　　　　　　　출처: 카카오맵

꿈의 아파트 　　　　　　　　　　　현실의 아파트

트를 알아보았단다. 신축 브랜드 아파트가 꿈의 아파트라면 돈에 맞춰 결정하게 된 오래된 구축 아파트는 현실의 아파트인 셈이지.

　당시 2009년 연말에도 집값이 폭락하면서 많은 사람들이 집을 안사고 대부분 전세로 집을 찾다보니, 전세 물량이 줄어들어 보증금이 많이 오르고 구하기도 어려운 상황이었단다. 그런데 운이 좋게도 퇴근 후 저녁에 방문한 부동산에서 딱 한집이 전세가 7,000만 원에 나와 있다 하여 집만 한번 대충 둘러보고는 바로 그 자리에서 전세 계약을 했단다.

마침 집주인도 근처에 있다고 해서 저녁 7시경 집을 둘러본 후 좀 기다렸다가 9시경 계약서를 작성했는데, 그 집주인과 이런저런 이야기를 나눠보니 육군 상사 출신으로 군 복무를 오래하다가 정년 퇴역 후 지금은 주택임대사업자로 이렇게 집들을 전·월세 주고 관리하며 임대료로 노후를 보내고 있다고 하더라.

그래서 아빠도 육군 중사 출신이기에 서로 선후배라 부르며 친근하게 앞으로 잘 부탁한다고 아주 화기애애한 분위기에서 계약서를 작성했었지. 뒤이어 이야기하겠지만 그 집주인은 알고 보니 완전히 성질 고약한 악질 집주인이었단다. 아빠도 그 악질 집주인에게 아주 호되게 당했지. 그 집에서 당한 게 너무 화가 나고 기분 더러워서 결국 아빠도 전세살이를 그만하고 아파트를 직접 매수하게 되는 계기가 되었단다.

그 집이 2010년 당시에는 28평 기준으로 매매시세가 1억 4,000만 원이었고 전세 시세가 7,000만 원이었는데, 2021년에는 매매가 3억 원에 전세가가 2억 원으로 근 10년 만에 집값이 2배 이상 올랐단다. 그렇게 낡고 브랜드 없는 구식 아파트조차도 10년 만에 2배 이상 가격이 올랐을 정도이니 신축에 브랜드 있는 좋은 입지의 아파트는 얼마나 가격이 올랐을지 상상이 안 될 정도이지.

민준이가 태어난 28평 아파트 전셋집(2010~2011년)

연봉 3억 파이어족이 서민에게 들려주는 부자의 돈 이야기

비록 악질 집주인과의 인연은 악연이었지만 그래도 그 집에서 우리 귀여운 둘째 민준이가 태어났기에 아빠에게는 소중한 추억이 남아 있는 곳이란다. 또한 서민이의 외할머니집이 같은 아파트 같은 동에 있었기에 여러 면에서 편리하기도 했단다.

# 거지 같은 악질 집주인

아빠 나이가 30살이 되던 2010년 3월에 인천광역시 남동구 구월동에 있는 신세계 아파트로 이사를 갔단다. 비록 낡고 오래된 전셋집이었지만 그래도 28평이어서 아빠가 태어나서 처음 살아보는 가장 큰 평수의 집이었지. 무엇보다도 아파트 단지 내에 주차할 수 있다는 게 엄청 좋았단다.

지금 생각하면 지하주차장도 없어서 한여름에 차를 타면 완전 찜통이 되고, 또 한겨울에는 완전 얼음장이었으며, 비 내리는 날에는 빗물 맞으며 차에 타야 했고, 밤늦게 귀가하면 주차장이 꽉 차서 주차할 곳을 찾아 한참 헤매야 하는 등 상당히 불편한 점이 많았었는데, 그때는 그래도 도로변에 주차하고 10여 분을 걸어갔던 빌라 집에 비해 훨씬 좋아진 조건이라 나름 만족했단다.

그 아파트는 1980년에 지어져서 2010년 당시에도 30년이나 지난 오래된 건물이었는데, 막상 거기서 살아보니 아무리 낡은 복도식 구닥다리라 할지라도 아파트가 어지간한 빌라보다는 더 살기에 좋더라. 사람들이 왜 빌라보다는 아파트를 더 선호하는지를 확실히 깨닫게 되었지.

가끔 뉴스를 보면 우리나라에 주택 보급율이 이미 100%를 초과했기에 집이 부족하지 않다고도 하는데, 그렇게 숫자만 놓고 본다면 우리나라에는 집이 부족하지 않단다. 하지만 그 숫자는 낡아서 생활 할 수 없는 주택까지도 모두 포함된 숫자여서, 이를 감안하면 살 만한 주택의 보급률은 아직도 부족한 게 현실인 것이지.

게다가 사람도 늙으면 죽듯이 집들도 40년 이상 지나면 더 이상 집의 기능을 유지하기 힘들단다. 콘크리트의 수명은 50년 이상도 갈 수 있겠지만 집의 기능에 꼭 필요한 각종 배관 설비들이 그만큼 견디지를 못하기에 40년 정도면 수도에서 녹물이 나오고 전기가 누전되는 등 건축설비의 수명을 다했다고 보는 것이지.

그렇기에 경제적으로 자금 여유가 있다면 토지면적 지분이 넓은 오래된 집을 사서 그냥 가지고만 있으면 언젠가는 재개발 재건축되어 새 집으로 바뀌면서 돈을 벌 수도 있는 것이란다. 아빠는 그렇게 오래된 집은 가지고 있지 않지만 지금 가지고 있는 집들은 가급적 팔지 않을 생각이란다. 수년 동안 아파트를 사고팔고를 수십 번 해보니 결국 한 번 내 손을 떠난 집은 다시는 그 가격에 살수가 없더라.

집값은 장기적으로는 꾸준히 상승하기에 예전에 샀던 가격으로는 그 동네 집을 다시는 살 수는 없는 게 현실이고, 그렇다고 사람 심리가 내가 가지고 있던 집을 예전보다 더 비싼 가격으로 다시 산다는 것은 거부감이 들기에 결국 다시는 그 동네는 투자 목적이건 실거주 목적이건 아예 쳐다보지도 않게 되어 버린단다.

아빠가 내린 투자에 대한 결론은 좋은 투자처를 골라 소유한 후 가급적 팔지 않는 것이란다. 정말 긴급하게 목돈이 필요한 일이 생겼거나 아니면 지금 가지고 있는 것보다 더 좋은 투자처가 있는데 자금이 부족한 경우 등의 피치 못할 경우가 아니면 그냥 평생 가져가는 것이 좋다. 그래서 아빠는 현재 가지고 있는 여러 채의 아파트는 향후 재건축 재개발까지 내다보며 장기적으로 보유할 계획이란다.

다시 옛날이야기로 돌아가서, 그 28평 아파트에 이사간 첫해에는 그럭저럭 만족스럽게 잘 지냈는데, 2년차인 2011년 가을에 갑자기 아랫집 사람이 올라와 화장실과 작은방의 천장에서 물이 샌다고 항의를 해왔단다. 그래서 집주인에게 전화해서 수리해달라고 말했더니 갑자기 말투를 싹 바꾸며 그런 것은 세입자가 알아서 처리해야 한다며 전화를 끊어버리고는 다시는 아빠의 전화를 받지 않았단다.

형광등 램프를 교체하거나 도어락 또는 수도꼭지 등의 소소한 보수는 전세 사는 세입자가 직접 처리하는 게 관행이지만, 누수 등의 큰 결함에 대해서는 집주인이 정상적으로 시설을 사용할 수 있게 수리해 줄 의무가 있단다. 그 의무를 지키지 않으면 계약조건에 위배되는 것이지. 그런데 그 악질 집주인은 막무가내로 우겨버리고 전화를 아예 받지 않았단다.

아빠가 집주인에 대해 알고 있는 연락처라고는 휴대폰 번호밖에 없었는데 전화를 아예 받지 않아 버리니 아주 황당하더라. 그 와중에 아랫집 사람은 아빠에게 계속 항의하며 수리해 달라고 요구하니 정말 억울하고 화가 치밀어 올랐단다. 그렇게 며칠 더 지나니 이제는 아랫집 천정에서만 새는 게 아니라, 우리 집 작은방 바닥에서도 물이 새어 나오더구나. 나중에 확인해 보니 방바닥에 보일러 배관이 오래되어 터진 것이었지.

지금 아빠 수준의 부동산 지식과 경험이라면 전화 안 받으면 바로 내용증명 발송하고 소송 걸었을 텐데, 그때는 그런 걸 알지 못했으니 집주인이 계속 연락 안 된다고 발만 동동 구르고 있었단다. 그러다 어느 날 일부러 다른 사람 전화기로 걸어보니 그때는 집주인이 전화를 받더라. 딱 아빠 전화번호만 일부러 안 받았다는 것이었지.

그래서 빨리 수리해달라고 말하다가 여전히 나 몰라라 하는 악질 집주인의 태도에 결국 분노를 참지 못하고 전화기로 쌍욕을 퍼부었다. 그리고 전화를 끊었는데 지금 생각하면 아빠가 생각이 짧았었지. 이제는 그 악질 집주인에게 적당한 핑계거리만 만들어준 셈이었단다. 동네 공인중개사들에게 나중에 들어보니 그 집주인은 아들뻘도 안 되는 한참 어린 세입자가 쌍욕을 해대서 화가 나 수리를 안 해주었다는 식으로 변명을 하고 다닌 것이었지.

아빠는 그 이후 그 집에 정나미가 뚝 떨어졌단다. 저런 거지 같은 악질 집주인을 겪어보니 더 이상은 남의 집에 세입자로 살고 싶지가 않았다. 그래서 그냥 이 전셋집은 전세 계약 만료될 때까지 놔둬 버리고 다른 아파트를 아예 매수하여 이사가는 것을 생각하게 되었지.

아빠는 2009~2010년에 열심히 주경야독으로 공부해서 대학원에서 석사 학위도 받았고, 또한 국가기술자격 중 최고 등급인 토목시공 기술사도 취득했으며, 이 기술사 자격 취득 후에는 회사로부터 실력을 인정받아 2010년 10월부로 현대건설의 현장채용 계약직에서 본사 계약직으로 한 단계 승진되었지.

본사 계약직도 계약직 신분인 것은 매한가지이지만 급여와 복지는 정규직과 동일하게 대우받는단다. 그래서 연봉이 갑자기 확 뛰어올라서 전에는 세전 4,500만 원 정도 벌다가 2011년도부터는 7,000만 원 이상을 벌어들였단다. 당시 20대 나이에 연봉 4,500만 원 버는 것도 쉽지 않은데 30대 초반 나이에 연봉 7,000만 원을 받는다면 또래의 직장인들 중에서는 꽤나 잘 버는 편에 속했단다.

그래서 근로 소득이 좀 늘어나서 그동안 모아둔 돈을 모두 합쳐 보니 현재 묶여있는 전세보증금 7,000만 원을 빼고도 6,000만 원이 현금으로 있었단다. 아빠가 매수하려고 알아본 아파트가 1억 9,000만 원이었는데 주택담보대출을 최대한 받으면 당시에는 시세의 70%인 1억 3,000만 원이 대출 가능했고, 수중에 있는 현금 6,000만 원을 더하면 딱 1억 9,000만 원이 만들어져, 현재 살고 있는 전셋집의 보증금이 없더라도 아파트를 매수하는 게 가능했단다.

그래서 거지 같은 악질 집주인 때문에 전세살이가 진절머리 나서 홧김에 전세 계약도 끝나지 않은 상태에서 그냥 확 32평 아파트를 매수하여 2011년 12월 26일에 이사를 가버렸단다. 그 28평 전셋집 아파트는 그냥 비워둔 채 겨울 내내 놔두었고 다음해 3월에 전세 계약 만료 날짜에 맞춰 보증금 7,000만 원을 돌려받아 주택 담보대출을 일부 조기상환 했었지. 그때까지만 해도 급하니까 어쩔 수 없이 비록 대출을 받기는 했지만 대출은 큰 죄악이라 생각했었고 그래서 수중에 돈이 들어오는 족족 조기상환해가며 대출금을 갚아나갔단다.

전셋집 집주인은 아무 연락 없다가 계약 만료일이 다가오니 슬쩍 다른 사람을 시켜 대신 연락해와, 그제야 다른 세입자를 맞추기 위해 누수된 방바닥을 뜯어내고 수리해주었단다. 아빠는 보증금 돌려받는 날에 그 거지 같은 집주인과 얼굴 마주치게 되면 욱하는 마음에 한 대 때릴 것만 같아서, 직접 나가지 않고 다른 지인에게 대신 부탁을 해서 전세보증금 7,000만 원을 돌려받아 왔지. 그 악질 집주인과의 인연이 그때에는 굉장히 안 좋고 불쾌한 기억이었는데 결과적으로는 그 사람 덕분에 아빠도 아파트를 매수하게 되었고 이를 계기로 부동산에 대해 조금씩 눈을 뜨게 되었단다.

이렇듯 모든 시련이 당장은 힘들고 고통스럽지만 시간이 지나고 보면 그 시련 덕분에 더욱 성장하고 발전하게 된단다. 한 가지 예를 더 들어 본다면 2016년 연말에 아빠가 회사에서 같이 근무하던 상관과 크게 마찰 일으켜 좌천된 이후, 토목직에서 건설안전직으로 부서를 옮기게 되었고 그 덕분에 지금은 우리나라 최고의 건설안전 전문가가 되어 연 소득을 3억 원 넘게 벌고 있으니 그야말로 전화위복의 전형적인 사례라고 할 수 있겠다.

그러니 우리 서민이도 나중에 살면서 시련이 닥치면 그 당장의 시련에 굴복하지 말고, 꿋꿋이 참고 견디어 내거라. 그러면 그 시간이 지난 후 반드시 어떤 보상이 주어질 것이라 믿는다.

# 3절 자산증식의 기틀, 내 집 마련

# 내 집 마련,
# 1억 9,000만 원 32평 아파트

서민아, 아빠가 32살을 목전에 두고 있던 2011년 12월 26일에 드디어 생애 처음으로 아빠 소유의 아파트를 가지게 되었단다. 인천광역시 남동구 만수동에 위치한 햇빛마을 벽산 아파트. 아빠에게는 의미가 남달랐지. 여태껏 살아오면서 단 한 번도 부동산을 소유해 본 적이 없었는데 드디어 처음으로 부동산이라는 자산을 소유하게 된 것이지.

아빠의 아버지는 건축현장에서 막노동 하면서 항상 부지런히 일하고 근면성실을 강조하셨지만 정작 본인 명의의 자산을 소유해본 적은 단 한 번도 없으셨단다. 집도 없었고 땅도 없었고 심지어 차도 한 대 없었지. 그런데 드디어 아빠가 처음으로 32평 아파트라는 부동산을 소유하게 된 것이란다.

큰아빠도 아직 그때에는 자기 집이 없던 시기였고, 아빠의 친한 친구들 중에서도 아빠가 유일하게 집을 가장 먼저 소유했기에 아빠에게는 그 의미가 참으로 남달랐단다. 그래서 퇴근하고 귀가하는 길에, 아파트 단지 입구에 들어서면 여기가 내 소유의 아파트라는 뿌듯함에 감정이 한껏 벅차오르고는 했지.

햇빛마을 벽산 아파트는 2000년에 완공되어 당시까지 신축에 속했기에 그 동네 아파트들 중에서도 나름 시설이 최신식이었단다. 특히

연봉 3억 파이어족이 서민에게 들려주는 부자의 돈 이야기

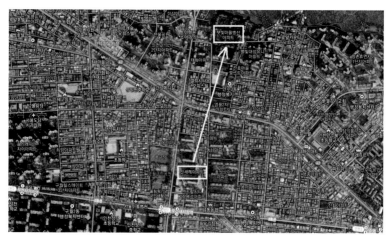

첫 내집 '만수동 햇빛마을 벽산아파트'(2011~2015년)                    출처: 카카오맵

지하주차장이 있는 게 아빠는 가장 마음에 들었단다. 이제는 눈 비 맞을 걱정 없이 지붕 있는 곳에서 차에 타고 내릴 수 있어 만족스러웠지. 지금 우리가 살고 있는 아파트처럼 승강기가 지하 주차장까지 연결되어 있지는 않아서 계단을 타고 걸어 다녀야 했는데, 그래도 당시에는 아빠가 여태껏 살아본 집들 중에서는 최고의 시설이었단다.

서민이가 햇빛마을 벽산 아파트에서 6~7살까지는 살았으니 너희들도 여기서의 기억들이 조금은 남아 있을 것이야. 우리가 살았던 집이 1층이었는데 그때는 지금과 같은 아파트에 대한 안목 없어서 그저 단순히 32평 중에서 가장 싸게 나온 것을 골랐던 것이지.

통상 아파트는 같은 건물에 있더라도 각 층마다 가격이 조금씩 다르단다. 1층과 탑층(꼭대기층) 가격이 다른 층에 비해 1,000~2,000만 원 정도 더 저렴하지. 그 이유는 1층은 창밖으로 오가는 사람에게 죄다 집안이 보이기에 마음껏 창문을 열어놓고 지낼 수 없어서이기도

하고, 또한 낮에는 다른 건물에 가려져 햇볕이 잘 들지 못하기 때문이야.

반면 탑층은 위에 다른 집 없이 직접적으로 천정을 통해 외부와 접해 있다 보니, 여름에는 강한 햇볕에 열기가 더 많이 들어와서 덥고, 겨울에는 냉기가 더 많이 들어와서 추운 경우가 많단다. 또한 나중에 시간이 지나면 건물이 노후화되면서 지붕 부분의 방수층이 손상되면 빗물이 새는 경우가 종종 생기기 때문이지.

그래서 많은 사람들이 이렇게 1층과 탑층은 잘 선호하지 않는 것이란다. 그 외에는 가격대가 비슷비슷하지만 층이 높으면 높을수록 가격이 좀 더 비싸진단다. 일반적으로 탑층을 제외한 그 아래에 있는 고층부 2~3개 층이 가장 비싸지. 거기는 시야 가리는 게 없어서 전망도 좋고 햇빛도 잘 들어오기 때문에 그런 층을 사람들은 로열층이라 부른단다.

당시 아빠는 그저 싸다는 이유로 1층을 산 것이었는데, 그래도 나름 나쁘지 않게 잘 살았단다. 1층이라 출입도 편리했고 층간소음 걱정이 없기 때문에 우리 서민이도 집에서 원 없이 뜀박질하며 신나게 뛰어놀 수 있었지. 이런 부분이 1층만의 장점인데, 그래서 가격은 조금 저렴해도 꾸준히 1층만을 찾는 수요가 있기는 하단다. 아빠와 같이 어린 남자애들을 키우는 사람이나 몸이 불편하여 높은 층에 올라 다니기 버거운 분들이 주로 해당되지.

이 집에서 2011년 12월부터 2015년 6월까지 3년 반 정도를 살면서 여러 가지 많은 일들이 있었단다. 좋았던 일이 대부분이었고 안 좋은 일은 별로 없었는데 구태여 꺼내보라면, 이 집에 사는 동안에 1년 정도는 아빠가 멀리 지방에 있는 건설현장으로 발령이 나서 가족과 떨어져 살았던 것과, 우리 서민이가 각각 한 번씩 놀다가 이마 찢어져 병

2012년 · 2013년

2014년 · 2015년

첫 집 만수동 햇빛마을 벽산아파트에서 추억

원 응급실에 가서 꿰맸던 기억 등이 있네.

좋았던 일로는 여기에 사는 동안에 아빠가 더 열심히 공부해서 토목시공기술사에 이어서 건설안전기술사, 토목품질시험기술사, 항만및해안기술사 자격을 추가로 취득했고, 2014년부터는 대학원 박사과정에 진학하기도 했었지.

또한 회사 일도 매일 야근하고 주말에도 열정적으로 자진 출근해서 열심히 일했는데, 이런 노력들을 회사가 알아주어 2014년 6월에는 우리나라 최고의 건설회사인 현대건설에서, 드디어 계약직 신분을 벗어나 정규직으로 전환 되었고 또 그해 연말에 연이어 초고속 승진이 되기도 했었지. 물론 그 덕분에 연봉도 더 많이 올랐고.

그때까지도 아빠는 열심히 땀 흘려 번 근로 소득만이 진실한 소득이고, 부동산 투자 등의 자본소득 즉, 비근로 소득은 뉴스에 나오는 경제사범들과 같은 범죄자들이나 하는 더러운 짓거리로 생각하고 있었단다. 참 순진했지. 그 정도로 금융지식이 없었으니 당연히 대출 등 금융기관을 활용하는 방법도 전혀 몰랐단다. 그렇기에 아빠는 대출받는 것을 마치 큰 죄를 짓는 것과 같다고 여기며 매달 월급을 받는 족족 생활비만 제외하고, 조기상환 수수료까지 줘가며 대출을 열심히 갚았단다.

지금 생각하면 참으로 안타깝지. 우리나라가 채택하고 있는 자본주의 사회에서는 자본을 다룰 줄 알아야 부자가 될 수 있는데, 이런 자본 금융에 대한 지식은 초, 중, 고는 물론 대학교에서도 절대 가르쳐주지 않는단다. 왜냐하면 국가가 원하는 국민의 모습은 투자를 통해 자산을 늘리고 비근로 소득을 축적해가는 모습이 아니라, 각 각 회사에 취직해 산업전선에 뛰어들어 땀 흘리며 열심히 근로 소득을 벌어 거기에 만족하고 살아가는 모습이거든.

근로의 대가로 회사에서는 월급을 지급해 줄 것이고 그 월급봉투는 투명한 유리병과 같아서 국가에서 누가 얼마를 벌었는지 정확히 추적·확인할 수 있는 것이지. 그래야 그 투명한 유리병에서 국가가 세금을 쉽게 징수해 갈 것이고, 그 세금이 많아야 국방력 강화, 경찰 치안 행정 유지, 국토의 균형적인 개발, 선거 때 표 받기 위한 무상복지 포퓰리즘 정책(?), 정치인 쌈짓돈(?) 등 국가의 현재 시스템을 운영할 수 있기 때문이지.

그러니 당연히 국가를 운영하는 상류 지배계층 사람들 입장에서는 자본을 다루는 방법과 금융기관을 활용하는 방법들을 국민들에게 가르쳐 줄 필요가 없는 것이란다. 그런 고급 지식들은 자신들만의 전유물이 되어 자신들의 자녀들에게만 가정교육을 통해 대대손손 물려줄 뿐이란다.

그러니 서민아, 너희는 절대 대출을 두려워할 필요가 없단다. 아래 조건에만 해당된다면 오히려 능력 닿는 한 적극적으로 대출을 이용해서 좋은 투자처에 투자하도록 해라.

### 대출받아도 되는 경우

① 월 고정소득으로 감당 가능한 원리금 범위일 것
② 대출자금 사용처는 반드시 손실 우려가 없는 투자 자산일 것

어쨌든 아빠는 열심히 노력하고 회사에 충성한 대가로 소득이 조금 더 늘었고 그 돈으로 다달이 대출금을 조기상환하여 결국 근 3년이 지난 2015년 3월에, 1억 3,000만 원이라는 큰(당시 기준) 대출금을 모두 갚았단다. 당시 계획은 대출 다 갚은 후 다시 착실하게 적금 부어서 한 2억 원 정도 돈이 모이면, 인천에서 최고로 부유한 동네인 송도국제도시로 이사가려는 것이었지.

당시 아빠의 전 재산이 딸랑 햇빛마을 벽산 아파트 한 채로 약 2억 원이 전부였고, 송도국제도시의 32평 아파트는 일반적인 시세가 4억 원 정도 했으니 매년 3,000~4,000만 원씩 적금 부어 모은다면 한 6년 정도 지나 서민이가 중학교 들어갈 즈음에는 대출 없이 벽산아파트 팔고 송도국제도시의 32평 아파트를 사서 이사갈 수 있을 것이라고 생각했단다.

그로부터 6년 후가 바로 이 글을 쓰고 있는 지금 2021년인데, 만약 그 계획대로 실행했더라면 우리 가족은 아마도 평생 송도국제도시에는 살아 보지 못하고 그 만수동 벽산아파트 수준에서 만족하며 살아야만 했을 것이란다.

서민이도 잘 알다시피 지금은 전국의 집값이 전부 다 올랐지. 6년 전과 비교해보면 구축 아파트는 약 2배 정도, 신축 아파트나 분양권은 약 3배 정도 오른 것 같구나. 햇빛마을 벽산아파트도 아빠는 2015년에 2억 원 받고 팔았는데, 지금은 시세가 3억 8,000만 원 정도 하니 근 2배가 올랐고, 또한 지금 우리가 살고 있는 송도국제도시의 아파트도 2015년에 4억 1,000만 원 주고 샀는데 지금은 9억 원 이상이니 여기 또한 근 2배가 올랐단다.

두 아파트 모두 배율로는 2배 오른 것은 맞지만 기존 자산가치가 크면 클수록 그 오름 폭이 더욱 커지는 것이지. 즉 2015년에는 지금 살고 있는 송도국제도시의 아파트와 만수동 햇빛마을 벽산아파트의 가격차가 2억 원이었지만, 각각 2배씩 올라 2021년 지금은 가격차가 5억 원 이상 벌어지게 된 것이란다.

그러니 만약 대출을 이용하지 않고 당초 계획대로 계속 적금만 열심히 부어넣으며 벽산아파트에 살고 있었다면, 지금쯤 벽산아파트 자산 가치 3억 8,000만 원에 적금 부어 모은 돈 2억여 원 합쳐, 총 자산이 약 6억 원 정도밖에 안 되었을 것이다. 하지만 다행스럽게도 계획이 어그러져 일찌감치 대출받아 송도국제도시로 이사 오고 또한 몇몇 부동산에 대출받아 추가 투자한 덕분에, 현재는 부채를 제외한 순자산 만으로도 상속세율 50%를 어찌 감당할지 고민해야 할 정도의

연봉 3억 파이어족이 서민에게 들려주는 부자의 돈 이야기

많은 자산을 형성하게 되었단다.

이게 다 과감하게 대출을 받아서 투자가치 있는 아파트, 분양권, 토지 등의 현물 자산에 투자한 덕분이란다. 그만큼 대출금 즉 레버리지(지렛대)의 힘은 훨씬 강력하니 서민이도 능력되는 범위 내 대출 받아 투자하는 것을 적극 활용하기 바란다.

# 근로 소득을 가장 빠르게
# 많이 버는 방법

서민아, 그럼 여기서 대체 왜 대출 받지 않고 차곡차곡 돈 모으려했던 아빠의 장래계획이 틀어졌는지를 설명해줄게. 2014년 당시 아빠가 벌던 연봉은 세전 약 8,500만 원으로, 35살이라는 아빠 나이에 비해 근로 소득이 꽤 많은 편이었어. 대한민국 최고의 대기업 정규직이었으니 중소기업에 다니는 아빠 친구들과 비교해보면 아빠가 2배 이상 더 많은 돈을 벌었단다.

우리나라 근로 소득 현황 통계를 보면 2014년 당시 아빠의 연봉 순위는 2021년 통계 기준으로 비교해보아도 전국 상위 8%에 해당하는 수준이란다. 그러니까 정리하자면 아빠를 포함한 우리 나라에 어지간

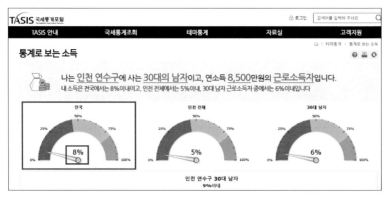

2014년 연봉 기준 전국 소득순위 통계자료 　　　　　　　 출처: 국세통계포털

한 대기업 직원들은 대부분 전국 상위 10% 안에 들어갈 정도로 돈을 많이 번다는 것이지.

그러니까 서민이가 지금 학생 시절에 공부를 열심히 해야 하는 이유는 나중에 이런 대기업에 취직할 확률을 높이기 위한 것이고, 그렇게 되면 짧은 기간에 근로 소득을 극대화할 수 있기 때문이야. 만약 서민이가 공부 말고 운동이나 연기 등으로 스타가 되어 성공할 수도 있겠지만 그건 가능성이 매우 희박하고, 그런 희박한 확률에 기대를 거는 것은 서민이의 인생을 담보로 하는 위험한 도박일 뿐이란다.

다시 한번 정리하자면, 아빠가 말하고자 하는 뜻은 대기업에 취직해서 평생을 직장인으로서 회사에 빌붙어 살라는 게 결코 아니란다. 공무원과 비교하자면 공무원이 평생 정년까지 근로해야 벌 수 있는 돈을 대기업에서 근무하면 한 10년이면 벌 수 있으니, 약 10년 정도만 짧고 굵게 대기업에서 돈 모으며 전문 분야에 대한 자기계발도 열심히 해 해당 분야 전문자격도 취득한 후, 아빠처럼 40대 이후에는 모아놓은 돈으로 잘 투자 운용해서 자본소득도 올리며, 전문기술을 활용해 전문직으로서 남의 지배를 받지 않는 나만의 사업으로 근로소득도 병행해서 올리며, 경제적이나 시간적으로 여유 있는 삶을 살라는 것이란다.

다시 원래 하던 이야기로 되돌아가면, 아빠의 근로 소득이 좀 여유 있다 보니 주변에서 이런저런 돈에 대한 부탁들이 많이 있었단다. 쉽게 말하면 돈 좀 꿔달라는 건데, 그분들의 사생활이 있으니 상세히는 설명 안 하겠지만 항상 경제적으로 여유 있으면 주변 친인척 및 지인들이 이런저런 돈에 대한 부탁을 해오기 마련이란다.

이에 대해 아빠는 집 담보대출이 아직 많이 남아있다는 명목으로 이러한 부탁들을 조심스레 거절해왔는데 2015년 3월에 대출금을 완납하고 나니 이러한 부탁들을 거절할 명분이 없어진 것이지.

그럴싸할 만한 명분이 없다보니 돈 빌려달라는 부탁을 거절하기는 어렵고, 그렇다고 한번 빌려주기 시작하면 신경은 쓰이는데 관계상 돈 돌려달라는 말하기에는 좀 그렇고, 하여튼 여러 가지 마음이 편치 않을 것 같아서 복잡한 고민 끝에 이럴 바에는 그냥 다시 대출을 받아서 아예 일찌감치 목표했던 송도국제도시로 이사 가는 것이 어떨지 하고 생각하게 되었단다.

마침 그때 서민이가 6~7살이었으니 이제 곧 초등학교에 가야 하는데 아예 입학 전에 미리 이사가 두면, 거기서 만난 초등학교 친구들과 계속 잘 어울리며 지낼 수 있을 것 같아서, 송도국제도시 안에 초등학교 근처에 있는 아파트로 이사 가기로 결정하게 된 것이지.

이사간 이야기는 뒤에 별도로 들려줄 것이고, 어쨌든 이 장에서 아빠가 가르쳐주고 싶은 것은 가급적이면 친인척 등 지인들과는 돈을 빌려주거나 빌리는 등의 돈 거래는 하지 않는 게 좋다는 것이다.

돈이라는 게 그렇단다. 내 손에 있을 때에는 내가 주인이지만, 아무리 빌려준 것이라 해도 남의 손에 넘어가 버리면 그가 그 돈의 주인이 되는 것이란다. 분명히 내 돈이었는데도 그 돈을 돌려받으려면 빌려간 사람에게 오히려 돈 좀 돌려달라고 부탁해야 하고, 이런 일들이 반복되면 서로 감정이 상해 인간관계까지 소원해지게 된단다.

게다가 감정 상한 와중에 돈마저도 제대로 돌려받지 못하면, 쉽게 말해 돈도 잃고 사람도 잃는 꼴이 되는 것이란다. 친인척이나 가까운 지인인데 돈 안 갚는다고 싫은 소리 하기도 민망하니 참으로 답답할 노릇일 것이야.

그러니 우리 서민이도 누구에게든 가급적이면 돈 빌리지도 말고, 빌려주지도 말거라. 돈이 꼭 필요해서 빌려야 한다면 은행 등 금융기관을 이용해 대출받고, 어쩔 수 없이 지인에게 꼭 돈을 빌려주어야만 한다면 그냥 줘버린다는 심정으로, 안 돌려받아도 먹고사는 데 지장 없을 정도의 금액 범위에서 빌려주는 것이 좋겠다. 그래서 갚으면 좋은 것이고 안 갚으면 그냥 불우이웃 돕기에 기부했다고 치는 것이지.

이런저런 복합적인 이유로 우리 가족은 결국 인천에서는 가장 비싼 동네인 송도국제도시로 이사하기로 결정했는데, 당시에도 아빠는 집을 여러 채 가지는 것은 범법 행위(?)라고 잘못 인식하고 있었기에 당연히 만수동 햇빛마을 벽산아파트는 당당하게 팔고 나왔단다.

만수동 햇빛마을 벽산아파트 이사 나오며
(2015년 6월 27일)

2011년 12월 26일에 우리가 이사 들어갔을 때에는 1억 9,000만 원 주고 샀는데, 그래도 3년 지나는 동안에 과거 서브프라임 모기지 사태로 꽁꽁 얼었던 부동산 경기가 조금은 풀려, 1,000만 원 오른 2억 원에 매도하고 2015년 6월 27일에 이사 나오게 되었지.

# 송도국제도시 입성,
# 4억 1,000만 원 32평 아파트

아빠 나이 36살이던 2015년 6월에 우리 가족은 인천에서 가장 비싼 송도국제도시로 이사 들어왔단다. 다른 지역에 사는 사람들은 동의하지 않는 사람도 있겠지만 대다수의 송도 주민들은 이곳에 이사 들어오는 것을 '입성'이라고 표현할 정도로 인천 중에서 가장 깨끗하고 생활하기 쾌적한 동네란다.

물론 서울 강남과 비교하자면 그저 지방의 일개 신도시일 뿐이지만, 그 당시에 아빠는 현대건설에 근무하며 인천 지역에 있는 대규모 항만 건설 현장에서 근무하고 있었기에, 서울에 갈 일 별로 없는 우리 가족이 생활하기에는 최고의 조건이었지.

아빠의 기억 속에 강남은 빌딩 숲으로 둘러싸인 삭막한 교통지옥이었단다. 예전 아빠가 군대 전역하기 직전인 2006년에 서민이 친할머니가 수천만 원이나 되는 큰돈이 긴급하게 필요하다고 해서 아빠가 근 4년 가까이 오랫동안 저축해온 군인공제회 적금을 중도 해약하러 급하게 강남에 차를 가지고 갔던 적이 있었는데, 그때 군인공제회관이 있는 도곡역 일대가 너무나도 차가 밀려 한 100미터 나아가는 데 30여 분씩 걸렸던 것이 아주 크게 기억에 남아 있단다.

하지만 지금은 회사를 그만두고 전문직 기술사로서 프리랜서 활동

연봉 3억 파이어족이 서민에게 들려주는 부자의 돈 이야기

을 하다 보니 왜 그리 강남의 부동산값이 비싼지를 이제는 잘 알겠더라. 전국 각지 사람들이 모이는 중요한 비즈니스의 십중팔구는 강남에서 모이게 된단다. 강남은 그야말로 우리나라 업무의 중심지이자 교통의 요충지이지.

그래서 지금 우리나라의 부동산 가격은 강남이 가장 비싸고, 그 다음으로는 강남과 거리가 가깝거나, 강남으로 오가는 교통이 편할수록 더 비싸지는 것이란다. 그런 측면에서 놓고 봤을 때 우리가 살고 있는 송도국제도시도 GTX B노선이 개통하게 되면 강남으로 가는 교통편이 크게 개선될 것이고, 이런 이유로 2019년 가을에 GTX B노선 계획이 예비타당성 조사결과 통과됨과 동시에 송도의 부동산 가격이 일제히 크게 상승했단다.

지금이야 많은 부동산 투자 경험도 있고, 또 공부도 되어 있어 이렇게 부동산 관련해서는 전문가들의 대화를 알아들을 정도는 되지만, 2015년 당시의 아빠는 여전히 부동산에 대해 무지했었고, 그저 단순히 연고지도 인천이고 회사 근무지도 인천이었기에 인천 지역 중 가장 부유한 동네인 송도국제도시로 이사를 결정했던 것이란다.

아빠는 대출받아 이사하기로 마음먹고 송도국제도시에 이사갈 아파트를 몇 군데 보러 다녔단다. 여러 곳을 둘러보지는 않았고 그저 초등학교 가깝고 살기 좋은 곳 위주로 알아보았는데 그러던 중 주변 지인들로부터 지금 우리가 살고 있는 이 A아파트 단지를 추천받게 되었단다.(일러두기에 안내드린 바와 같이 민감한 개인정보에 대해서는 알파벳 순서로 가칭을 적용하였습니다.)

현대건설에서 같이 근무하던 고참 부장님도 자녀가 어릴 때 이 A아파트에서 근 10년을 살면서 학교가 바로 옆에 붙어있고 지하철역도 걸어서 5분 거리여서 너무나 살기 좋았다고 추천해 주셨고, 대학원에서 같이 박사과정 수업을 들었던 어느 공무원 분도 여기 A아파트에는 시청 고위직 공무원이나 판검사 등 주요 인사들이 많이 거주하고 있어서 알게 모르게 지자체에서 여기 아파트에 많은 신경을 써주고 있다는 등 주변 환경이 생활하기에 아주 좋다고 귀띔해주었단다.

그래서 더 알아볼 것 없이 이 A아파트 단지에 이사 오기로 결정하고 인근 공인중개사를 통해 몇 군데 매물 나온 집을 둘러봤지. 집 선택은 별 고민 없이 매매 비용이 가장 저렴했던 지금 우리가 살고 있는 이 집을 매수하게 되었지.

이 집은 2015년에 4억 1,000만 원으로 매수했는데, 2004년 분양 당시에는 분양가가 3억 원이었고 그 후 당시 부동산 폭등 영향으로 6억 원까지 쭉 치고 오르다가, 서브프라임 모기지 사태로 폭락을 거듭해 2012년에는 최저 3억 5,000만 원까지 떨어진 후 2013년부터 다시 조금씩 오르기 시작해 2015년 당시에는 약 4억 원 대로 오르던 시점에 아빠가 샀던 것이란다.

이 경험에서 알 수 있는 부동산 시세 변화의 특징을 들려주려 한다. 우선 아파트 가격은 오를 때도 있고 떨어질 때도 있지만 오를 때가 더 길게 많이 오르고 떨어질 때에는 짧게 조금 떨어진단다.

그리고 위처럼 아파트 값이 최저 3억 5,000만 원까지만 떨어진 이후 다시 오른 이유는 바로 전세가 때문이란다. 일반적인 경우의 전세가는 매매가의 50% 정도이니, 당시 6억 원이 매매시세였기에 전세가는 3억 원이었던 것이고 아무리 집값이 떨어져도 전세가보다 떨어지면 결국 집주인들이 전세보증금을 돌려주지 못하여 전국적으로 심각한 금융 재난 사태가 되어 버리기에, 우리나라가 망하지 않는 한 정부에서는 매매가가 전세가보다는 떨어지지 않도록 관리한단다.

정부에서 관리한다는 게 뭐 거창한 것은 아니고, 각종 세금 규제 등을 완화해주고 대출을 많이 받을 수 있게 해주는 정도인데, 이 정도 정책만 나와도 많은 투자자들은 정부가 보증하는 투자 적기라 판단해 많이 매수세에 나서며, 이 때문에 다시 매매가는 상승하게 되는 것이란다.

그러니 이러한 아파트값의 변화흐름 사이클을 잘 이해하고 있으면, 언제가 다음 번 폭락기가 도래했을 때, 하락하는 집값이 전세가에 어느 정도 근접하면 그때가 바로 좋은 물건을 가장 저렴하게 살 수 있는 투자 최적기라 인식하고 과감히 투자를 해야 한단다. 다만 아무거나 막 사두면 안 되고 누구나 살고 싶어 하는 좋은 투자처를 잘 골라야겠지.

당시 송도국제도시의 A아파트를 매수하는 데 4억 1,000만 원이 필요했는데, 벽산아파트를 매도하면서 2억 원이 나왔고, 부족한 돈에 새 가전제품 교체비 등을 고려해서 약간 여유 있게 2억 7,000만 원을 A 아파트를 담보로 추가 대출받았단다.

그 당시 아빠는 부동산 투자를 생각해본 적 없었지만, 직장을 그만두고 사업을 한다는 것도 전혀 생각해 본 적이 없었단다. 이렇게 연봉 많이 주는 대기업에서 어떻게든 열심히 충성하여 정년까지 버티는 게 목표였지.

그런데 그로부터 불과 1년 후 뒤이어 설명할 회사에서의 심각한 사건으로 인해 결국 아빠는 퇴사를 선택하게 되고, 여러 시행착오 끝에 지금은 오히려 회사 다닐 적보다 더 많은 돈을 벌면서 더 여유 있게 살게 되었으니 사람 인생이라는 게 정말 언제 어떻게 변하게 될 줄 아

| 나이 | 년도 | 학업 | 자격 | 직급 | 연봉 세후 | 재산 | 대출잔액 | 자녀1(서) | 자녀2(민) | 주택 |
|---|---|---|---|---|---|---|---|---|---|---|
| 30 | 2009 | | | 현장계약직 | 3890 | | | 출생 | | 전세 |
| 31 | 2010 | | 토목시공 기술사 | " | 5873 | | | | 출생 | 전세 |
| 32 | 2011 | | | 본사계약직 | 5810 | | | | | 내집마련 벽산 |
| 33 | 2012 | | 건설안전 기술사 | " | 6201 | | | | | |
| 34 | 2013 | | | " | 6960 | | | | | |
| 35 | 2014 | | 토목품질시험 기술사 | 정규직 | 7106 | 주택담보대출 완납 | | | | 대출완납 |
| 36 | 2015 | 박사과정 | 항만및해양 기술사 | " | 8501 | 21700 | 0 | | | 송도 이사 |
| 37 | 2016 | | | " | 7955 | 26639 | -19676 | 초1 | | |
| 38 | 2017 | 박사졸업 | | " | 8500 | 27900 | -19277 | 초2 | 초1 | |
| 39 | 2018 | | | " | 8500 | 31600 | -17927 | 초3 | 초2 | |
| 40 | 2019 | | | " | 8500 | 35500 | -14754 | 초4 | 초3 | |
| 41 | 2020 | | | " | 8500 | 37100 | -11091 | 초5 | 초4 | |
| 42 | 2021 | | | " | 8500 | 41200 | -7228 | 초6 | 초5 | |
| 43 | 2022 | | | " | 8500 | 45400 | -3365 | 중1 | 초6 | |
| 44 | 2023 | | | 정규직 | 11500 | 49700 | 0 | 중2 | 중1 | 대출완납 |

2015년에 작성했던 인생 계획표(44살에 순자산 5억 원 달성)

무도 모르는 것 같구나.

하여간 그때 아빠는 벽산아파트 때처럼 허리띠 졸라매어 매달 열심히 대출을 갚아 나가려 계획했고, 그래서 당시의 소득 수준을 기준으로 앞으로의 인생계획을 검토해 봤지. 그랬더니 앞으로 8년간을 열심히 월급 받아 대출 갚으면 44살이 되는 2023년에는 대출을 모두 갚고 어엿한 순자산 5억 원의 자산가가 될 수 있겠다고 예측했단다.

참으로 순진무구한 생각이었지. 지금은 대출 등 레버리지를 활용해 5억 원과는 비교할 수 없을 정도의 많은 순자산을 형성했지만 그때는 그랬단다.

이 A아파트에서 현재도 살고 있지만 2015년부터 지금까지 살아오면서 6년간 많은 일들이 있었지. 우리 서민이도 여기서 초등학교를 입학해 올해 벌써 졸업하고 6학년이 되었지.

송도국제도시 센트럴파크에서　　　　서민이와 같이 워터프론트에서
음악 들으며 조깅을(2017년)　　　　자전거 하이킹을(2020년)

2016년　　　　　　　　　　2017년

2018년　　　　　　　　　　2019년

2020년　　　　　　　　　　2021년

서민이의 송도국제도시에서의 초등학교 시절

송도국제도시의 명물인 센트럴파크에서 이어폰 꽂고 조깅하거나 서민이와 같이 우리 가족 모두 자전거를 타고 호수공원을 하이킹 하고 있으면, 마치 아빠가 맨해튼에 살고 있는 뉴요커가 된 듯한 착각이 들기도 할 정도로 좋은 환경에서 행복한 시간들을 보내왔단다.

연봉 3억 파이어족이 서민에게 들려주는 부자의 돈 이야기

2장 **현재 상황**

2016~2021년

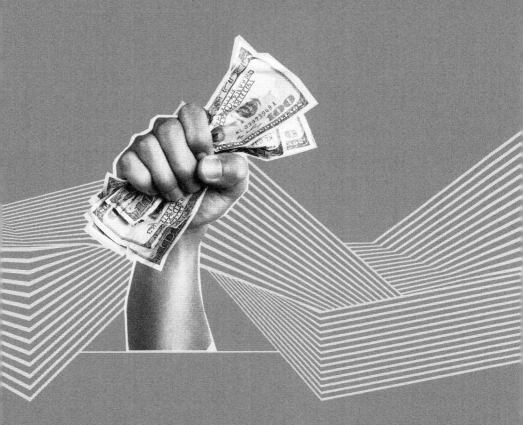

# 4절 투자에 눈 뜨다, 부의 씨앗 뿌리기

# 근로 소득의 한계

서민아, 아빠가 38살 이전까지는 매일 야근에 주말에도 못 쉬고 출근 해야지만 회사에 충성하는 것이고, 그래야만 윗분들로부터 인정을 받아 빨리 승진하여 돈을 조금이라도 더 벌 수 있는 것이라고 생각했단다. 전형적인 지배받는 계층다운 생각이었지.

그나마 다행이었던 게 많은 사람들은 그저 맹목적으로 회사에 충성만 하는 데 반해, 아빠는 회사에 충성하면서도 27살 때부터 매일 새벽 4시에 일어나 새벽시간에는 자기계발에 매진하여 박사 학위도 취득했고 기술사 자격도 4개나 취득해 두었는데, 이게 아빠에게는 신의 한 수였단다.

왜냐하면 누구나 언젠가는 회사를 떠나야 하는데 맹목적 충성만 바치던 사람은 회사를 떠나는 순간 개털(?)이 되어버리지. 나이가 많으면 다른 회사로 이직도 어렵고 그렇다고 혼자서 사업할 능력도 안 되기에 매우 곤혹스러워 한단다. 하지만 아빠는 공학박사 학위와 4개의 기술사 자격이 있기에 2017년에 과감히 회사에 사직서를 던진 후 지금과 같이 파이어족으로서, 기술사 프리랜서로서, 대학교수로서, 사업가로서 혼자서도 안정적인 현금흐름을 만들어내며 잘 살 수 있는 것이란다.

연봉 3억 파이어족이 서민에게 들려주는 부자의 돈 이야기

돈벌이 방법이라고는 이렇게 회사에 충성하여 월급 받는 근로 소득 밖에는 모르던 아빠에게, 37살이었던 2016년 연말에 회사에서 엄청난 사건이 발생되었단다. 바로 회사 내 권력다툼에서 밀려서 한직으로 좌천되었던 사건이었지.

　　아빠는 군대 생활을 오래하다 보니 일반 사람들보다 더 상관에 대한 충성심과 상명하복 정신이 투철했었단다. 그래서 아빠는 항상 늘 회사에서의 직속상관 분들에게 많은 칭찬과 사랑을 받았었지. 그러던 어느 날 아빠가 존경하고 따르던 부장님이 당시 아빠가 근무하던 공사현장의 소장님으로 부임 오시게 되었고, 늘 그래왔던 것처럼 충성을 다해 성심껏 보좌했단다.

　　소장님도 평소에 아빠를 매우 좋게 봐주셔서 여기저기에 아빠 칭찬도 많이 해주시고 퇴근 후에도 둘이서 술자리를 자주 갖고는 했었는데, 항상 이렇게 권력을 가진 사람과 가까이 어울리게 되면 꼭 그것을 시기하는 반대 세력들이 생기기 마련이란다.

　　그래도 그 소장님이 현직에 계셨을 때에는 아빠를 시기하는 사람들이 아무리 뒷담화를 해도 아무 문제 안 되었는데, 갑작스러운 회사 사정으로 그 소장님이 해외로 발령 나가게 되었고, 평소 아빠를 시기하고 질투하던 세력들의 정점에 서 있던 다른 부서의 팀장님이 후임 현장소장으로 내부 승진하면서부터 아빠의 고난이 시작되었단다.

　　자세한 이야기는 아빠의 첫 번째 책 『새벽 4시, 꿈이 현실이 되는 시간』에 쓰여 있으니 그걸 참고하면 될 것이고, 결론만 정리하자면 그 세력들과의 마찰이 극심해져 결국 크게 부딪혔고, 그 결과 아빠는 공사현장을 진두지휘하는 중요한 직책에서 간단한 서류정리업무 등 말단 신입사원들이나 하는 한직으로 좌천되었단다.

한직으로 좌천되어 일이 줄어들었으니 몸은 많이 편했지만, 자존심이 굉장히 상했단다. 마치 대학생에게 초등학교로 돌아가 초등학생들과 같이 수업 들으라는 것과 같은 것이지. 그 사건이 2016년 12월 3일에 있었는데, 너무 억울하기도 하고 자존심도 크게 상해 아직까지도 좌천당한 그 날짜를 기억하고 있단다. 그때 아빠는 정말로 이런 수모를 당할 바에는 회사를 때려치우고 싶다는 생각을 간절히 했었단다.

하지만 당시에는 회사가 주는 월급 외에는 돈 버는 방법을 전혀 몰라서, 회사를 그만두면 뭘 어떻게 해서 돈을 벌어야 할지 막막했었지. 사업 등 혼자서 돈 버는 방법은 전혀 모르겠고 어차피 월급쟁이로서 직장생활을 해야만 한다면, 2016년 당시 연봉이 세전 9,500만 원이었던 현대건설을 떠나서 건설업계 내에서는 이보다 더 돈을 많이 주는 회사가 없었으니 고민이 많았단다.

마음 같아서는 당장이라도 회사 그만두고 싶은데 엄마와 서민이 먹여 살릴 생각을 하면 그럴 수 없었기에, 어쩔 수 없이 회사를 토목직에서 안전직으로 부서만 바꿔 계속 다녔지만 무언가 다른 돈벌이 수단이 간절히 필요했단다. 앞으로 또 이런 상황이 닥치게 되면 그때는 고민 없이 과감히 사직서를 던질 수 있게끔 회사에서 주는 월급이 아닌 나만의 안정적인 다른 소득원들이 필요하다고 간절히 느꼈던 것이지.

그래서 답답한 마음에 휴일마다 집 앞 송현.아(송도 현대프리미엄 아울렛) 내 교보문고에 죽치고 앉아 재테크에 대한 책들을 찾아 읽었단다. 처음에는 일반적인 월급 재테크 책을 읽다보니 우리나라의 대부분의 자수성가한 월급쟁이 부자들은 주식과 부동산 투자를 통해 부를 축적했다는 것을 알게 되었지.

아빠는 수익이 조금 적더라도 손해 보지 않는 안정적인 투자를 추구하는 성향이라 등락 변동이 큰 주식보다는 상대적으로 안정적인 부동산 투자가 더 마음에 들었단다. 물론 부동산 시세도 등락 변동이 있기는 하지만 그 폭이 주식만큼 심하지는 않고, 무엇보다도 아무리 상황이 안 좋아도 현물인 땅과 건물은 그대로 남아있으니 그나마 안전하다고 생각했단다.

만약, 우리나라가 북한과 전쟁이 벌어진다고 극단적인 가정을 해보면 그 순간 우리나라의 모든 기업 주식은 말 그대로 휴지조각이 되어버릴 것이다. 아무리 전쟁이 끝나고 평화시대가 와도 이미 가치가 없어진 주식들은 회복이 불가능할 것이지. 하지만 땅과 집은 남아있을 것이고 사람들이 주식은 안 필요해도 거주할 집과 농사할 땅은 계속 필요할 것이라 생각했지.

그래서 당시에는 휴일이면 항상 서점에 가서 부동산 투자에 대한 책들을 읽었고, 신간 서적들을 모두 다 읽고 나니, 예전에 출간되었던 책들을 읽기 위해 인천대학교 송도캠퍼스 내 도서관에 등록하여 책을 빌려 읽기 시작했어. 그 당시에는 아빠가 인천대학교에서 박사학위 과정 중이어서 도서관에서 한번에 10권씩 책을 빌려올 수 있었단다. 어찌 보면 웃기게도 박사 학위 졸업을 위해 공부해야 하는 시기에 회사에서의 좌천 사건으로 부동산 투자에 대한 공부에만 엄청 열 올리고 있었던 것이지.

그렇게 한 2개월 동안 100여 권의 부동산에 대한 책들을 읽었단다. 짧은 기간에 이렇게 많이 읽을 수 있는 이유는 처음에 한 10권 정도만 정독으로 읽고 나면 그 다음부터 같은 부류의 책들은 꼭 중첩되는

2016년 12월부터 읽기 시작한 부동산 투자 서적들 목록

내용들이 많이 있기 때문에 그 부분들은 건너뛰고 그 책에서만 볼 수 있는 알맹이들만 찾아 읽어 볼 수 있는 것이지.

부동산 관련서적을 100여 권 읽어 보니 이제 어느 정도 부동산 시장 흐름에도 눈이 떠지고, 그동안 아빠가 정말 한심하게 근로 소득 한 가지에만 의지해 왔다는 게 매우 한탄스럽고 한 집안의 경제를 책임지는 가장으로서 금융지식에 무지했음에 많은 부끄러움을 느꼈단다.

그래서 많은 생각과 깊은 고민 끝에 아빠도 더 이상 근로 소득에만 얽매이지 않고 자본주의의 본질을 깨쳐 부동산 투자를 통해 비근로 소득도 함께 올리기 위해 대출받아 투자를 시작하기로 마음먹게 되었단다.

연봉 3억 파이어족이 서민에게 들려주는 부자의 돈 이야기

# 투자의 첫걸음, 대출받기

2015년 6월에 지금 우리가 살고 있는 A아파트로 이사 오면서 부족한 자금 2억 7,000만 원을 주택담보대출로 받았지만, 당시에는 아빠의 금융지식이 미천한지라, 대출은 죄악이라 생각해 이사 오자마자 허리띠를 바짝 졸라매며 매달 싹싹 긁어모아 대출원금을 조기상환했었고, 그 결과 1년 반 동안 대출원금 7,500만 원을 우선 갚아내어 2016년 12월에는 남은 대출원금은 약 1억 9,500만 원으로 줄어 있었단다.

이후 2016년 12월부터 두 달간 무수히 많은 책을 읽어 독학으로 부동산 투자의 지식을 깨친 아빠는 투자에 본격적으로 나서기 위해 집 담보로 투자금을 추가 대출받기로 결심했고, 주거래 은행인 농협에 찾아가 대출상담을 받았지.

다행히도 아빠는 대기업 정규직이어서 신용 조건도 좋았고 또한 그 1년 반 사이에 4억 1,000만 원에 매수한 A아파트의 가격이 올라 KB시세 기준으로 4억 5,000만 원이 되어, 여기에 70%인 3억 1,000만 원까지 대출이 가능하다는 것을 알게 되었어. 즉, 현재 대출받아 놓은 1억 9,500만 원을 제외하면 1억 1,500만 원을 추가로 대출받을 수 있다는 것이었지.

지금은 부동산 시장이 과열되어 정부에서 대출을 심하게 규제하고 있지만, 2017년 당시만 해도 수도권 집값이 이제야 밑바닥을 치고 조금씩 겨우 상승하던 시기여서 정부에서는 대출을 담보물의 70%까지 많이 받을 수 있게끔 해주던 시기였지.

여기서 서민이에게 들려주고 싶은 이야기는, 이와 같이 집값이 상승과 하락을 반복하면서 정부의 대출규제 등 부동산 정책 역시 규제와 완화를 반복하며 계속 바뀐다는 것이란다.

그러니까 2021년 지금은 집값도 너무 가파르게 올랐고 정부에서 대출도 못 받게 규제를 하니 이제는 더 이상 아파트에 투자할 기회가 다시는 없을 것처럼 느껴질 수 있는데, 결코 그렇지 않단다. 앞으로 수년 내에 아파트 공급증가와 외부 금융시장 요인에 의한 집값 하락이 좀 있을 것이고, 그때는 정부에서도 어쩔 수 없이 다시 대출 규제와 세금을 완화해 주면서 집 좀 사라고 독려하게 될 것이란다.

그러니 당장은 투자가 불가능하더라도 반드시 기회는 다시 돌아오니, 그때를 대비하여 차곡차곡 금융지식을 쌓고 투자할 종잣돈을 잘 모아두어야 한단다.

아빠는 많은 책을 통해 투자 유형들을 공부해본 결과, 아직까지는 자금도 부족하고 처음 투자하는 것이다 보니 상대적으로 검증된 일명 '갭 투자'라고 불리는 시세차익형 투자를 먼저 접근하게 되었단다.

부동산 투자에 대한 유형은 앞서 한번 언급했듯이 크게 2개 유형으로 분류되는데, 수익형 투자와 시세차익형 투자가 있단다. 수익형 투자는 매달 월세를 받음으로서 당장 수익을 손에 쥐는 것이고, 시세차익형 투자는 당장 손에 쥐어지는 현금은 없지만 투자하여 묵혀두면 나중에 가격이 올라서 되팔 때 수익을 얻는 투자란다.

가장 좋은 투자는 미래에 시세차익을 많이 남길 수 있는 좋은 투자처에 수익형으로 투자해 월세도 따박따박 받아내고, 수년이 지난 후 매도하여 시세차익도 같이 챙겨 받는 것이지. 하지만 이런 투자처는 매우 드물거니와 대부분이 상가와 공장 같은 것으로 일반 주택이 아니라서 초기 투자금도 많이 들고 수익이 큰 만큼 위험성도 크게 내재되어 있단다.

아파트 중에도 월세수익과 시세차익을 함께 얻을 수 있는 좋은 투자처가 아예 없는 것은 아니지만, 매우 드물거니와 이런 투자처는 전업으로 부동산 투자에만 전념하는 투자의 고수들이 먼저 선점할 것이기에 직장생활과 부동산 투자를 병행하는 일반인들은 좀처럼 찾아내기가 어렵단다.

일반인들이 쉽게 접근할 수 있는 수익형 투자 물건은 주로 오피스텔이나 빌라인데, 이 경우 월세 계약 관습상 집주인이 자잘한 것까지 시설물을 관리해줘야 하는 등 많은 신경을 써야 하고, 월세는 나오겠지만 시세차익은 아파트에 비해 현저히 적기 때문에 아빠는 수익형 투자에는 그리 큰 매력을 느끼지 않았단다.

반면 시세차익형 투자는 전세보증금이 받쳐주기 때문에 투자손실의 위험성도 상대적으로 적고, 그 전세보증금 때문에 투자금 또한 적게 들어가지. 또한 투자 가능한 대상들이 많이 있어서 누구나 조금만 노력하면 쉽게 좋은 투자처를 찾아낼 수 있단다. 그래서 아빠는 현재 시세차익형 위주로만 투자를 해봤고 수십 건의 투자 경험을 바탕으로 아빠가 생각한 앞으로의 투자 방향에 대한 결론은 이러하단다.

근로 소득 등으로 안정적인 생계유지를 위한 현금흐름이 확보되어 있다면 구태여 관리에 신경 써야 하고 추가 투자금이 많이 들어가는 수익형 투자할 필요 없이, 시세차익형 장기 투자를 하는 것이 가장 좋단다. 만약 당장 소득이 없어 생활비가 부족한 조건이라면 어쩔 수 없이 수익형 투자를 해야겠지만 아마도 아빠는 전문직 기술사 프리랜서이기에 근로소득을 정년 없이 평생 벌 수 있다고 예측되기에 이런 수익형에 투자할 일은 아마도 없을 듯싶구나.

수익형 투자는 이런 이유로 대부분 은퇴하여 다른 소득이 없는 노년층이나, 아예 부동산 투자만 전업으로 하여 그 투자수익으로만 생계를 유지해야 하는 전업투자자들이 주로 활용한단다. 그들에게는 이 월세 수익이 하루하루 살아가는 데 꼭 필요한 생활비이기 때문이지. 이런 관점에서 본다면 전업투자자가 그리 좋은 직업만은 아니란다.

그러니까 많은 전업투자자들은 말로는 경제적 자유를 찾았다고 외치고 다니지만, 실상은 월세 물건 수리해주러 불려 다니며 또 월세 끊길 것을 대비해 순진한 사람들에게 부동산 강의 해준다며 수강생들 끌어 모아 강사료 받아내려 혈안이 되어 있는 것이지. 이런 전업투자자에 대한 아빠의 생각은 뒷부분에 별도로 정리해서 설명해주마.

# 투자 1호,
# 2억 1,400만 원 26평 아파트

서민아, 아빠는 갓 38살이 되던 2017년 1월에 현재 살고 있는 송도국제도시의 A아파트에 대한 담보대출을 최대로 받아 1억 1,500만 원의 종잣돈을 만들어 내었다. 또한 대출 업무와 병행하여 투자처들을 물색하고 다녔어. 여러 책들에서 보니까 첫 투자는 본인이 잘 아는 가까운 동네에 하라고 추천하더라고. 아빠가 해보니 그게 맞는 말이더구나.

당시 아빠가 잘 아는 동네는 우리가 살고 있는 송도국제도시인데 인천에서 가장 미래가치가 좋은 동네이긴 하지만, 여기는 집값이 꽤 비싸서 당시 아빠의 자금으로는 투자가 어려웠단다. 우리 집만 예로 들더라도 당시 매매가 좀 올라 4억 5,000만 원이었는데, 전세 시세는 3억 원이었으니 갭 투자 하려면 투자금이 최소 1억 5,000만 원 이상 필요한 상황이었지.

그래서 송도국제도시는 우선 제외하고 다른 동네를 생각해 봤는데, 거기가 바로 인천광역시 연수구 옥련동이었단다. 당시 아빠가 근무하던 대규모 항만공사 현장이 그 근처라 우리 회사 직원들 숙소를 옥련동 내 아파트에 전세로 있었거든. 그래서 항상 회사 직원들과 술자리를 할 때에는 늘 옥련동에 갔었기에 그 동네를 잘 알고 있었단다.

그뿐만이 아니라 옥련동은 과거 아빠가 2006년부터 2011년까지 근무했던 공사현장과도 지척이어서, 그 당시 옥련동 삼성아파트에 직원 숙소가 있었고, 심지어 아빠가 결혼하기 직전에는 한 달 정도 그 삼성 아파트 숙소에서 거주하기도 했었단다. 그러니 아빠가 옥련동에 대해서는 우리가 살고 있는 송도국제도시만큼이나 자신 있게 잘 알고 있는 것이었지.

옥련동은 중심지에 현대식 시장이 있어서 아주 상권이 좋고, 2017년 그 당시에는 수인선 송도역 전철이 개통되어서 교통도 많이 개선되었단다. 또한 서울대 합격자를 많이 배출하기로 유명한 송도고등학교가 그 동네에 있어서 그런지 아이들의 학원가가 잘 형성되어 있었고, 대단지 아파트들 사이에 초등학교가 배치되어 있어 아이들 키우기도 꽤 좋은 조건이었지.

그래서 그 동네 사람들은 농담으로 말하길, 옥련동을 '옥련지옥'이라 불렀단다. 왜냐하면 옥련동에 한번 들어와 살게 되면 인천지역에서는 송도나 청라로 이사 가지 않는 한 그 동네를 벗어나지 않는다고 해서 그리 부른다고 하더라. 그 정도로 사람 살기 좋다는 것이지.

게다가 2017년 당시에 수인선 송도역이 인천발 KTX의 기착지로 개발된다는 계획이 공공연히 소문나 있었고, 장기적으로는 수인선이 월곶~판교선과 연결되어 판교까지도 지하철 한 번에 이동할 수 있는 것은 물론, 그 철길을 따라 앞으로 KTX가 인천에서 강릉까지도 직결된다는 계획까지 구상되어 있었지.

이런 교통호재는 막상 실현되어 봐야 확실하게 아는 것이기에 투자처 선정 시 배제하더라도, 거주조건 등 생활환경이 괜찮았기에 아빠의 생각은 최악의 경우 집값은 폭락해도 살고 싶어 하는 사람들이 많으

연봉 3억 파이어족이 서민에게 들려주는 부자의 돈 이야기

첫 투자대상(옥련동)의 주변 입지

니 전세가가 집값 하락을 받쳐 줄 것이라 생각해서 첫 투자처로 괜찮다고 생각했단다.

그래서 인터넷 검색하는 손품과 숙소생활 하는 직원들에게 우선 탐문 조사를 한 후 용기를 내어 첫 투자를 감행하기 위해 공인중개사 사무실로 찾아갔단다. 몇 군데 아파트 단지를 후보에 두고 있었는데 가장 처음으로 방문한 곳은 당시 직원 숙소가 있던 럭키아파트였단다. 그 아파트는 1992년에 지어져서 연식은 좀 되었지만 가장 큰 대지 면적을 가지고 있어 여차하면 재건축까지 바라봐도 되겠다는 생각으로 장기 보유하고자 생각했었단다.

공인중개사 사무실을 방문할 때 지금 같으면 미리 전화 해 중개사의 친절도와 태도를 파악한 후 마음에 들면 시간약속을 잡아 방문하면서 공동중개 매물은 제외하고 본인이 직접 의뢰받은 매물만 보여달라고 당당히 요구할 텐데, 그때는 실제 투자가 처음인지라 아무 생각 없이 아파트 단지 내 상가에 들어서서 그냥 눈에 보이는 아무 공인 중개사 사무실에 들어갔단다.

처음이라 뭘 어찌 말을 꺼내야 할지 몰라 어물쩍거리다가, 그냥 사실대로 소형 아파트 갭 투자 하러 왔다고 말하니 중개사가 여기저기 진화하더니만 2개의 매물을 보여주겠다고 하더라.

지금 생각해보면 본인이 가진 매물이 하나도 없어서 다른 중개사에게 연락해 공동중개로 매물 소개를 해준 것인데, 그렇다면 아파트 주민들이 그 사람에게는 매물을 내놓는 사람이 없을 정도로 단지 내 인지도가 없는, 즉 수준 떨어지는 중개사라는 뜻인데, 지금 같으면 본인 매물 있냐고 단도직입적으로 물어봐서 공동중개라 그러면 그냥 뒤돌아 나왔겠지만 그때는 아빠도 처음이라 그냥 따라 올라가서 매물 두 개를 둘러보았단다.

아빠는 어차피 매수하려고 작정하고 공인중개사를 찾아갔던 터라, 크게 고민 안 하고 둘 중 그나마 더 내부가 깨끗하여 전세가 잘 맞춰질 것 같은 26평 아파트를 사기로 결정했단다.

물론 처음 투자하는 것이기에 엄마에게도 미리 충분한 설명을 했으며, 아빠가 먼저 둘러본 후 그날 저녁에 엄마를 데리고 다시 한번 찾아가 집 상태를 확인시켜 주었고 그렇게 엄마의 허락을 받은 후 매수하기로 결정했지.

매매 계약을 하기 전에 책에서 읽은 것은 좀 있어서, 중개사가 전세 세입자를 매매 잔금 날에 맞춰 책임지고 중개해준다는 조건을 요구했고, 전세가에 대해서는 당시 그 동네에서 가장 높은 가격인 1억 9,500

연봉 3억 파이어족이 서민에게 들려주는 부자의 돈 이야기

만 원을 요구했단다.

당시 사람들의 심리가 아직까지는 집값 폭락에 대한 두려움이 만연해 있던 시기여서 대부분이 보증금을 지킬 수 있는 안전한 전세를 선호했지 집을 매수하려는 사람은 별로 없었단다. 게다가 정부에서는 사람들에게 전세자금도 대출로 막 풀어주던 시기라, 많은 사람들이 대출받아 좋은 아파트에 전세 들어갔기에 전세 시세가 나날이 높아지던 시기였단다. 그래서 아빠가 당시 최고 비싼 전세보증금을 요구했음에도 바로 며칠 내 세입자가 맞춰졌단다. 다만 세입자가 돈이 조금 부족하다고 200만 원만 깎아 달라고 부탁해 와서 1억 9,300만 원에 전세 주기로 계약했단다.

정리해 보자면 옥련동 럭키아파트 26평 아파트를 2억 1,400만 원에 매수하여 1억 9,300만 원에 전세 주었으니, 아빠 돈은 겨우 2,100만 원 필요한 것이었고, 여기에 취득세나 중개수수료, 법무사 비용 등을 모두 포함하면 실투자금 약 2,500만 원에 첫 아파트를 투자한 것이란다.

그 아파트는 2021년 9월 기준으로 3억 7,000만 원에 실거래 되어 약 5년 반 만에 1억 5,600만 원이 상승했지. 앞서 설명했듯이 그 아파트는 아빠가 장래에 재건축까지도 염두에 두고 투자한 것이었는데, 2021년 아파트 값 폭등시기에 살고 있던 세입자가 제발 본인에게 팔아달라고 간절히 부탁을 해 와서 당시 시세에 맞춰 매도 처리했단다.

그 세입자는 아빠보다 5살 많은 연안부두 하역장에서 크레인 운전하는 사람인데 돈벌이가 그리 넉넉하지 않은 와중에 자녀가 4명이나 되어 생활이 많이 궁핍하다고 하더구나. 그런 상황에서 집값이 갑자기 폭등해버렸고 그 와중에 아빠에게 그 집을 팔라는 공인중개사들의 전화가 엄청나게 많이 와 아빠가 일단 세입자에게 집 보여줘도 될지 양해구하기 위해 전화통화를 했었는데, 그 세입자는 아빠의 전화에 심각한 위기감을 느낀 것 같았다.

아빠가 혹시라도 집을 다른 사람에게 팔게 되면 세입자는 전세 계약 끝난 후 총 6명의 식구가 이사가야 하는데, 최근 집값과 전셋값이 너무나도 많이 올라 대체 어디로 이사를 가야 할지 막막하다는 생각에 아빠에게 무턱대고 너무나도 간곡하게 부탁을 해왔지.

아빠는 고민 끝에, 집값도 꽤 올랐겠다 또한 정말 이 집이 간절히 필요한 매수 희망자도 있으니 세입자의 어린 4남매 아이들에 자선 기부한다 생각하고 앞으로도 수년간은 더 집값 상승할 것이란 것을 너무도 잘 알지만 그냥 당시 적정 시세인 2억 6,000만 원에 현 세입자에게 명의를 넘겼단다. 그래서 이 집을 통해 발생된 수익을 정리해보자면 아래와 같단다.

**투자 1호 최종 수익률**

- 실 투자금: 2,545만 원
  (매입금-전세보증금+취득세+중개수수료+법무비용)
- 매도 후 회수금: 4,923만 원
  (매도금-전세보증금-재산세-대출이자-장충금-양도소득세)
- 세후 순 이익: 1,367만 원(보유기간 연평균 수익률 18%)

이 투자 1호 아파트는 매수했던 값보다 훨씬 높은 가격으로 팔았지만 정부의 규제 정책으로 과도한 양도소득세를 내고 나니 그리 큰돈이 남지는 않았구나. 그래도 투자금 대비 연평균 수익률이 18%는 되니 아무 경험도 없는 상태에서 홀로 독학으로 공부해 첫 투자한 것치

연봉 3억 파이어족이 서민에게 들려주는 부자의 돈 이야기

고는 나쁜 성과는 아니었지. 세금 정산 후 순 이익이 1,367만 원이면 중소기업 사원~대리급 반년치 연봉 정도는 되잖니?

이렇게 벌어들인 수익금과 회수한 투자원금으로 아빠는 강화군에 나중에 전원주택 지을 만한 토지에 재투자해 두었지. 마음 같아서는 돈을 좀 더 보태어 더 좋은 아파트를 사두고 싶었지만 2021년에는 정부에서는 다주택자에게는 취득세율을 12%나 과세하기에, 부득이 다른 대체 투자처를 찾다가 토지투자 쪽으로 눈을 돌리게 된 것이란다. 이 건에 대해서는 나중에 별도로 들려주마.

하여튼 아빠가 몇 번의 매도를 경험해보면서 느낀 부동산 투자의 본질은 좋은 물건을 사서 가급적 팔지 않는 것이란다. 어차피 자본주의 사회에서는 인플레이션 현상으로 굴곡은 있지만 자산의 가치는 계속 상승할 수밖에 없고, 이를 사고팔고 자주 하다 보면 결국 세금만 많이 내어 큰 수익이 안 남는 것이라 생각한다.

그리고 한번 팔고 나면 다시는 처음 샀던 그 가격에 되살 수가 없기에 그 지역에 대한 관심이 끊어지게 되더라. 이 럭키아파트 사례를 바탕으로 설명해보자면 아빠가 2017년에는 2억 1,400만 원 주고 샀지만 지금은 절대 다시는 그 가격으로 살 수가 없지. 즉 부동산은 주식과 다르게 지속 우상향 상승하는 자산이기에 한 번 내손을 떠나면 다시는 전에 샀던 가격으로 되살 수가 없는 것이란다.

이 투자 1호 아파트는 아빠가 매도한 후 근 반년 만에 시세가 1억 원이나 더 올라 솔직히 아빠 속이 좀 쓰리다. 앞으로 인천발 KTX가 개통할 것이기에 3기 신도시가 입주물량이 쏟아지는 시기 이전까지는 꾸준히 계속 오를 것이라고 예상은 했었지만, 이렇게 드라마틱하게 반년 만에 1억 원이나 오를 것이라고는 아빠도 전혀 예상하지 못했었단다.

그래서 아빠는 올해 2021년 3월에 이 아파트를 매도한 것을 마지막으로 앞으로는 정말 특별한 경우가 아니라면 다시는 아빠의 자산을 팔지 않기로 마음먹었었단다.

아빠가 앞서서도 여러 번 언급했지만 자산이라는 것은 정말 긴급한 일이 생겨 이것을 안 팔면 생계에 지장이 생기거나, 아니면 이보다 더 좋은 아주 확실한 투자처가 있는데 자금이 부족하거나, 정부의 세금 정책의 변화로 파는 것이 훨씬 더 유리한 경우가 아니라면 그냥 평생 소유하는 것이라 생각한단다.

연봉 3억 파이어족이 서민에게 들려주는 부자의 돈 이야기

# 주택 임대 사업자 등록

아빠는 과감히 첫 투자를 실행해서 단기간에 전세까지 최고 시세로 맞춰놓고 나니 건방지게도 은근히 투자에 자신감이 생기기 시작했단다. 그래서 대출받은 투자금 중 아직 남아 있는 돈을 이용해 2017년 6월까지 연이어 거의 매달 1개씩 아파트 갭 투자를 실행해 송도국제도시 자택을 제외하고도 총 5채의 아파트를 더 소유하게 되었단다.

그 과정들과 그때그때 느낀 점에 대해서는 뒤이어 상세히 설명해줄 것이고, 이렇게 본격적으로 부동산 투자를 실행하고 나니 주택 임대 사업자 등록에 대해 생각해보게 되었지. 주택 임대 사업자는 그때그때 제도가 변경되다보니 법적인 내용을 설명해주는 것은 별 의미 없는 것 같고, 간략하게 취지만 설명해보자면 주택을 전세나 월세로 임대 주어 그 임대소득으로 수익을 얻는 사업 유형을 말하는 것이란다.

이 주택 임대 사업자를 등록해두면 그 집에 대해서는 일정 기간 동안 아무리 시세가 올라도 마음대로 가격을 올리지 못하고 한번에 5% 이내에서만 인상이 가능한 단점이 있지만, 반면 취득세나 양도소득세를 할인해주기에 아빠처럼 작정하고 아파트를 대상으로 투자하려는 사람에게는 꽤 괜찮은 제도였단다.

게다가 문재인 정부 초기에는 당시 국토교통부 장관까지 직접 나서

임대사업자 등록증                              국세청 사업자 등록증

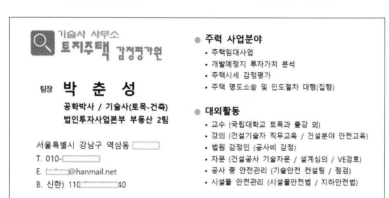

주택 임대 사업용 개인 명함 디자인


아빠 같은 다주택자들이 주택 임대 사업자 등록하면 여러 가지 혜택
들을 주겠다며 등록을 장려했단다. 그래서 아빠는 어차피 럭키아파트
는 장기로 투자할 계획이었으니 시범삼아 이 아파트는 우선 주택 임대
사업자로 등록하여 절세 혜택을 받기로 결정했던 것이지.

그래서 살고 있던 세입자에게 부탁하여 표준임대계약서 양식으로

연봉 3억 파이어족이 서민에게 들려주는 부자의 돈 이야기

계약서를 다시 작성하는 등 필요서류를 준비해서 2019년 2월에 법에 정해진 절차에 맞춰 등록신청을 했고, 그렇게 주택 임대 사업자로서 앞으로 본격적인 투자 활동을 하고자 사업자 명함도 제작했단다.

서민아, 참고로 알려주는데 너희가 나중에 사업을 할 때 나이가 어릴 때에는 대표나 사장이라는 직함보다는, 너희 나이 또래에 어울리는 직급의 직함을 새기고 다니는 게 더 유리하단다.

왜 그러냐하면 우선 사람들이 '이렇게 어린 녀석이 사장이야?'라는 식의 위화감이 생기는 것을 예방할 수 있고, 그리고 서민이 입장에서도 상대방과 협상을 하다가 여차하면 사장님의 결재를 받아야 결정할 수 있다는 식으로 답변을 미루면, 누구나 인정하는 합리적인 사유로 책임을 미루고 결정에 시간을 벌 수 있는 등의 이점들도 있단다.

그렇다면 과연 몇 살까지가 어린 나이냐는 것에 대해서는 의견이 분분하겠지만, 아빠의 개인적인 의견으로는 만 40살을 기준으로 판단하면 좋을 듯하다. 40살이면 불혹의 나이로서 어떤 유혹에도 흔들리지 않을 정도의 경험과 의지를 갖추었다는 뜻인 만큼 그 나이 이상이면 대표 및 사장의 직함을 써도 사람들이 위화감을 가지지는 않을 것이라 생각된단다.

서민아, 과연 아빠는 주택 임대 사업자 등록 후 이것을 얼마나 잘 활용했을까? 궁금하지? 결론만 깔끔하게 알려주마. 단 한 번도 제대로 활용해보지 못하고 근 2년이 지난 후인 2020년 11월에 사업자 등록을 폐업 말소 해버렸단다. 왜 말소했냐 하면 정부에서 거의 반 강제적으로 말소시킨 것이란다. 지속되는 부동산 정책 실패로 집값 안정에 실패하자 정부에서는 이를 아빠와 같은 다주택자 탓으로 화살을 돌리며, 임대사업자에게 주어졌던 각종 절세 혜택을 모두 없애버렸단다.

## 임대사업자 자발적 말소 신청에 따른 임차인 동의서

| 임대사업자 | 성명<br>(법인명) | | 생년월일<br>(법인등록번호) | | 전화번호 | |
|---|---|---|---|---|---|---|
| | 박춘성 | | | | (유선)<br>(휴대전화) ( ___ )7 | |
| 민간임대주택 | 건물주소 | | 인천광역시 연수구 능허대로79번길 30 (옥련동, 럭키송도아파트)<br>___호 | | | |
| | 주택구분 | 주택종류 | | 주택유형 | 임대개시일 | |
| | [ ] 건설<br>[ v ] 매입 | [ v ] 단기<br>[ ] 장기 | | 아파트 | 2019-02-12 | |
| | 민간임대주택에 관계되어 있는 임대차계약 건수 | | | ( 1 ) 건 | | |
| 동의자<br>(임차인) | 호실/층 | 성명 | 생년월일 | | 전화번호 | |
| | ___호 | 최 | | | 010- | |
| | | | 이하여백 | | | |

본인은 「민간임대주택에 관한 특별법 제6조제1항제11호에 따라 임대사업자(임대인)가 임대의무 기간 내에 위의 단기민간임대주택 또는 아파트 매입형 장기일반임대주택에 대하여 임대사업자 등록 말소 신청을 하는 것에 동의합니다.

동의자      ___호

2020 년 11 월 19일

**특별자치시장
특별자치도지사** 귀하
**시장·군수·구청장**

주택 임대 사업자 등록 말소를 위한 세입자 동의서

혜택도 없는데 임대 사업자를 계속 유지하고 있을 이유가 없는 것이지. 그런데 더 웃긴 것은 정부에서 임대사업자들에게 혜택 안 줄 것이니 알아서 자진 말소하라고 유도하면서도 현재 살고 있는 세입자에게는 직접 동의서를 서명 받아 오라는 거야.

임대사업으로 등록된 아파트는 보증금을 시세대로 올리지 못하기에 세입자에게 유리한 제도인데 어느 세입자가 쉽게 동의서를 써주겠니? 그래도 아빠는 마침 세입자가 집 사서 이사 나간다기에 그때 맞춰 임

연봉 3억 파이어족이 서민에게 들려주는 부자의 돈 이야기

주택 임대 사업자 등록 말소 민원처리 결과

대사업자 말소에 대한 동의서를 받아냈고 그렇게 해서 2년도 안 되는 짧은 기간만 주택 임대 사업자를 경험해보았단다.

# 투자 2호,
# 2억 400만 원 24평 아파트

첫 투자를 감행 후에도 아직 대출받은 종잣돈이 많이 남아서 이 정도 규모의 소형 아파트라면 3채는 더 투자할 수가 있었단다. 그래서 아빠는 첫 번째 투자처 계약서 쓰자마자 바로 두 번째 투자처를 물색하고 다녔지. 두 번째 투자처 역시 아빠가 잘 아는 옥련동으로 선택했단다. 투자는 처음 해 보지만 책에서 읽은 것은 많아서 한 동네에 2채씩 투자해놓으면 시세 상승기에 한 채 매도하여 수익을 실현하고 다른 한 채는 장기 보유하면서 그 동네의 시세 변화를 관찰하는 게 좋다고 생각했단다.

투자 1호인 럭키아파트는 당시 생각으로 재건축 재개발까지 예상하며 지속 보유하려 했던 것이니, 이번에는 양도소득세가 일반과세로 적용되는 1~2년 만에 짧게 단타로 매도하여 근시일 내 수익을 실현할 만한 투자처를 찾고자 했단다. 그때 마침 그 동네 대장아파트인 현대4차 아파트 바로 옆에 붙어있는 한국아파트의 24평형 하나가 매물로 나온 것을 보게 되었지.

뭐든지 비싼 게 좋은 것이라고, 아파트도 가능하면 그 동네에서 가장 비싼 대장 아파트를 사는 게 좋지만 그만큼 투자금이 많이 들기에 아빠는 꺼려했었고 꿩 대신 닭이라고 그 옆에 있는 아파트라도 알아봤던 것이란다. 가격 상승기에는 대장아파트가 가장 먼저 오르지만 거기서부터 옆 단지로 가격 상승이 번져나가기에 투자 목적으로는 괜찮다고 생각했었다.

한국아파트는 현대4차아파트에 비해 단지 면적은 좀 작았지만, 그래도 옥련시장 등 편의시설이 인근에 있고, 특히나 초등학교가 단지 바로 옆에 있어 아이들 키우기에는 꽤 괜찮은 조건이었지. 아빠도 그때 처음 알았는데 아이들 학교가 어디로 배정되는지는 이미 주소를 기준으로 다 결정되어 있고, 이렇게 어느 학교로 배정되는지에 따라서 집값에도 영향을 미친단다.

이 한국아파트는 바로 옆에 있는 단지 내 초등학교로 배정되는데 여기는 주변 아파트에 거주하는 아이들만 배정되기에 나름대로 생활수준이 비슷한 아이들이 모이는 반면, 바로 옆에 있는 서해 아파트 단지의 경우에는 길 건너 빌라 거주자들이 주로 배정받는 다른 초등학교로 배정되게 된단다.

대다수 사람들 생각이 빌라는 아파트에 입주할 돈이 부족한 생활형편 어려운 사람들이 사는 곳이라는 인식이 좀 있는데, 그러다보니 내 아이가 가능하면 아파트에 거주하는 친구를 사귀기를 바라지, 빌라에 거주하는 친구들을 사귀기 바라지는 않는단다. 그러다보니 이런 아무것도 아닌 초등학교 배정 기준에 의해서도 집값에 차이가 발생되는 것이지. 이런 점들을 고려해서 한국아파트에 투자하기로 마음먹고 가격협상해서, 2억 500만 원에 매물 나온 것을 100만 원 깎아서 2억 400만 원에 매수했단다.

서민아, 여기서 또 하나 너희에게 들려주고 싶은 것은 집을 살 때뿐만 아니라 무엇을 사든 간에 비용이 좀 비싼 것은 꼭 깎아 달라고 협상해 보길 바란다. 물건 파는 사람들은 너희보다 더 얌체라서 이미 깎아 달라고 할 금액까지 예상하고 가격에 붙여서 부르는 것이란다. 그런데 거기서 깎아 달라는 말없이 그 가격 그대로 주고 사버리면 그 사람들은 그냥 공돈 버는 것이지.

가끔 우리 가족이 시장에 가면 엄마는 절대 깎아 달라는 말을 안 하지만, 아빠는 늘 가격 좀 깎아 달라고 협상하지 않니? 너희들은 아직 어리니 그게 창피하다고 느낄지 모르겠지만, 엄마는 아빠와 달리 어릴 때 부유한 환경에서 살아와서 그러는 것이고, 아빠처럼 깎아 달라 말하는 게 옳은 행동이란다.

말 꺼내봐서 손해볼 것 없잖니? 깎아 주면 돈 굳히는 것이고, 안 깎아 주면 그냥 그 돈 주면 되는 것이니, 뭐든지 깎아 달라고 협상해보는 것을 두려워하지 말아야 한단다. 깎아 달라는 말이라도 한번 꺼내봐야지 단 1%라도 깎아 줄 가능성이 생기는 것이지, 말도 안 꺼내면 가능성은 그냥 0%인 것이란다.

투자 2호 한국아파트도 공인중개사가 잔금일정에 맞춰 전세 세입자 넣어 주는 조건으로 계약했으며, 여기도 전세가를 높게 불러 1억 8,500만 원에 전세를 맞추었으니 취득세 등 부대비용 모두 포함하면 앞서 투자 1호와 비슷하게 2,300만 원 정도 들었단다. 서민아, 뒤이어 설명해줄 것인데, 아빠는 여기 투자 2호를 통해 몸소 역전세를 경험해봐서 아파트 갭 투자의 쓴 맛을 배울 수 있었단다.

연봉 3억 파이어족이 서민에게 들려주는 부자의 돈 이야기

# 역전세 경험

서민아, 몇 번 이야기 했지만 집값은 항상 등락이 있단다. 다만 오를 때 상승폭이 떨어질 때 하락폭보다는 더 크기에 장기 보유한다면 결과적으로는 상승하므로 결국에는 이득이라는 개념이지. 전세가도 이러한 경향이 있기는 하지만 전세가는 그 집에 대한 사용요금 개념이기에 집값과는 다르게 상승과 하락의 등락이 더 크게 발생할 수 있단다.

이해하기 쉽게 설명해보면, 집이라는 것은 땅값과 건물 값으로 구분되는데 땅값은 물가상승과 연동되어 시간이 흐를수록 항상 상승하지만, 건물 값은 반대로 시간이 흐를수록 시설이 노후화되면서 사용가치가 떨어져 점점 하락하는 것이란다. 그런데 어지간해서는 땅값의 상승폭이 건물 값의 하락폭보다는 훨씬 더 크기에, 땅값과 건물 값을 모두 합친 집의 총 가격이 매번 올라가는 것이지.

하지만 전세 사는 사람들은 그 땅이 어차피 본인들 소유가 아니기에 땅값보다는 건물의 사용가치에 더 많은 비중을 두어 전세 시세가 형성되는 것이란다.

예를 들자면 아무리 땅의 위치가 아무리 좋아도 건물이 매우 낡아서 벽면 여기저기에 균열이 가 있고 비 올 때마다 물이 줄줄 샐 정도라면 집주인이야 땅값이 비싸니 건물 값도 비싸게 받으려 하겠지만,

전세를 구하는 사람 입장에서 그런 집은 제발 공짜로 살아달라고 부탁을 해도 거절할 판이기에 매매가와는 다르게 전세가는 매우 낮게 형성될 수 있는 것이란다.

또 다른 예로, 1,000세대 규모의 아파트가 있다고 가정 할 때, 이와 비슷한 입지와 규모를 가진 새로운 아파트 단지가 신축되어 기존에 1,000세대였던 집이 2,000세대로 늘어난다면, 전세를 구하는 수요는 그대로인데 전세물량 공급은 2배 늘어나서 전세가격이 많이 떨어지게 되는 것도 있단다.

이렇게 전세 시세가 이전보다 큰 폭으로 하락하는 현상을 일반적으로 '역전세'라고 표현하지. 아빠도 투자 2호 아파트에서 이 역전세를 제대로 당해봤단다. 투자 2호 아파트를 처음 매수할 때에는 1억 8,500만 원에 전세를 주었는데, 이후 인근에 송도파크자이, 송도파크레인, 송도파크포레, 송도호반3차 등 아파트 단지가 동시에 많이 입주를 해서 전세 공급물량이 아주 쏟아지듯 늘어나 전세 시세가 크게 하락했단다.

이 신축단지 주변 공터를 어느 대기업 건설사에서 송도테마파크 놀이공원으로 개발한다고 발표가 나자, 많은 투자자들이 장래 가치를 보고 실거주가 아닌 투자의 목적으로 이 아파트들을 많이 분양받았는데, 이 사람들은 실거주가 아닌 투자 목적이었으니 당연히 아파트 완공 후 입주할 때 본인들이 직접 들어가 살지 않고 전세를 많이 내놓았겠지.

이처럼 동시에 아파트 4개 단지에서 전세 물량들이 쏟아지니 기존에 옥련동에서 전세 살던 사람들도 이 신축 아파트로 많이들 이사 갔단다. 결국 아빠가 투자한 옥련동 구축 아파트들은 세입자를 구하기 위해서 전세가격을 그 신축 아파트보다도 낮게 대폭 낮춰야만 했단다.

그래서 옥련동 투자 2호 아파트의 전세 시세도 처음 1억 8,500만 원에 계약했던 세입자가 3년 살다가 이사를 나갈 때, 새로운 세입자는 1억 6,000만 원에 간신히 맞췄으니, 전혀 예상하지 못했던 생돈 2,500만 원이 더 들어가게 된 것이지.

지금이야 어느 정도 경제적 여유가 있으니, 번거롭게 고민할 것 없이 그냥 2,500만 원 더 내준 다음, 다음번 시세 상승장 때 다시 전세가 높게 올려 회수하면 그만인 것인데, 그 당시에는 대출까지 받아 투자하고 있는 마당에 2,500만 원이라는 큰돈을 갑자기 준비하기가 어려웠단다.

그나마 다행인 게, 그 역전세 시기에 아빠가 옥련동에만도 총 3채를 가지고 있었는데, 투자 2호를 제외한 나머지 세입자들은 이사 나가지 않고 그냥 계약 연장하여 더 살기로 해서 어찌어찌 돈 구해서 버틸 수 있었던 것이지. 만약 다른 2채에서도 세입자가 이사 간다고 하여 같이 역전세를 맞게 되었다면 아마도 돈이 부족해 일부는 손해보고 헐값에 집을 팔았어야 했을 텐데 참으로 불행 중 다행이라 생각한다.

책에서만 보았던 역전세를 직접 경험해 보니 전세가의 상승과 하락에 큰 영향을 주는 요인들을 이제는 확실히 습득할 수 있었지. 집값에는 여러 가지 요인이 복합적으로 작용된다지만, 전세가는 투자가 아닌 실거주 목적의 비용이기에 공급량 증감이 전세 시세 변동에 가장 큰 비중을 차지하다는 것을 깨우쳤단다.

그러니 서민이도 앞으로 전세를 주게 될 경우에는 그 계약 종료 시기를 잘 따져서 인근에 대규모 신규 입주 등이 계획되어 있는지를 꼼꼼히 살펴보고, 만약 주변에 대규모 신규입주가 예정되어 있다면 전세 계약기간 조정 등 적절한 안전조치를 미리 해두어야 한단다.

아빠에게 '역전세'라는 뼈아픈 경험을 준 그 투자 2호 한국아파트는 어차피 단기 매도가 목적이었던 데다가, 역전세로 인해 그 부족한 2,500만 원을 급하게 마련한다고 제2금융권 캐피탈에서 추가대출 받는 등 마음 고생한 것을 생각하면 진절머리가 나서 매수한 지 약 3년 반 만인 2020년 6월에 별로 남긴 것 없이 다른 갭 투자자에게 매도처리했단다.

어차피 이미 캐피탈 추가대출까지 받은 것이라 더 가지고 있었어도 되었지만, 당시 정부에서 아빠와 같은 다주택자에게 양도소득세와 종합부동산세를 매우 높게 적용하겠다고 압박을 해서 세율이 높아지기 전에 그냥 매도했단다. 그래도 2억 400만 원에 매수한 것을 2억 2,000만 원에 되팔았기에 손해 본 것은 아닌데 그렇다고 딱히 이득을 봤다고 하기에는 매우 적은 수익이었단다.

**투자 2호 최종 수익률**

- 실 투자금: 2,344만 원
- 매도 후 회수금: 3,500만 원
- 순 이익: 645만 원(보유기간 연평균 수익률 9%)

이 집은 2020년 여름에 2억 2,000만 원에 매도했는데, 1년 남짓 지난 지금은 3억 4,000만 원에 실거래 되고 있으니, 그 짧은 기간 동안에 1억 2,000만 원이나 더 올라버린 것이지. 물론 현재는 강화된 양도

소득세 부과기준이 적용되어 양도 차익의 70% 이상을 세금으로 내야 하지만, 그런다하더라도 실수익을 3,000만 원 정도 더 남길 수 있었는데 결과적으로는 성급한 판단으로 그 돈을 놓친 것이란다.

앞서도 이야기 했지만, 이러한 아빠의 매도 경험을 바탕으로 확립된 현재의 투자기준은 집이든, 땅이든, 주식이든, 좋은 물건에 투자하여 소소한 수익에 연연하지 말고 가급적이면 팔지 않고 지속 보유하는 것이란다.

# 투자 3호,
# 2억 3,500만 원 31평 아파트(무피투자)

2017년 1월, 연이어 투자 1호와 2호 계약을 마치고도 아직 1채는 더 투자할 여력이 되어 계속 3호 투자처를 찾아 다녔다. 옥련동은 이미 2채나 투자했기에 안정적인 투자를 위해서는 분산투자가 필요하다 생각해 이번에는 서울이나 경기도 등 다른 지역을 알아보려 했지. 그래서 주말에는 서울이나 성남 등으로 답사를 가보려 했고, 평일 저녁에는 인천지역의 역세권 주변으로 답사를 다니며 견문을 넓히고 있었단다. 그러던 중 연수동에서 아주 저렴하게 급매물 나온 초역세권 31평 아파트를 발견하게 되었단다. 바로 여기에 세 번째 투자를 하게 되었지.

투자 3호인 연수동의 31평 아파트는 아빠가 동네 시세파악을 위해 우연히 들른 연수구청 인근의 어느 공인중개사 사무실에서 중개사가 직접 거주 중인 집이었어. 아빠가 처음 만난 자리에서부터 숨김없이 갭 투자 목적으로 매매-전세 갭 차이 작은 입지 좋은 소형 아파트를 찾고 있다고 말하니 본인이 영업하는 연수구청 인근에는 그런 물건은 없다며 대신 본인의 실거주 중인 신연수역 인근의 아파트를 소개해 주었단다.

대략 상황을 들어보니, 그 중개사는 자녀 학업 문제로 다른 집으로 이사가야 하는데 1주택자로서 양도소득세 감면 혜택을 받으려다 보니 그 집은 팔려는 것이었어. 이후에도 그 중개사와 몇 번 더 이야기를 나눠봤는데 그 중개사는 집 거래 성사시켜 받는 수수료 외에는 투자에 대해서 잘 모르거니와 한 번도 직접 투자를 해본 적이 없다고 하더라.

그때 느꼈지. 공인중개사라고 해서 모두가 부동산 시세에 밝고 투자를 잘하는 것은 아니라는 것을. 아니 오히려 이 사람과 같이 수수료 받는 근로 소득 외에는 투자 경험과 마인드가 전혀 없는 공인중개사들이 수두룩하게 많더구나.

나중의 사례이지만, 아빠가 2019년에 미분양된 아파트 분양권을 2채나 선착순 동 호수 지정으로 매수할 때, 기존에 안면 있던 몇몇 공인중개사들은 앞으로 집값 오르기는 글렀는데 무슨 생각으로 분양권을 2채나 사느냐고 의아해하던 사람도 있었단다.

아빠와 같이 부동산 투자에 대해 잘 모르는 초보 투자자도 당시 신축 인허가 건수가 대폭 줄어, 수요 대비 공급을 분석해보면 앞으로 집값이 오를 것이라는 게 쉽게 예측되던 상황이었는데, 자타공인 부동산 전문가라는 공인중개사가 이러한 객관적 분석도 없이 온갖 규제정책만 내고 있는 정부의 발표만 믿고 전혀 엉뚱한 분석을 하고 있던 것이지.

이러한 사례에서 보듯이 어떤 분야이든 간에 전문가의 감투를 쓴 비전문가들이 많이 활개 치는 세상이란다. 부동산 이야기는 아니지만 아빠가 종사하는 건설안전 업계에서도 대중들 앞에서 자칭 건설안전 전문가라고 활동하시는 분들 중에 실제 건설현장에서 제대로 근무해본 사람은 그리 많지 않단다.

그러니 서민이는 앞으로 올바른 판단을 내리기 위해서는 진짜 전문가와 가짜 전문가를 구분할 수 있는 눈을 키워야 해. 그 방법은 오직 경험을 통해서만 얻을 수 있지. 그래서 많은 경험을 쌓고 안목을 높이기를 바란다.

아빠도 경험이 쌓여 이제는 몇 마디 이야기 나눠보면 공인중개사의 수준이 판단되는데, 부동산 거래를 할 때 이와 같이 투자에 대한 경험과 지식이 없는 중개사에게는 일 맡기면 안 된단다. 유일한 소득 유형이 중개 수수료뿐이니, 어떻게든 감언이설로 거래를 성사시키려고만 할 뿐이지 진실되게 고객을 위해주는 생각은 잘 안 할 것이고, 또한 투자 마인드가 없으니 소개해주는 집의 현재 시세만 알고 있을 뿐이지 장래 전망 등에 대해서는 아주 둔감하단다.

어쨌든 그 중개사가 자기 집은 어떠냐고 물어 와서 한번 가봤는데, 신연수역 바로 옆에 붙은 연수동 풍림1차 아파트로 단지는 1992년도에 지은 것이라 좀 오래되었고 주차 칸이 부족하여 주차장 대부분에 2중 주차가 되어 있는 등, 차를 가지고 있는 사람들에게는 많이 불편해 보였단다. 하지만 아주 큰 장점이 하나 있는 게 그 집 바로 옆으로 걸어서 1분 거리에 지하철 역 출입구가 위치해 있다는 것이었어.

또한 단지 바로 뒤에는 적십자병원과 가천대학교가 있기에 미혼 병원 직원이나 대학생들에게 전월세 수요가 꽤 있을 것이라 생각했지. 그런데 집이 31평으로 좀 큰 평수라서 젊은 사람들이 들어올 지는 좀 애매한 감이 있었단다.

만약 그때 현재 아빠 수준의 지식과 경험, 시간적 여유 등이 있었다면 요즘 인기 있는 셰어하우스로 꾸며서 운영해 볼 법도 했는데, 그 당시의 아빠는 아직 회사 다니는 직장인으로서 시간도 없었고 그만큼의 지식과 경험도 없어 셰어하우스는 생각조차 못 해 봤단다.

투자 3호 풍림아파트의 입지(지하철 역 1분 거리)

그리고 또 감회가 새로운 것은, 여기 풍림아파트가 바로 아빠가 영세민 영구 임대 아파트에 살았던 중학교 시절의 친구네 민간 아파트였단다. 어찌 보면 이런 감성적인 기억 때문에 좀 더 신중히 판단하지 못하고, 중학교 시절 우리 집과 비교되어 선망의 대상이었던 이 집을 더 소유하고 싶은 보복 심리가 작용했을지도 모른다.

고민 끝에 중개사에게 조건을 내걸었지. 매매 잔금 일에 맞춰 최고 시세로 전세 세입자를 맞춰주겠다고 약속하면 매수하겠다고 말이야. 그 중개사가 내놓은 매매 가격은 2억 3,000만 원이었단다. 그리고 당시 전세 시세는 2억 2,000만 원이었단다. 하지만 아빠는 여기서 전세 가격을 1천만 원을 더 높여 2억 3,000만 원으로 맞춰주기를 요구했지. 그러니 세금 등은 제외하고 순수하게 매매가 대비 전세가만 놓고 보면 아빠는 돈 한 푼 안 들이고 31평 아파트를 소유하는 이른바 무피 투자를 하고자 했던 것이었지.

그 중개사는 아파트 단지 내 공인중개사에게 전화를 걸어 전세 시세를 알아보더니만 아빠의 제안을 받아들이기로 했단다. 그리고 중개사가 본인 집을 본인이 중개한 것으로 처리하면 여러 가지 복잡한 문제들이 있다 보니 앞서 전화해봤던 단지 내 부동산으로 가서 그곳의 중개사가 중개한 것처럼 계약서를 작성했지.

계약서 작성 후 며칠 있다가 매도인이 연락해와 본인이 너무나도 싸게 매물 내놓은 것 같다고, 매매가와 전세가가 동일하면 부동산 투기 사범으로 아빠가 처벌될 수도 있다면서 매매가를 500만 원 더 올리겠다고 우겼단다.

지금의 아빠라면 콧방귀도 안 뀌며 계약위반 행위라고 단칼에 거절했겠지만, 당시의 아빠는 아직은 순진한 초보 투자자여서 중개사 말대로 500만 원을 더 높여 2억 3,500만 원에 매수하는 것으로 변경 계약 해주었단다.

전세 세입자 맞추는 것은 당시 전세물량이 부족했던 시기였던지라 전세보증금이 역대 최고가인 2억 3,000만 원임에도, 불과 2일 만에 세입자가 맞춰져 전세 계약했단다. 그래서 매매가와 전세가 차이 500만 원에 취득세와 중개수수료 등 이것저것 다 합쳐 실투자금 총 974만 원에 31평 아파트를 투자 3호로 소유하게 되었지.

여기서 잠시 당시를 회상해 보자면, 그때 연수동 풍림1차 아파트가 아닌 당초 생각했던 대로 서울 목동의 아파트에 투자했더라면 지금쯤 얼마나 가격 차이가 벌어졌을까 생각해본다. 최근 2~3년 사이에 전국의 집값이 다 올랐지만 특히나 서울의 집값은 아주 어마무시하게 폭등했는데 그 좋은 시기를 놓친 것에 아쉬움이 많이 남는단다.

지나간 과거에 얽매여 봤자 되돌릴 수는 없지만, 우리 서민이는 아빠의 이런 경험 사례와 생각을 이렇게 읽어봄으로서 조금 더 효과적으로 투자처를 선정하길 바라는 마음에 써보는 것이란다.

확실하고 안전한 투자처는 값이 비싸단다. 즉 투자금이 많이 들어가지. 비싸다는 것은 많은 사람들이 이미 그 투자처가 좋다는 것을 알고 있고 또한 많이 투자하고 있다는 뜻이지. 많은 사람들이 이미 알고 있다는 것은 수익률이 그리 크지는 않다는 뜻이야. 소문난 잔치에 먹을 게 없다는 것이지. 하지만 절대 손해는 보지 않는단다. 소문난 잔치에 가면 최소한 밥 한 끼라도 얻어먹을 수는 있는 것이지.

반면 사람들에게 알려지지 않은 투자처는 잘 풀리면 큰 수익을 낼 수 있단다. 남들이 잘 모르고 있으니 싸게 살 수 있는 만큼 나중에 올랐을 때 수익이 크게 나는 것이지. 하지만 이렇게 알려지지 않은 투자처는 손해를 볼 가능성이 더 크단다. 집값이 어지간해서는 하락하는 경우가 흔치않다 해도 이런 알려지지 않은 투자처는 경기가 안 좋으면 오랫동안 가격이 제자리걸음을 할 가능성이 높다는 것이지.

그러니 서민이가 나중에 커서 본격적으로 투자를 하게 된다면, 시작은 거주지와 가까운 인근에서 시작하더라도 경험 좀 쌓이면 그 다음에는 서울과 같이, 최악의 경우 조금 덜 먹더라도 손해볼 일 없고 확실하고 안전한 투자처 위주로 알아보기를 바란다.

주식투자도 이와 마찬가지로 서민이가 주식공부를 정말 열심히 해서 전문가가 되지 않는 한, 망하지 않을 만한 안전한 대기업 우량주 위주로 투자하기를 추천하는 것과 같은 맥락이란다.

# 누수 경험

투자 3호 연수동 풍림1차 아파트는 아빠에게 여러 가지 첫 경험을 만들어 주었단다. 매수할 때에는 완벽하지는 않았어도 나름 무피투자 비슷한 경험을 하게 해주었고, 갑작스러운 세입자 사유로 투자 목적으로 취득한 자산 중 첫 번째로 매도를 경험하게 해주었으며, 매도 이후에도 화장실 바닥에서 누수 문제를 일으켜 누수 해결을 경험하게 해주었단다.

이 집은 전세 세입자가 한 1년 살다가 시골 전원주택으로 귀촌한다며 급하게 전세보증금 반환을 요청해왔단다. 세입자 측 사유로 계약기간을 못 채운 것이므로 아빠가 그들의 요청을 들어줄 필요는 없었지만, 아빠 역시 그지 같은 악랄한 집주인에게 호되게 당했던 기억이 있어 선한 집주인이 되겠다는 생각으로 그리해주기로 했단다.

그때가 2018년 2월이었는데 당시 부동산 시세는 문재인 정부가 들어선 후 본격적으로 각종 규제정책을 펼치기 시작한 시기여서, 한참 올랐던 전세 시세가 주춤거리며 하락하던 때였단다. 그렇기에 앞서 2억 3,000만 원에 맞춰져 있던 전세 시세가 하락하여 새롭게 세입자를 맞추려면 2,000만 원의 역전세를 감당해야만 했던 상황이었지.

정부 규제정책에 따라 불과 1년 사이에 전세 시세가 2,000만 원이나

연봉 3억 파이어족이 서민에게 들려주는 부자의 돈 이야기

하락하여 역전세가 된 것이란다. 이런 걸 보면 잘 모르는 사람은 정부의 부동산 정책이 정말 집값에 큰 영향을 미친다고 생각할 수 있는데, 사실 정부의 정책보다는 수요자의 심리가 시세 변화에 더 큰 영향을 주는 것이란다.

문재인 정부 초기에 규제정책을 쏟아낼 때에만 하더라도 집 없는 많은 사람들은 이제 다주택자들이 세금이 무서워 집을 모두 매물 내놓아 집값이 떨어질 것으로 기대했단다. 하지만 끝없는 규제정책은 다주택자의 유일한 퇴로라고 할 수 있는 매도조차도, 폭탄같이 늘어난 양도소득세로 인해 할 수 없게 만들어 버렸다고 아빠는 생각한다.

집을 가지고 있어도 세금폭탄이고 집을 팔아도 세금폭탄이라면, 차라리 그냥 가지고 있으면서 버티어 보자는 게 아빠를 포함한 많은 다주택자들의 생각이지. 게다가 정부에서는 추가로 실책을 범한 게 규제정책만 강화했고 추가 공급정책은 매우 등한시했단다.

집도 사람처럼 늙으면 멸실되는 것이기에 내구수명이 지난 집의 수량만큼 새집을 지어주어야 하는데, 재개발 재건축을 못 하도록 규제했고, 또한 이미 이전 정부에서부터 전세자금 대출을 대폭 늘려줌으로서 많은 서민들이 돈 없어도 대출받아 아파트에 전세 살도록 해주어, 인기 없는 낡은 빌라 같은 집들은 집임에도 불구하고 집으로 취급받지 못하게끔 만들어놨단다.

사람들이 거부하는 낡은 빌라까지 포함한 통계상의 주택 보급률은 100%를 상회했지만 실질적으로 사람들이 살고 싶어 하는 아파트 보급률은 수요만큼 충분히 공급되지 못하고 있었던 것이지.

이런 문제로 문재인 정부 출범 후 초기에는 규제정책으로 사람들의 심리가 위축되어 잠시 시세가 하락했었지만, 뒤이어 발생된 공급 부족

사태로 인해 다시 시세가 상승하기 시작했으며, 이후에도 정부에서는 공급 없이 답 없는 규제정책만 지속하다보니 사람들의 심리가 이제는 규제정책에도 위축되지 않는 상황이 되어버린 것이지.

아빠는 부동산 전문가가 아니라서 시간이 흐르고 나서야 겪어 보니 이렇게 말할 수 있는 것이지, 2018년 2월 그 당시에는 이런 심오한 내용들은 잘 몰랐단다. 그냥 착한 집주인으로 기억되고 싶어 세입자가 원하는 시기 맞춰 전세보증금을 돌려주고 싶었는데, 전세 시세가 크게 하락하여 그냥 매도를 생각하게 된 것이지.

당시 전세가는 하락했지만 매매가는 계속 오르고 있었단다. 전세는 실수요자가 구하는 것이기에 정부 규제정책만으로도 쉬이 급등·급락할 수 있지만, 매매가는 실수요자는 물론 투자를 목적으로 하는 가수요까지 합해져서 결정되는 것이기에 오를 때에는 쉽게 오르더라도 떨어질 때는 쉽게 떨어지지 않는단다.

그래서 추가로 아빠 돈 2,000만 원이나 더 들여 또 전세를 주는 것보다는, 그냥 오른 가격으로 매도하여 첫 투자매도 경험도 쌓고 현금 수익도 실현하여 다른 투자처에 재투자하기로 마음먹게 되었단다.

그 집은 비록 면적이 큰 편이고 건물 연식도 오래되고 주차도 불편했지만, 초 역세권이라는 큰 장점이 있어서 매물 내놓고 며칠 안 되어 바로 매수 희망자가 나타났단다. 1년 전 2017년 1월에 그 집을 아빠가 2억 3,500만 원에 매수했지만, 1년이 지난 2018년 2월에는 시세가 최고 2억 6,000만 원에 거래되고 있었단다.

아빠는 당시 순진하고 선량한 생각으로 시세보다 1,000만 원 낮춰 2억 5,000만 원에 급매로 내놓았음에도 매수 희망자가 계속 깎아 달

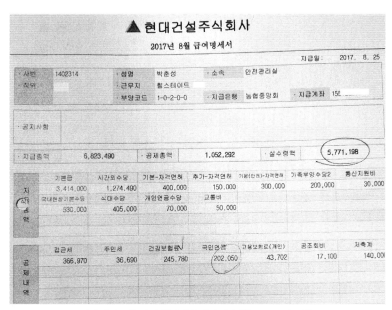

| | 기본급 | 시간외수당 | 기본-자격면허 | 추가-자격면허 | 기본(안전)-자격면허 | 가족부양수당2 | 통신지원비 |
|---|---|---|---|---|---|---|---|
| 지급내역 | 3,414,000 | 1,274,490 | 400,000 | 150,000 | 300,000 | 200,000 | 30,000 |
| | 국내현장기본수당 | 식대수당 | 개인연금수당 | 교통비 | | | |
| | 530,000 | 405,000 | 70,000 | 50,000 | | | |

| | 갑근세 | 주민세 | 건강보험료 | 국민연금 | 고용보험료(개인) | 공조회비 | 저축계 |
|---|---|---|---|---|---|---|---|
| 공제내역 | 366,970 | 36,690 | 245,780 | 202,050 | 43,702 | 17,100 | 140,000 |

현대건설 근무당시 급여명세서(마지막 월급, 2017년 8월)

라 하여 협상 끝에 580만 원 더 깎아 주어 최종적으로 2억 4,420만 원에 매도했단다.

아빠가 책을 많이 읽다 보니 여기저기서 주워들은 것은 많아서, 머리 꼭대기에서 팔려하지 말고 어깨에서 팔라는 격언과, 뒷사람도 먹을 게 있도록 남겨주어야 한다는 격언들이 생각나 통 크게 양보했었지. 이렇게 부동산 투자를 시작한 이래로 근 1년 만에 첫 번째로 매도하여 수익을 실현하게 되었는데, 974만 원을 투자하여 순 이익으로 543만 원의 비근로소득을 벌었으니 이정도면 꽤 괜찮은 투자라 생각했단다.

543만 원의 실수익이면 그래도 아빠가 근무했던 현대건설에서의 세후 한 달 월급 정도는 되었기에, 투자를 통해서 1년 만에 한 달 월급만큼의 수익을 실현했으니 아주 기분이 째졌단다.

자본주의 사회에서는 돈이 돈을 벌어온다는 게 정말 가능한 것이라는 것을 온몸으로 체감하는 순간이었지. 단순 계산상으로는 이런 물건 12개 투자해서 매달 하나씩만 팔면, 회사에 얽매어 근로하지 않고도 현대건설에서 받던 연봉만큼은 벌 수 있다는 것 아니겠니?

### 투자 3호 수익률

- 실 투자금: 974만 원
- 순 이익: 543만 원(보유기간 연평균 수익률 56%)

그런데 좋았던 기쁨도 잠깐이었어. 매도 후 불과 5일 지나서 공인중개사를 통해 민원이 들어오기 시작했지. 말인즉 안방 화장실 바닥에서 누수가 발생되어 아랫집 화장실 천정에 물이 새고 있다는 것이었어. 아무리 집을 팔았어도 우리나라 민법에서는 중대한 하자가 있을 경우에 이전 소유자가 보상해주도록 되어 있단다.

매도 후 오랜 시간이 흐른 뒤라면 누구의 책임인지 판명이 어려우니 귀책사유를 따져봐서 면피할 수 도 있겠지만, 화장실 바닥 누수의 문제라면 불과 5일 만에 발생될 수는 없는 일이라 누가 봐도 전 소유자인 아빠가 수리를 해주어야 하는 상황이었지.

결과적으로는 중개사를 중간에 끼고 아빠와 매수자 사이에 한 달 넘도록 피 말리는 밀고 당기기가 시작되었고, 많은 말싸움과 협상 끝에 200만 원을 누수 수리비로 추가 지급하기로 해서 아빠의 첫 매도 수익률은 아래와 같이 35%로 줄어들게 되었단다.

**투자 3호 최종 수익률**

- 실 투자금: 974만 원
- 순 이익: 343만 원(보유기간 연평균 수익률 35%)

    당시에는 생돈 200만 원을 물어 줘야하니 내 살이 뜯겨나가는 것처럼 괴롭고 슬펐는데, 이렇게 지나고 돌이켜보니 돈 주고도 배우기 힘든 첫 매도와 누수문제 해결이라는 귀중한 경험을, 오히려 343만 원이라는 소소한 수익을 얻으면서까지 배우게 되어 참 운이 좋았다는 생각이 든다.

    그때 누수문제를 처리하면서 여러 가지 스트레스를 많이 받았었는데 혹시나 서민이에게 나중에라도 도움될지 몰라 당시 기록해 두었던 누수처리 일지를 아래에 덧붙여 보니 참조하여라.

# 연수동 풍림1차아파트 안방 화장실 누수문제 경과 일지

## (향후 협의 결렬 시 소송 자료로 활용코자 작성)

**2018. 1. 27.**

계약 체결 전 3차례 이상 공인중개사 및 실거주자(당시 세입자) 입회하에 매수자가 직접 내부시설 상태를 세밀히 점검 확인하였으며, 당시 안방 화장실 상태 양호하여 누수 등의 문제는 발생되지 않았음. 세밀한 목적물 상태 점검 후 매매계약 체결.

**2018. 3. 5.**

잔금지급 및 목적물 인도.

**2018. 3. 10.**

아래층 안방 화장실 천정에서 일부 누수현상 발생됨을 공인중개사에게 전해 들음. 매수자 및 아래층 입주민의 불편 최소화를 위해 조속한 누수탐지 및 견적확인 요청.

**2018. 3. 13.**

관리사무소 방문점검. 누수 공사업체 소개받음. 매수인에게 전달하며 조속히 점검 및 견적 받아볼 것 요청.

연봉 3억 파이어족이 서민에게 들려주는 부자의 돈 이야기

## 2018. 3. 16.

매수인이 관리사무소에서 소개한 업체는 잘 알지 못하는 것 같아서 신뢰가 가지 않는다며, 본인이 이전 거주지에서 거래했던 업체로 하여금 방문점검 후 견적 받음. 그 업체로부터 120만 원에 누수 보수 가능하다는 확답을 공인중개사에게 전해 들음. 목적물 인도 이전에는 누수현상이 없었기에 책임소재가 불분명하였으나 조속한 매수자의 불편해소 및 도의적 책임으로 매도자(아빠)가 비용 지불하기로 하고 보수작업 진행 협의함.

## 2018. 4. 2.

보수업자 투입하여 작업착수하려 했으나, 업자가 돌연 전면철거 후 재시공해야 하므로 비용 600만 원을 달라고 주장함. 사유 질의결과 본인은 UBR구조를 잘 몰라서 타일만 철거 후 단순 방수미장 보완하고 타일 재부착 하려 했으나, 막상 작업하려보니 UBR구조로 되어 있으며, 이는 타일 철거 시 본 구조체에 손상을 유발할 우려가 있으므로 자신 없어서 전면철거 후 재시공해야 한다는 입장을 표명. 처음부터 UBR구조를 파악하지 못한 점, 또한 UBR구조 작업을 해본 적이 없어 자신 없어 하는 점 등을 고려 시 실력이 부족한 것으로 판단되어 작업 중지 의견 전달.

## 2018. 4. 7.

전 실거주자(세입자) 전화통화. 이전 누수현상에 대한 자초지종 경과 문의. 2017년 5월경 아랫집 안방 화장실 천정에서 미소하게 일부 누수가 된다고 하여 관리사무소에서 확인받고 변기 하부 실리콘 코킹을 일부 보수조치 하였으며 그 이후 누수현상은 발생되지 않았다고 함.

이후 더 이상 누수가 발생되지 않아서 구태여 집주인(아빠)에게 알릴 필요가 없다고 판단하여 통보하지 않았으며 이후 실제 누수현상 없었음.

## 2018. 4. 8.

매수자가 요구하는 보수의 수준은 보수라는 기준을 벗어난 전면 재시공(리모델링)을 요구하고 있어 과다한 요구라고 판단됨. 이에 매도자(아빠)가 직접 UBR구조 전문 누수탐지 및 보수업체 전문가를 수소문하여 질의확인 결과, 대부분 업체는 비용 이익을 많이 남기기 위해 전면철거 후 재시공을 주장하는 것이며 일부 양심적인 몇몇 업체에서는 전면철거 없이 방수 보완 시공하여 누수를 방지할 수 있는 방법을 적용하고 있음을 확인함.

## 2018. 4. 9.

인근지역에서 UBR구조 보수 전문가를 수소문하여 방문 답사. 공인중개사와 매수자 입회하여 점검결과, 전면철거 없이 방수 보완하여 누수 제어 가능하다는 확답을 듣고 작업착수를 요청. 그러나 매수자는 막무가내로 무조건 전면철거 후 재시공 하겠다는 무리한 요구를 지속함.

## 2018. 4. 12.

매수자의 무리한 요구에 매도자(아빠)가 직접 문자메시지를 발송하여 조속히 섭외한 전문 업체를 통해 방수공사를 수행하여 생활에 불편 없도록 하시기를 요청드림(추후 소송으로 갈 경우 증거자료 활용을 위해 문자메시지로 발송).

## 2018. 4. 14.

매수자가 공인중개사에게 본인은 이번 기회에 화장실을 전면 리모델링하고 싶다면서 소요비용의 50%를 매도자가 부담해 달라는 무리한 요구를 지속함.

## 2018. 4. 17.

계약 및 목적물 인도일 이전까지는 누수문제가 재발되지 않았다는 세입자의 증언을 고려 시 누수에 대한 책임소재가 불분명함. 세입자 입장에서는 누수문제는 소유자에게 알려 하자보수 및 손해배상을 청구해야 하는 중차대한 결함인데도 소유자에게 연락하지 않았다는 것은 그만큼 전혀 생활에 불편이 없고, 변기 실리콘 코킹 보수 이후 더 이상 문제가 없었다는 것을 반증하는 것으로서 세입자의 증언을 심적으로 신뢰할 수 있다고 사료됨.

당 목적물은 1992년에 준공한 입주 27년차 구조물로서 모든 시설이 노후화되었을 것이며, 매수인도 이러한 사실을 모두 인지하고 본인이 직접 내부시설을 세밀히 점검 확인 후 계약을 체결하였음. 그럼에도 지속적인 전면 철거 후 재시공(리모델링)의 무리한 요구를 함에 있어서 이는 민법에서 규정하는 '선의의 피해자'가 아니라 '악의를 가지고' 문제제기하는 것으로 사료되어 우려됨. 그러나 매도자는 십분 양보하여 조속하고 원만한 해결을 위해 UBR 방수 전문업체가 견적 제시한 수리비용의 3배까지 지급하겠다고 공인중개사를 경유하여 의사 전달하였음(이후 200만 원 수리비 지급하는 것으로 협의완료).

# 투자 4호,
# 2억450만 원 24평 아파트(급매투자)

아빠는 부동산 투자를 시작하기로 마음먹은 이래 2017년 1월에 1~2주 상간으로 3개 아파트를 연속해서 투자했고, 다음 번 투자는 좀 더 신중하게 물건을 고르겠다며 한 템포 쉬면서 지켜보았었단다. 2개월 정도 주말에 서울이나 수도권의 다른 지역 답사 다니며 네 번째 투자처를 물색 중이었는데, 앞서 옥련동에 투자 2호를 거래했던 공인중개사에게 급매물이 하나 있다고 연락이 왔지.

옥련동에 있는 백산2차 아파트였는데, 바로 그날 저녁에 가서 보니 단지 규모가 크지 않아 세대수가 적은 단점은 있지만, 17층이라서 창밖으로 보이는 청량산 뷰가 꽤 좋았단다. 요즘은 이렇게 창밖으로 조망되는 경관도 아파트 가격에 큰 영향을 준단다.

게다가 그 아파트 바로 옆으로는 해안도로와 연결되는 광폭도로가 개설되기로 계획되어 있어 이 또한 호재라고 생각했지. 도로가 뚫리면 해안도로를 거쳐 제1~3경인고속도로가 모두 10분 이내 빠르게 진입할 수 있기에 교통편의가 많이 개선되어 집값에 좋은 영향을 줄 것이라 생각했어.

연봉 3억 파이어족이 서민에게 들려주는 부자의 돈 이야기

투자 4호를 포함한 당시 옥련동 투자 현황(총 3채)

그 집의 당시 평균 매매시세는 로열층 프리미엄을 감안해 2억 1,500만 원 정도였는데, 살고 있던 사람이 급하게 이사를 가게 되어 1,000만 원을 낮춰 급매물 나오게 된 것이지. 아빠는 이미 옥련동에 2채나 투자해두었기에 평소 시세를 잘 알고 있었단다. 그러니 1,000만 원이나 저렴한 급매가 맞다고 바로 판단할 수 있었고 빠르게 투자하기로 결정 내릴 수 있었지.

통상 집을 팔려는 사람이 급매물을 내놓을 때에는 여러 공인중개사에게 동시에 의뢰하기 때문에, 중개사들은 평소 안면이 있는 투자자들에게 가장 먼저 연락 준단다. 투자자 입장에서는 확실히 싸다고 느끼면 신속히 계약 진행하니 다른 중개사들보다 빠르게 매물 선점하여 중개수수료를 챙길 수 있기 때문이지.

그러니 서민이가 나중에 투자하고 싶은 지역이 생기면 우선 그 동네 공인중개사들을 여럿 만나보면서, 확실히 싸다면 바로 매수하겠다는 인상을 남기며 급매물 나오면 연락 달라고 해두면 좋단다.

2017년 3월에 급매물로 나온 백산2차 아파트를 추가 계약하여 옥련동에만도 투자처가 총 3채가 되었단다. 아파트를 계약할 때 최종적으로 협상하여 50만 원을 더 깎아 2억 450만 원에 매수했으며, 다른 투자처들과 마찬가지로 잔금일까지 전세 맞추는 조건을 걸어 1억 8,500만 원을 전세보증금으로 받아, 아빠의 실 투자금은 취득세 및 중개수수료 등 이것저것 다 포함해 2,392만 원이 들었지.

여기서 서민이에게 들려주고 싶은 이야기가 2개 있단다. 돈을 깎는 것과 전세보증금에 대한 아빠의 생각인데, 앞서도 한번 언급은 했지만 부동산을 살 때 제값 그대로 주고 사는 사람은 정말 바보라고 할 수 있단다. 집값은 기본적으로 억 단위를 넘어가기 때문에 몇 십만 원 정도는 집값에 비해 매우 작은 돈이어서 크게 신경 쓰지 않으며, 집 파는 사람들도 기본적으로 100만 원은 깎아 준다고 생각하고 매물 내놓는 사람들이 많기에 대부분은 돈을 깎아준단다.

말 한마디에 천 냥 빚 갚는다고 "사장님, 정말 집을 예쁘게 잘 관리하셨네요. 너무 마음에 들어요. 꼭 제가 사고 싶은데…. 사실 돈이 조금 부족하네요. 사장님께서 이토록 예쁘게 관리해온 집이라서 말씀드리기가 정말 죄송한데, 이사비 조로 100만 원만 깎아 주시면 안 될까요?" 이런 식으로 예쁘게 말하면 아주 특별한 경우가 아니고서는 대부분 깎아 주게 되어 있단다.

그리고 전세보증금은 아주 좋은 무이자 대출이라고 할 수 있지. 세입자에게 돈 빌리면서 이자 한 푼 안 내니 이보다 좋은 대출은 없을

연봉 3억 파이어족이 서민에게 들려주는 부자의 돈 이야기

것이야. 다만, 앞서 투자 2호에서 설명했듯이 정부 정책과 시장흐름에 따라서 일시적으로 역전세가 발생될 수도 있으니, 항상 전세보증금의 20% 정도는 비상금으로 확보해 역전세에 대비할 필요가 있고, 아빠처럼 여러 채를 전세 줄 경우에는 각 집마다 계약종료 시기를 겹치지 않도록 잘 분배해 두는 게 좋단다.

투자 4호인 옥련동 백산2차 아파트는 신혼부부에게 약 4년 동안 전세를 주었고 2021년 1월에 매도했단다. 백산2차 아파트를 포함한 여기 옥련동 아파트 모두가 2017년도에는 매매 시세가 가파르게 상승하다가, 당초 계획되었던 인천발 KTX 사업이 연기되고 또한 송도유원지 인근에 아파트 3개 단지가 대량 공급되는 등 악재가 겹쳐, 2018~2019년에는 시세가 약간 하락했는데, 2020년부터는 신규 아파트 공급도 없고 KTX 사업도 재개되어 다시 시세가 상승하기 시작했단다.

앞으로 3기 신도시가 입주하기 전까지는 공급물량이 계속 부족하니 다른 아파트들처럼 앞으로도 더 오를 것이라 예측은 했지만, 정부에서는 2021년 6월 1일을 기준으로 양도소득세를 대폭 중과한다기에 시세가 오를 것을 알면서도 양도소득세 중과 이전에 처분을 했단다.

옥련동의 아파트는 투자 1호였던 럭키아파트 외에는 모두 단지 면적이 적어 돈 되는 재건축은 힘들 것이고, 건축년도가 1990년대로 년식도 오래되어 보수 수리할 게 점점 많아졌지. 그래서 이번 집값 상승 시기가 아니면 앞으로는 집값이 오르더라도 매매 거래는 잘 이뤄지지 않는 스태그플레이션 같은 정체기가 올 것이라 예측해, 아예 2021년 6월 양도소득세 대폭 중과를 앞두고 분양권과 나름 신축 아파트들만 남겨두고 연식이 오래된 구축 아파트들은 모두 처분한 것이란다. 그래서 별로 남기는 것 없이 2억 1,950만 원에 매도했는데, 거기서 양도소득세를 내고나니 순수한 실수익은 535만 원이었단다.

**투자 4호 최종 수익률**

- 실 투자금: 2,392만 원
- 순 이익: 535만 원(보유기간 연평균 수익률 6%)

백산2차 아파트는 근 4년 보유했으니 이를 실투자금 대비 연평균 수익률로 환산해보면 6%뿐이지만, 이참에 앞으로 수리비 많이 들어갈 수 있는 구축 아파트는 모두 정리하고 장기 보유 할 수 있는 분양권 및 신축 아파트와 토지들로만 자산을 재구축한 것에 의의를 두었단다.

그리고 연간 수익률 6%면 그렇게 나쁜 것만은 아니란다. 은행에 넣어 봐야 금리가 1%도 안 되는 시대에 연간 평균 물가상승률(약 3%)보다 2배 이상 수익을 남겼으니 투자 안 한 것보다는 훨씬 좋은 결과임은 분명하지. 아무것도 하지 않으면 아무 일도 일어나지 않지만, 이렇게 부동산 투자라도 했으니 소소하나마 6% 수익이라도 발생된 것이란다.

아빠는 이런 경험들을 통해 자산은 장기 보유하는 게 진정한 투자라는 결론을 도출했고, 서민이는 아빠의 경험을 잘 참고하여 투자할 때 가능하면 단기간에 매도할 생각하지 말고 장기 투자로 계획을 세우길 바란다.

끝으로 이 투자 4호를 포함한 옥련동 전체에 대한 현재 시세를 한번 덧붙인다면, 24평 기준으로 2021년 10월 실거래가가 3억 원 초중반이니 아빠가 매도한 지 1년도 안되어 전부 1억 원 이상 더 올랐단다.

연봉 3억 파이어족이 서민에게 들려주는 부자의 돈 이야기

3기 신도시가 들어서기 이전까지는 계속 상승할 것이라고 예측은 했지만, 이렇게 2021년도 한 해 동안만도 1억 원 이상 급상승할 것 이라고는 전혀 예상치 못했지. 이렇게 가파르게 오를 줄 예상했다면 양도소득세를 중과 내더라도 더 가지고 있었을 텐데, 역시 아빠도 아직은 한참 더 공부하고 배울 게 많단다.

이러한 경험을 통해 진정한 투자는 자산을 쉬이 처분하지 않고 장기 보유하는 것이 진리라는 것을 아빠도 다시 한번 되새겨본단다. 옥련동 한 채당 양도차익 1억 원이면 최대 양도소득세율 75%를 적용하여 단순히 계산해 봐도 세후 수익이 2,500만 원인데, 총 3채이면 양도소득세 중과 된다 하더라도 약 7,000만 원 이상 더 남길 수 있었던 것을 너무 성급하게 처분한 것 같구나.

하지만 옥련동 아파트를 처분한 덕분에 앞으로 20년 동안은 집수리나 돈 안 되는 재건축 리모델링으로 고민할 필요가 없어졌고, 또한 매도하여 회수한 돈으로 지방 대도시 신축 아파트 2채, 수도권에 분양권 2채, 강화군에 약 530평 2개 필지 토지를 투자를 해두었으니 그것으로도 만족한단다.

# 투자 5호,
# 3억 700만 원 27평 아파트(GTX를 놓치다)

서민아, 아빠가 다섯 번째로 투자한 대상은 인천광역시 남동구 구월동에 있는 구월동 힐스테이트&캐슬 아파트란다. 이 아파트는 서민이가 갓난아기 때 살던 구월동 신세계아파트 바로 인근에 있는 아파트였단다. 이 책 87쪽에 있는 지도를 다시 보면 '꿈의 아파트'라고 쓰여 있는 바로 그 단지이지. 이 아파트는 우리 가족이 송도국제도시로 이사 들어오기 전까지는 쭉 아빠에게 로망과도 같은 집이었단다.

다섯 번째 투자는 기필코 서울 쪽으로 투자하겠다고 물색하던 중에 이런저런 이유로 바로 여기를 투자하게 되었지. 그때가 2017년 3월이었는데, 당시 사회 분위기가 박근혜 전 대통령 탄핵 후 대통령선거를 앞둔 시기였고, 분위기상 누가 봐도 문재인 당시 후보가 대통령이 될 것 같은 분위기였어. 그런데 문재인 후보의 부동산 공약은 보유세와 양도소득세를 늘린다는 것이었지. 부동산 규제를 강화하겠다는 뜻이지. 그러니 앞으로 규제로 인해 부동산 시세가 주춤거리는 조정기가 올 것이고, 서울은 지금은 비싸니 그 조정기가 올 때 투자하기로 마음을 바꿨단다.

지나고 보면 참으로 어리석은 생각이었단다. 비싼 것은 다 이유가 있기 때문인데 나중에 싸지면 사겠다는 것은 개념 없는 핑계일 뿐이지. 사람들이 가장 많이 선호하는 지역이 서울이니 그만큼 비싼 건데, 그런 서울의 부동산 가격이 떨어진다면 인천이나 다른 동네는 아무 탈 없을까? 수도권은 전체가 한 덩이로 움직이기에 서울의 가격이 떨어지면 다른 지역도 다 떨어지는 것이고, 그런 상황에서 과연 아빠 수중에 서울에 투자할 돈이 남아 있을까? 또 혹여 돈이 있다 하더라고 과연 그런 침체기 하락장에 과감히 서울 부동산에 베팅할 강단이 있었을까? 그리고 무엇보다 침체기가 와서 아파트 가격이 하락하면 과연 언제가 최고 바닥인지를 어떻게 알 수 있을까?

그건 아무도 모른단다. 그 시기가 지나봐야지만 '아, 그때가 바닥이었구나'라고 알게 되는 것이지. 이 최고 바닥시기에 과감히 투자하여 대박난 사람들은 본인이 엄청난 투자 천재인 것처럼 자평하고 각종 부동산 관련 책을 집필하며 강연도 하고 다니는데, 물론 본인이 연구하고 고심한 노력도 그 대박난 것에 영향을 주었겠지만 가장 크게 영향을 미친 것은 그저 운때가 잘 맞았던 것이란다.

정부의 정책, 내수환경, 글로벌 경제상황, 질병의 대유행, 쿠데타, 전쟁 등 등 일개 사람이 어찌어찌 조정할 수 없는 일들이 수시로 발생되기에 그 모든 것을 완벽히 꿰뚫고, 최저가격 시기를 미리 파악해 투자 시기를 결정한다는 것은 현실적으로 가능하지 않다고 생각한단다.

각설하고 다시 구월동 힐스테이트&캐슬 아파트 이야기로 돌아오면, 서울의 아파트 투자는 한 번 조정기를 거친 후 투자하기로 하고 현재 집 대출받아서 보유한 자금으로 투자 가능한 마지막 집을 바로 여기로 투자하기로 결정했지. 투자를 결정한 배경에는 아파트 단지 바로 옆에 인천시청과 가천 길병원 등이 있어 충분한 전세 수요가 있었고, 또한 인천 지하철 2호선의 석천4거리역이 딱 이 아파트 단지 입구에 있어서 교통여건도 아주 우수했기 때문이지.

이제 집 매매 경험이 어느 정도 축적되다 보니 공인중개사를 찾아가서 말 건네는 것도 자연스러웠고, 또한 중개사들의 심리도 어느 정도 파악되어 미리 전화로 상담 받은 중개사를 찾아가 단도직입적으로 제안했단다.

"이 물건 마음에 듭니다. 그런데 제가 돈이 조금 부족하네요. 서로 바쁜 사람들이니 시간 끌 것 없이 이사비 명목으로 300만 원만 깎아주시면 오늘 바로 계약금 입금하겠습니다."

당시 매물 중 27평형이었던 이 집이 16층으로 로열층에 속했고 가격도 비싸지 않게 시세 적정하게 맞춰 3억 1,000만 원에 나와 있었단다. 게다가 현재 길병원에 재직 중인 신혼부부가 세입자로 살고 있어서 잘하면 그들과 전세 계약 연장할 수도 있다고 생각했었지.


아빠가 늘 이야기 했듯이, 물건 파는 사람들은 대부분 깎아 달라 할 것을 감안해 그만큼을 비용에 더 붙여 부른단다. 이번 건도 저녁 즈음에 연락이 와서 아빠가 요구한대로 300만 원 깎은 3억 700만 원에 매수키로 협의했고, 중개사와도 잘 협의해 기존 세입자와 2억 8,000만 원에 전세 계약 갱신키로 확답 들었단다.

그래서 바로 가계약금 입금하고 며칠 지난 주말에 본 계약서를 작성하러 갔지. 그때 중개사는 난처한 표정을 지으며 현 세입자가 갑자기 말을 바꿔 집 사서 이사 나간다 했다며 어떻게 하냐고 아빠에게 물었지. "뭘 어떻게 해요? 이건 매도자분은 관련 없지만 공인중개사님께서 저와 협의하신 계약조건을 이행 못 하게 된 것이니, 책임지고 잔금일까지 다른 세입자를 2억 8,000만 원에 맞춰 주시든가, 책임 못 지겠으면 중개사님의 귀책사유이므로 계약을 파기해야지요."

연봉 3억 파이어족이 서민에게 들려주는 부자의 돈 이야기

이렇게 되물었더니 중개사분은 잠시 고심 끝에 어떻게든 책임지고 세입자를 맞추겠다고 다시 답변했단다. 이에 대한 중간과정은 생략하고 결과만 말해 보자면, 결국 2억 8,000만 원에는 세입자 못 맞춰서 200만 원 깎아 준 2억 7800만 원에 새로운 세입자 맞추었고 그 대신 공인중개사는 전세에 대한 중개수수료는 받지 않는 것으로 정리했단다.

이때, 계약서 작성 및 잔금 처리하는 중에 아빠는 또 다른 신세계를 경험했는데, 매도자가 아빠 앞에 한 번도 모습을 나타내지 않았었단다. 세상에, 수억 원이 오가는 데 직접 나타나지 않다니… 알아보니 그 매도자도 투자목적으로 매입하여 딱 2년간 전세 한 바퀴 굴리고 바로 매도한 케이스인데, 2년 전에 집 살 때에도 직접 오지 않고 공인중개사에게 위임장 보내 매수했다 하고, 이번에 집 팔 때에도 직접 오지 않고 위임장으로 공인중개사가 대신 처리하더라.

그 사람은 아빠 같은 피라미와는 비교할 수 없는 한참 높은 경지의 초고수였던 것이지. 그때에는 이 좋은 물건을 왜 파나 싶었는데, 지금 아빠의 수준에서 돌이켜 생각해보면 아마 당시 매도자도 '다음 사람에게도 먹을 것을 남겨주어야 한다' 뭐 이런 생각이지 않았을까 싶다.

구월동 힐스테이트&캐슬 아파트는 당시 정부의 강력한 규제정책으로 1년 반 후에 역전세를 맞게 되었는데, 당시까지는 아빠가 여유자금이 많지 않아서 그냥 당시 세입자에게 시세보다 조금 저렴한 조건으로 매도하고 정리했단다.

그때까지만 해도 아빠가 아직 현금흐름이 지금처럼 좋지는 않았었고 투자 방향에 대한 아빠만의 기준도 아직 확립되지 않은 상태여서, 많은 전업투자자들이 하는 것처럼, 부동산을 자주 사고팔고 하면서 소소하게라도 계속 현금흐름을 창출해야만 하는 것으로 알고 있었지. 그런데 이것은 고정적인 근로소득이 없는 전업투자자들이나 생활비로 써야하니 그리했던 것이지 아빠와 같이 근로소득이 충분한 사람은 이렇게 자주 사고팔 필요가 없던 것이었다.

그래서 그 집은 3억 700만 원에 매수해서 1년 반 후 3억 2,800만 원에 되팔았단다. 집값이 1년 반 동안에 2,100만 원 더 오른 것인데, 희한하게도 전세가는 상황에 따라 시세가 출렁거리며 2,000만 원 정도 하락했지만 매매가는 조금씩 계속 오르고 있었단다. 이 경험을 통해 집 매매가는 강력한 하방 경직성을 가지고, 오를 때에는 쭉 올라가지만 떨어질 때에는 주춤거리며 잘 안 떨어진다는 말을 이해할 수 있었단다.

매도차익 2,100만 원에서 취득세, 대출이자, 양도소득세, 중개수수료, 장충금 등을 모두 공제하니 1,128만 원의 순이익이 생겼는데, 당시 아빠가 다니던 현대건설 과장급 직원의 2개월치 월급 정도의 수익이었단다.

역시, 이 자본주의 사회의 경제시스템 속에서는 돈은 돈으로 버는 것이란다. 회사에서 일하고 받는 근로 소득은 투자할 종잣돈 모으는 것이 주목적이지, 그 근로 소득을 모아서 부자가 되는 게 아니란다. 그렇기에 서민아, 이 책의 제목과 같이 항상 벌고 모은 후 투자해야 한단다.

**투자 5호 최종 수익률**

- 실 투자금: 3,475만 원
- 순 이익: 1,128만 원(보유기간 연평균 수익률 22%)

이 구월동 힐스테이트&캐슬 아파트는 2019년 초에 팔았는데 약 반년 후 GTX-B노선 예비타당성 조사결과 통과가 발표되어 GTX 정류장으로 확정되면서 확연한 상승세를 보이더니만, 2021년도 가을에는 최대 5억 4,000만 원에도 실거래가 되었단다. 젠장. GTX 호재를 놓치다니.

하지만 괜찮다. 아빠는 이것을 팔아서 회수한 실투자금과 이익금으로 앞서 말했듯이 계약금 5,800만 원에 신축 아파트 분양권을 사두었단다. 그 신축 아파트도 GTX 역사 수혜지역이라 지금은 시세가 분양가의 약 3배 정도가 되었단다.

# 5절 전문가가 되어 근로소득 극대화

# 소득을 높이려면
# 회사를 떠나야 한다

서민아, 너희가 어떤 특별한 전문자격증이나 전문기술이 없을 때에는 어쩔 수 없이 회사에 취직 후 월급을 받아 투자금을 모아야 한다. 그렇지만 평생 회사원으로 있을 생각은 안 하기를 바란다. 왜냐하면 회사에서 월급 주는 것은 한계가 있기 때문이지. 서민이가 아무리 일을 잘하고 일을 많이 해도 회사에서 월급을 갑자기 2~3배 주지는 않을 것이야.

하지만 회사를 나와서 사업을 하게 되면 본인의 노력 정도에 따라 더 큰 소득을 벌 수 있지. 다만 누구나 아무 때고 회사를 나온다고 무조건 다 잘 되는 것은 결코 아니란다. 그렇기에 회사생활하면서 아무 생각 없이 시키는 일만 하고 있으면 안 되고, 그 분야에서의 최고위 전문자격증을 취득하거나 아니면 특화된 전문기술을 최대한 빨리 습득해야 한단다.

그래서 그렇게 열심히 회사일 하다 보면 어느 순간 '내가 지금 하고 있는 일을 따로 돈 받고 한다면 지금 받는 월급보다도 훨씬 더 많이 벌겠다!'라고 느껴지며 현타(현실자각타임)가 오는 순간이 있을 것이야. 그때가 바로 회사를 나와서 사업을 시작할 때란다.

아빠가 말은 이렇게 하고 있지만 아빠도 사실 완벽한 계획을 가지고

연봉 3억 파이어족이 서민에게 들려주는 부자의 돈 이야기

회사를 그만둔 것은 아니었단다. 그저 지나고 나이 먹어 보니 이렇게 흘러오는 게 좋은 방향이라고 생각되어 서민이에게 미리 귀띔해주는 것이란다. 그래서 서민이가 참고할 수 있도록 아빠가 회사를 그만둬 본 사례를 이어서 들려줄 테니 나중에 너희들도 회사를 그만둘까? 말까? 고민될 때 참고하면 좋겠구나.

아, 그렇다고 아빠가 서민이에게 무조건 회사 때려치우라고 강요하는 것은 결코 아니란다. 만약 회사가 마음에 들고 만족할 만한 충분한 소득과 정년이 보장된다면 꾸준히 회사생활 하는 것도 나쁘지는 않지만, 아무래도 시간의 자유 측면에서 회사원은 분명히 한계가 있기에 가급적 추천하지 않는다는 뜻이란다.

참고로 아빠는 현재 매일 새벽 3시 반에 일어나 4~5시경 집 뒤에 공원으로 새벽운동을 가는데, 우리 아파트와 집 뒤 공원을 연결하는 구름다리를 건널 때마다 맞은편에 환하게 불 켜져 있는, 우리들이 더위사냥 빌딩이라 부르는 송도포스코타워의 불빛을 바라보며 항상 외치는 주문에는 서민이가 회사원으로 시간의 여유를 누리지 못하고 살지 않기를 바라는 구절이 포함되어 있단다.

〈현재 매일 새벽운동 중에 외치는 아빠의 기도문〉
- 나는 성공한다. 나는 부자가 된다. 나는 건강하다.
- 우리 가족 모두 행복하고 부유하고 건강하게 100세 넘어서까지 산다.
- 우리 아이들은 훌륭하게 장성해서, 서준이는 연세대 ROTC, 민준이는 육군사관학교 들어가 군 장교로 나오고 20대에 대위로 전역해, 대기업에 입사해서 예쁘고 착한 여자를 만나 결혼하고 마흔 이전에 전문자격을 취득하여 독립해 성공적이고 행복한 삶

을 산다.

- 나는 올해 연소득 3억, 순자산 ○○억을 달성한다.
- 나는 2023년까지 비근로 소득 월 1,000만 원, 순자산 ○○억을 달성한다.
- 나는 2030년까지 비근로 소득 월 2,000만 원, 순자산 ○○○억을 달성하고 취미삼아 일하며 행복한 노후를 보낸다.

너무 길다고 생각 할 수 있지만, 실제로 매일 새벽마다 아빠는 공원을 산책하면서 위 기도문을 여러 번 외친단다. 아빠가 늘 말했지? 사람은 본인이 말하는 대로 이뤄진다고.

연봉 3억 파이어족이 서민에게 들려주는 부자의 돈 이야기

# 회사 퇴직, 어쩌다 보니 38살에 파이어족

서민아, 아빠는 2017년 8월에 38살의 나이로 안정적인 월급을 주는 대기업을 자진 퇴사했단다. 회사를 그만둔 이유는 여러 가지 원인들이 복합적으로 있는데, 가장 큰 이유는 어차피 정년이 보장되지 않을 것이라는 생각에 한 살이라도 어릴 때 미리 나와서 새로운 도전을 준비해보고 싶었던 것이고, 부수적인 이유로는 당시 마지막에 같이 근무했던 현장 직원과의 인간적 마찰 등이 그 이유였단다.

앞서 설명했듯이 2016년 연말에 한직으로 좌천을 당하게 되면서 자존심이 상해 회사를 때려치우고 싶은 마음이 정말 굴뚝같이 들었고, 회사 때려치울 준비를 하기 위해 책을 읽기 시작한 게 부동산 투자로 이어져 아빠의 생각과 가치관을 변하게 만들었던 것이지. 그래서 2017년 1월에 우리가 살고 있는 아파트를 담보로 대출받아 총 5채의 아파트를 갭 투자하게 된 것이란다.

2017년에 아빠는 회사를 그만둘 준비를 조금씩 진행했단다. 한직으로 좌천되기 전 회사에 충성하며 일했을 때에는 전혀 몰랐었는데 회사를 그만두려고 알아보니 아빠가 가지고 있는 4개의 기술사 자격과 공학박사 학위, 그리고 20여 년의 건설 실무경력이면 더 이상 회사에 얽매이지 않고 아빠 스스로가 사장이 되어, 1인 기업으로서 아빠가 원하는 시간에 원하는 일들만 골라서 하면서 여유로운 삶을 살 수 있다는 것을 깨닫게 되었지.

그래서 깊은 생각 끝에 과감히 잘 다니던 대기업을 그만두게 되었단다. 물론 그 이후에도 한 반년 정도는 건설안전 전문기관에 소속되어 컨설턴트 등으로 더 직장생활 했었지만, 그것은 완전한 파이어족이자 프리랜서로 나아가기 위한 중간 발판으로서 최소한의 가족 생활비를 충당하기 위해 세미 프리랜서 개념으로 일했던 것이고, 그 반년 정도 이후에는 그 누구에게도 지시받지 않는 완전한 프리랜서로 독립하게 되었단다.

서민아, 요즘은 파이어(FIRE, Financial Independence Retire Early)족이라는 신조어가 유행인데 바로 아빠처럼 일찍 회사를 은퇴해서 자유의 몸으로 본인이 하고 싶은 일들만 하면서 살아가는 사람들을 말하는 것이란다.

아빠가 은퇴했던 2017년에는 이런 단어가 아직 우리나라에서는 낯설었기에 아빠는 회사로부터 자유로운 사람이라는 뜻으로 '프리랜서'라고 표현하고 다녔는데, 지금 돌이켜 생각해보면 아빠가 바로 이 '파이어족'이지 않았나 싶구나.

다만 차이가 있다면, 대부분의 파이어족들은 어떤 전문 자격이나 학위 등이 없기에 은퇴 후 생계유지를 위해 주식투자와 아르바이트 등을 하면서 현금흐름을 창출해 그 돈 아껴가며 살아가는 반면, 아빠는 건설 분야에 대한 전문 기술사 자격 및 공학박사 학위가 있어 이 분야에 대한 강의, 자문, 심의 등의 기술적인 업무들을 프리랜서로 수행하면서 상대적으로 꽤 많은 현금흐름을 창출해 경제적으로 여유 있게 살 수 있다는 것이지. 물론 근로 소득말고도 부동산과 주식 등에 투자도 지속하여 비근로 소득도 계속 창출해내고 말이야.

조기 은퇴한 파이어족이라고 해서 정말 아무 일도 안 하면서 가만히 놀고먹기만 하는 경우는, 아빠가 아는 범위 내에서는 보거나 들어본 적 없단다. 파이어족들이 가장 많이 하는 일들이 주식에 투자하는 것인데, 이들은 당장 생활비를 벌어야 하기에 장기투자는 어렵고 단타거래를 주로 하지. 주식을 단기 거래하여 수익을 남기려면 주식 거래가 가능한 낮 시간대에는 꼼짝없이 모니터 앞에 앉아 내내 주식 화면만 쳐다보며 사고팔고를 해야만 한단다.

꼭 주식투자자 아니더라도 어떤 파이어족은 세계여행을 다니며 여행기를 블로그에 올리고 책 집필하여 현금흐름을 만들기도 하고, 또 어떤 파이어족은 귀촌하여 농사지으며 유튜브를 운영하는 등 소소하나마 현금흐름을 만들기도 한단다. 이런 관점에서 본다면 아빠는 단기적으로는 건설 전문기술을 활용해 강의, 심의, 자문 등의 활동으로 여유 있는 현금흐름을 만들고, 장기적으로는 부동산 투자를 통해 자산가치도 증가시키고 있는 것이지.

서민아, 아빠가 이렇게 30대 후반이라는 젊은 나이부터 회사를 때려치우고 파이어족이자 프리랜서로 살아보니까 너무 좋더라. 회사에서는 꼴 보기 싫은 사람도 매일 마주쳐야 하고, 하기 싫은 일들도 억지로 해야 하는데, 파이어족이자 프리랜서인 지금의 아빠는 보고 싶은 사람들만 골라서 만나고, 하고 싶은 일들만 골라서 하는데 돈은 이전 회사 다닐 적보다 3배 이상 더 벌고 있단다.

그러기에 아빠의 새벽운동 기도문에 쓰여 있듯이, 서민이도 회사에 얽매이지 않고 어느 정도 경험과 전문기술을 쌓으면 이처럼 자유로이 원하는 일만 하며 많은 돈을 벌기를 바라는 것이란다.

 여기서 중요한 것은, 어떤 한 분야에 대해 전문적인 자격증이나 학위, 아니면 최소한 공인받을 수 있는 기술력 등을 보유하고 있어야만 이렇게 더 돈 많이 벌면서 하고 싶은 것만 골라서 할 수 있는 파이어족으로 살 수 있다는 것이란다.

# 2019년 연봉 2억 프리랜서

서민아, 2017년 9월 1일부로 아빠는 스스로의 선택으로 멀쩡한 회사를 퇴직하고 자유로운 프리랜서가 되었단다. 요즘 유행하는 용어로 표현하자면 파이어족이 되었다고도 할 수 있지. 장기적으로는 아빠의 사업을 해 보고 싶은 목표가 있었지만 우선 당장 자리 잡을 때까지는 고정적인 소득이 있어야 생활이 될 것이기에, 건설안전 전문기관에 세미 프리랜서 개념으로 월 15일 정도만 컨설팅에 참여하며 450만 원 정도의 월급을 받았단다.

나머지 15일은 아빠 사업을 준비하고자 학회나 협회 등 관련 업계 전문가들과 인맥을 쌓으며 견문을 넓히고 다녔었지. 그러다 우연한 기회에 우리나라 최대 규모의 건설기술인 전문교육기관에서 교수직으로 제안을 받았고, 교수 직함에 흔들려 잠시 여기에 소속된 전임교원으로 일하기도 했단다.

막상 전임직으로 어찌 보면 직장생활을 다시 해 보니, 아무리 허울 좋은 교수직이라 하더라도 매일 정해진 시간에 출근하여 상급자의 지시를 받아야 했기에, 그런 삶에 다시 갑갑함을 느낀 나머지 여유 있는 내 시간을 갖고자 반년 만에 또 퇴직하여 결국 완전한 프리랜서로서 독립하게 되었단다.

여기에 대한 자세한 이야기는 아빠가 두 번째로 저술한 책『새벽 4시, 연봉 2억 프리랜서가 되는 시간』을 보면 설명되어 있단다. 이렇게 아빠는 그 어느 회사에도 소속되지 않은 정말로 완벽한 프리랜서이자 파이어족이 되었단다.

우리 가족 먹고사는 것이야 그동안 모아둔 돈도 조금 있고, 2017년 초순부터 시작한 아파트 갭 투자를 통해 발생된 양도소득도 있어 밥은 굶지 않을 것이라 생각했지만, 그렇게 정말로 아무 일도 안 하고 놀고먹기에는 아빠가 보유한 4개의 전문 기술사 자격증과 공학박사 학위, 그리고 굴지에 대기업 등에서 쌓아 온 20여 년의 건설 실무경력이 너무도 아까웠단다.

그래서 원하는 시간에만 편하고 재미있게 즐기면서 돈 벌 수 있는 건설기술인 강의와 기술자문, 설계심의 등의 프리랜서 활동을 알아보게 되었고, 나름 아빠의 스펙 조건이 이 건설업계에서는 최고 수준인지라, 자연스레 많은 프리랜서 활동들을 요청받았단다.

아빠는 이런 프리랜서 활동들이 재미도 있는데 돈까지도 벌 수 있으니 마다할 이유가 없어 시간이 허락되는 한 많은 활동에 참여했고, 여러 프리랜서 활동 중 특히 대중 앞에서 강의하는 게 정말 재미있고 즐거웠단다.

대학교 건설관련 학과나 건설교육기관에서 강의하는 분들 중에 많은 이들이 실제 건설현장에서의 경험은 거의 없고 사무실에서 설계만 했거나, 고위직 공무원으로 행정업무만 보다가 은퇴한 분들이 꽤 많은데, 그래서인지 아빠는 건설현장 밑바닥부터 박박 기며 굴러다니던 실무자 출신 입장에서 쉽게 설명하니, 교육생 분들이 집중하며 잘 들어주어 더욱 즐겁게 강의를 하고 다녔던 것 같구나.

연봉 3억 파이어족이 서민에게 들려주는 부자의 돈 이야기

아빠와 같은 기술사나 박사 등급이면 시간당 최소 10만 원 이상이 이 프리랜서 업계에 통용되는 일반적인 기준이란다. 이렇게 즐겁게 강의를 하다 보니 어느새 강의료도 차곡차곡 들어와, 처음 프리랜서 활동을 시작한 2018년 한 해에만도 세전 약 1억 5,000만 원을 벌었단다.

연초 교육기관 전임교원이었던 기간을 제외하고 실질적으로 프리랜서 활동을 시작한 것은 5월부터였으니, 계산해 보면 1년 12달을 이렇게 온전히 프리랜서 활동을 한다면 연소득이 2억 원은 넘지 않을까 생각하게 되었고, 2019년에는 정말로 연소득이 근 2억 원을 벌게 되었단다. 그리고 이 소득 구조는 나날이 우상향되어 2020년부터는 총 소득 3억을 넘겼는데, 여기서 아빠가 서민이에게 들려주고 싶은 내용을 간추려 정리해 보자면 아래와 같이 두 가지로 요약된단다.

첫 번째로, 돈을 벌어들이는 금액은 매년 꾸준히 상승하는 게 아니다. 한동안 정체되어 있다가 어느 순간 경험과 노하우가 축적되면 갑자기 확 급등하는 계단식 선형을 나타낸단다. 그 정체되어 있는 동안이 돈을 벌기 위한 기술과 경험, 노하우들을 축적하는 시간인 것이지.

이 축적의 시간을 인내하지 못하면 소득이 급등할 수 있는 기회가 와도 이를 놓치게 된다. 아빠의 경험은 전문직으로서 기술력을 활용한 소득증가 사례이지만, 특별한 전문기술 없이 부동산 투자로만 돈을 벌었다는 다른 부자들의 이야기를 들어보면 그들도 이와 다를 바가 없단다.

어떤 사람이 10년 동안에 50억 원의 자산을 일궜다고 예를 들자면 매년 5억 원씩 자산이 늘어난 게 아니라, 한 8년 동안은 크게 자산 증가 없이 꾸준히 벌고 모은 돈으로 투자를 계속하다 보면, 나머지 2년 동안에 어떠한 계기로 급작스레 시세가 급등하며 자산가치가 확 올라

50억 원을 달성하게 되는 형식이란다. 아빠 역시 이를 경험했는데, 여기저기 투자해놓은 자산들이 2019년부터 근 2년 동안에 갑자기 급등하여 자산가치가 3배 가까이 폭등했단다.

두 번째로, 안정적인 현금흐름을 창출하기 위해서는 전문기술을 지녀야 한단다. 아빠가 아는 범위 내에서 전업투자를 하는 사람들 중에서 어떤 한 분야의 전문직은 보지를 못했단다. 예를 들자면 의사, 변호사, 기술사, 회계사, 변리사 등이 대표적인 전문직에 해당되겠지.

이런 전문직은 시간이 돈인 사람들이기에, 패찰 확률이 높은 경매에 참여하러 다니거나 수익이 보장되지 않은 부동산 임장하러 다니는 등의 활동으로 시간을 허비하는 것보다, 그 시간에 전문성을 활용해 보장된 소득을 버는 게 훨씬 유리하단다.

그렇다고 전문직은 투자할 필요가 없다는 것은 아니란다. 전문직이 아닌 전업투자자들은 생계유지를 위해 현금흐름 창출이 필요하니 다소 피곤하고 고되더라도 짧은 기간에 많은 수익이 나는 투자처를 고르고 골라 단타 위주로 투자해야 하는 것이고, 전문직은 현금흐름 창출이 유리하니 이렇게 피곤하게 투자처를 찾을 필요 없이 다소 수익이 적더라도 안전하고 편안한 우량 투자처를 장기로 투자하면 된다는 뜻이란다.

그렇기에 전문직의 투자방법은 비전문직 전업투자자에 비해 수익률은 다소 낮을 수는 있으나, 투자를 하는 데 있어 위험성은 훨씬 줄어서 좀 더 여유 있게 투자할 수 있는 것이란다.

아빠는 이렇게 2018년부터 전문직 기술사로서 확연히 늘어난 근로소득을 허투루 쓰지 않고 매년 1억 원 이상을 아파트와 토지, 주식,

미술품 등에 계속 추가 투자했단다. 그 결과 일하지 않아도 굶어죽지는 않을 정도를 넘어서서 현재는 순자산만으로도 나중에 아빠가 세상을 뜨거든 50%의 과도한 상속세율을 걱정해야 하는 수준에 이르게 되었단다.

하지만 아빠 나이가 이제 43살로 아직은 한창 일할 때이니 아무것도 안 하고 놀고먹기보다는 최소한 남들이 회사에서 명퇴당하는 50대 초반까지는 지금과 같이 전문직 기술사 프리랜서로서 많은 근로소득을 창출하면서 계속 재산을 증식해 나갈 생각이란다.

그런데 이렇게 앞뒤 가리지 않고 벌고 모으고 투자하는 것을 지속하면 결국 아빠 죽을 때에는 상속세를 많이 내어 정부에게만 좋은 상황이 될 터이니, 서민이가 조금 더 커서 법적으로 성인이 되면 그때는 조금씩 미리 증여를 해주는 방안도 생각해보고 있단다. 단, 너희들이 하는 것 봐서….

# 부동산 전업투자자들의 세계

아빠가 우리나라의 모든 전업투자자를 다 아는 것은 아니지만, 최소한 아빠가 만나본 부동산 전업투자자는 공통점이 있었단다. 이들은 어떠한 계기로 부동산 투자를 통해 몇 십억 원 정도의 큰 자산을 이루게 되었는데, 처음에는 그 자산을 믿고 회사를 그만두었다가 막상 회사를 나와 보니 이런저런 변수로 그 이후의 투자 수익이 기대만큼 안정적으로 진행되지 않는 것이지.

예를 들어 수익형 투자자라면 가지고 있는 빌라가 연식이 오래되어 팔리지도 않는데 월세수익은 점점 낮아지고 시설은 계속 고장 나서 관리하는 데 더 많은 시간을 들여야 하는 사례도 있겠고, 시세차익형 투자자라면 부동산의 자산 가치는 많이 올랐지만 지금 팔자니 규제정책으로 세금이 너무 과도하여 남는 게 별로 없어 못 팔고 있는 경우 등이 있을 것이란다.

이때 회사 월급과 같이 안정적인 현금흐름이 있다면 생활에는 별 무리가 없을 텐데, 이미 전업투자 한답시고 직장을 때려치우고 나온 이후라 고정소득이 없어서 생활이 어렵게 되는 것이란다. 그나마 블루칼라 전문직은 본인의 전문성을 활용해 프리랜서나 전문직 사업으로 근로소득 올리는 게 가능한데, 이런 전문기술 없는 화이트칼라 사람들은 상당히 곤혹스러울 것이란다. 그렇기에 많은 전업투자자들은 고정 생활비를 벌기 위해 결국 부동산 투자 강사 등으로 활동을 많이 하는 것이지.

사무직이었던 사람들은 직장 경력이 어디 가서 전문성을 인정받기는 어려운 평범한 업무들이었으니 전문성을 내세울 수는 없고, 그나마 부동산 투자에 대해서는 실전 경험과 지식은 많기에 이것을 활용해 강의료로 현금흐름을 창출하는 것인데, 그러다 보니 강사로서 인기를 얻기 위해서는 본인의 자산수준과 경험을 많이 부풀리기도 한단다. 대표적인 게 자산현황을 소개할 때 부채를 제외한 순자산을 기준하지 않고, 부채까지 모두 포함한 총 자산으로 뻥튀기해서 말하는 것이지.

정말로 부자가 되어 회사까지 그만둘 정도로 경제적 자유를 달성했다면, 자유롭게 놀고먹으면서 시간을 보내야지 왜 다리 아프고 입 아프게 강사활동을 하고 다닐까? 돈이 필요하니까 그러는 것이란다. 그리고 그 돈을 벌기 위해서는 본인 상황으로서는 강의 소득이 가장 무난하니까.

그들이 말하기로는 본인은 이미 큰 부를 일구어서 경제적 자유를 달성했지만 많은 사람들에게 나누고 베풀고 싶어 강의를 하는 것이라 하지만, 실상은 직장 대신 먹고 살 생활비를 마련하기 위해 강의를 선택하는 것이지. 그것도 주말과 평일 야간에 쉬지도 못하면서 말이야.

어떤 전업투자자들은 그래도 진실되고 도움 되는 내용을 알려주기도 하지만, 어떤 전업투자자들은 본인의 투자사례를 과장하여 늘어놓으며 본인이 투자해놓은 지역을 매수하라고 추천해 그 동네 가격을 부풀려놓고 본인은 매도하고 빠지는 행위를 하거나, 순진한 수강생의 명의를 빌려서 편법으로 취득세와 양도소득세를 탈세하는 행위를 하기도 한단다.

그리고 많은 전업투자자 강사들은 투자 공부를 위해서는 꼭 강의를 들어야 한다는 식으로 안내하는데, 아빠의 경험상 어지간한 내용들은 모두 시중에 나와 있는 책에 이미 다 쓰여 있단다. 아빠도 5명의 부동산 전업투자자 강사에게 돈 내고 강의를 들어본 적이 있는데, 5명 모두 이미 읽었던 여러 책들의 내용을 크게 벗어나는 내용은 없었단다.

아빠가 전문적으로 대학교 등 교육기관에서 강의를 많이 하는 교수이다 보니, 이 부동산 투자 강사 업계의 허술함과 문제점들이 많이 보이는데 대표적인 게 아래와 같단다.

우선 수십 명의 다수 인원을 앉혀놓고 동시에 강의하려다 보니, 부득이 청중 각각에 대한 난이도 조절이 불가능하단다. 그러니 똑같은 수준으로 놓고 설명을 해야 하는데, 강사 입장에서는 가급적 낮은 수준의 수강생을 기준으로 설명할 수밖에 없는 것이지. 그러므로 수많은 독서와 실전경험을 통해 이미 어느 정도 수준에 올라있는 사람에게 어지간한 기본 강의는 죄다 쓸데없는 돈 낭비, 시간 낭비만 될 뿐이란다.

또 다른 부동산 투자 강사 업계 특징은 수강생 구성이 상대적으로 남성보다는 여성이 대다수이다 보니, 전문지식 전달보다는 여성의 감수성을 자극하거나 동정을 유발하는 내용을 강의 중에 많이 포함한단다. 그리고 강의 마친 후에는 매번 새벽 늦게까지 수강생들과 술자리를 가지며 지식 전달보다는 인간적인 친분 관계를 형성해, 강의 내용이 별로여도 싫은 소리를 하지 못하게끔 감성을 건드리는 방법을 주로 사용하지.

이번 장에서 아빠가 서민이에게 들려주고 싶은 요점은 뭐냐 하면,

책이야말로 최고의 스승이라는 것이란다. 직접 사람에게 설명 들으면 이해가 좀 더 빠를 수는 있지만 비용이 많이 발생될 것이고 이를 가성비 따져보면 결국 큰 도움이 되는 것은 아니란다.

　또한 결국 그 지식을 소화하여 내 것으로 만들기 위해서는 본인이 직접 책을 보고 반복 학습해야만 하기에, 강사에게 돈 주고 배우는 것보다는 관련 책들을 읽고 직접 경험해보기를 아빠는 더욱 추천한단다.

# 6절   현재의 투자, 빼고 모아서 투자한다

# 경매 공매 시작

아빠가 전문성을 인정받으며 기술사 프리랜서로서의 소득이 회사 다닐 적보다 3배 이상 확 뛰어오르다 보니 금방 수천만 원 종잣돈을 모을 수 있었단다. 현재 우리 집 평균 한 달 생활비가 여유 있게 쓰면 400만 원 정도인데, 여기에 대출 원리금까지 모두 합하면 약 600만 원 정도란다. 그러니 1년에 지출되는 필수 생활비는 약 7,000만 원이 되고, 단순히 계산을 해보면 2018~2019년에는 매년 약 2억 원을 벌어들였으니, 생활비를 제외하고도 1년에 약 1억 3,000만 원 정도는 신규 투자할 여력이 된다는 것이지.

이 돈을 1년 동안 모아서 한방에 크게 투자하는 것도 방법이겠지만, 아빠는 성격이 급한 편이어서 돈이 일하지 않고 은행통장에서 쥐꼬리만 한 이자 받으며 놀고 있는 것을 가만히 보고 있지 못했단다. 그래서 약 3~4개월 정도 벌어서 종잣돈이 3,000만 원 정도 모이면 적절한 대상을 찾아 투자를 해왔지.

이 앞에서 이야기 했던 투자 사례들은 아빠가 번 돈이 아닌, 집을 담보로 은행에서 빌린 대출금으로 투자했던 경험이라면, 이제부터 쓸 내용들은 아빠가 전문직 기술사 프리랜서로서 급격히 증가되어 벌어들인 근로소득을 모아서 투자한 경험들이란다. 그 투자 대상으로는 토지도 있고, 분양권도 있고, 주식도 있고, 미술품도 있는데, 이제부

연봉 3억 파이어족이 서민에게 들려주는 부자의 돈 이야기

터 하나하나 아빠의 경험을 정리해 들려주려 한다.

기존에 해왔던 아파트 갭 투자 말고 아빠가 가장 먼저 시도해 본 다른 투자 종목은 토지 지분투자였단다. 우선 왜 아파트 갭 투자를 계속하지 않고 토지 지분투자로 넘어갔는지를 설명하자면, 당시 2018~2019년에는 정부의 강력한 규제정책으로 부동산 시장이 잠시 주춤거렸던 시기였단다. 특히나 아빠가 많이 투자해놓은 인천광역시 연수구 인근에는 당시 송도유원지 주변과 송도국제도시 6~8공구 등에 신규입주 물량이 넘쳐나며 역전세까지 맞았던 때였지.

그래도 집값은 크게 안 떨어지고 잘 버티어 주었는데, 뚝뚝 떨어지는 전세 시세로 인해 매매가와 전세가의 갭이 커지면서 투자금이 많이 들게 되니 당시 갭 투자는 당분간은 하기 힘들다고 생각했단다. 그렇다고 번 돈이 은행통장에 차곡차곡 모이는데 현금으로 가만히 쥐고만 있자니 그 돈의 가치가 떨어질 것이 아까웠고, 그래서 다른 대체 투자처를 물색하던 중에 토지 투자에 관심을 갖게 되었단다.

토지 투자는 아파트 투자에 비해 장점보다는 단점이 더 많단다. 쉽게 팔리지도 않고, 정확한 시세를 확인하기도 어렵고, 비어 있는 맨 땅을 전월세 주기도 어려운 노릇이니 투자금도 더 많이 들어가지.

그래도 장점을 꼽아 보라면 아파트는 시간이 흐름에 따라 노후화되어 가치가 떨어지고 또한 주변에 다른 아파트가 입주하면 공급증가로 인해 또 가치가 떨어지는 데 반해, 땅은 노후화되는 것 없이 영원불멸하고 더 이상 땅을 늘릴 수는 없기에 공급이 증가되는 문제도 없다는 것이지. 그래서 땅 투자로 관심을 가지고 그와 관련된 책을 또 수십 권 빌려다 읽어봤단다.

아, 참고로 서민이가 매번 봐서 알고 있겠지만 아빠는 책을 사서 보지 않는단다. 도서관에서 빌려다 읽지. 어떤 사람은 책을 볼 때 밑줄 그어가며 꼼꼼히 읽고 반복 숙지해야 한다며 꼭 사서 읽으라고도 하는데, 아빠의 경우는 중요한 내용은 사진 찍어 두거나 타이핑 쳐서 기록 남겨두면 되지 꼭 책을 사서 밑줄 그어가며 읽을 필요는 없다고 생각한단다.

책 한 권이면 요즘 1~2만 원 하는데, 푼돈이라 생각할 수 있지만 아빠처럼 매주 2~3권씩 읽는다면 1년에 200~300만 원이 지출되어 그것도 은근히 부담된단다. 그래서 아빠는 도서관에서 빌려 읽고 대신 책 한 권 읽을 때마다 1만 원씩 저축했다고 생각하고 그 돈으로 땅을 사거나 주식을 사서 모으는 것이지.

다시 본론으로 돌아가서, 이렇게 수십 권의 토지투자 책을 읽어보니 큰돈 들이지 않고 투자할 수 있는 방법이 있었단다. 그게 바로 소액 지분투자 방법이었지. 경매나 공매로 토지에 대한 일부 지분을 취득하여 도로 되파는 방법인 것이지.

대부분이 토지 소유주가 사망하면 자연스레 가족에게 상속되어 형제자매 등이 지분을 가지고 공동소유하게 된 것인데, 이들 중 누군가 빚을 지고 갚지 못하게 되면 채권자들이 그 지분이라도 경공매로 팔아 치워 일부라도 돈을 돌려받으려는 것이란다.

경매는 법원에서 주관하는 것인데 일반적으로 민간 은행 및 개인 채권관계에서 발생되는 것들을 처리하는 것이고, 공매는 공공기관인 한국자산관리공사에서 운영하는 것인데 세금 밀렸을 때 세금 대신 자산을 빼앗아 경매처럼 팔아넘겨 돈을 가져가는 것이란다.

이런 거 보면, 결국 일수 뜯어가는 빚쟁이들이나 세금 뜯어가는 정부기관이나 별반 다를 게 없단다. 험한 꼴 보기 싫으면 빚 잘 갚고, 세금 잘 내야 하는 것이지.

경매나 공매에 대한 상세한 지식은 이 책에서 다룰 게 아니라서 더 궁금한 내용은 시중에 자세히 쓰여 있는 책들이 많으니 그것을 읽어 보면 될 것이고, 이 책에서는 아빠가 실제 경험했던 사례와 그 느낀 점 등을 정리해 언급해 보려 한다.

소액 지분투자에 대해 결론만 요약하자면, 큰돈은 아니지만 소소하게나마 한 건당 평범한 직장인 월급 정도의 돈은 벌 수 있기는 한데 욕을 많이 먹어야 하더라. 그래서 인간적으로 별로 할 짓은 아닌 것 같더구나.

대부분 토지를 공동으로 소유하고 있는 사람들은 가족이나 친척인데 이들 중 누구 한 명이 빚을 갚지 못해 그 지분이 경공매로 나오면 이를 낙찰받은 후, 그 공동 소유주들에게 좋게 말하면 설득, 나쁘게 말하면 협박을 해서 낙찰받은 지분을 다시 되팔아야 하는데, 그게 그다지 올바르고 아름다운 짓거리는 아니었단다.

아빠의 경우도 이렇게 소액 지분투자로 4건을 낙찰받아 봤는데, 2건은 위처럼 공동소유주인 가족들과 전화나 문자 메시지로 쌍욕 들어가며 협상해 되팔아 짧은 기간에 직장인 한두 달 월급 정도는 벌어 봤고, 또 다른 한 건은 워낙 오랫동안 대대로 물려받은 땅인지라 공동 소유주 중에 이미 사망하신 분도 여럿 있어 지분정리가 거의 불가능한 상태도 있었단다.

그때 그 건을 처리해보려고 공유물 분할소송을 걸어 재판까지 하는 등 너무 복잡해 지치기도 했고, 그 가족들에게 인간적으로 미안하기도 하여 이제는 더 이상 지분투자는 안 하려고 한단다. 그래서 공동 소유주 중 일부가 사망한 1건과 또 다른 한건에 대해서는 지금 아예 손도 안 대고 놔두고 있지.

둘 다 지목이 농지이다 보니 그냥 쭉 가지고 있다가 나중에 서민이가 성인이 되어 농지취득자격증명을 발급받을 수 있게 되면, 그때 너희들에게 각각 한 건씩 증여해주고 아빠가 땅 물려주었다고 생색 좀 내보려 계획 중이란다.

혹시 아니? 그 땅이 싹 개발되어 수백 배로 오를지. 만약 수십 년 후에 그 땅이 개발된다면 서민이는 전혀 예상치 못했던 공돈이 생기는 것이지. 혹시라도 그렇게 공돈 생기게 되면 그때는 꼭 아빠의 사랑을 기억해주고 떠올려주길 바란다.

전업투자자들 중에서 이렇게 소액 지분투자만 전문으로 다루는 사람들도 꽤 있단다. 그 사람들이라고 공동 소유한 가족들에게 욕 들어쳐 먹는 게 좋지는 않을 텐데 특별한 전문기술이 없다보니 욕을 먹더라도 이런 방법 외에는 생계유지를 위한 현금흐름을 벌 수 없어서 어쩔 수 없이 하는 것이지.

그래서 다시 한번 강조하지만, 우리 서민이는 꼭 전문직으로서 안정적인 소득을 갖춰놓은 상태에서 투자를 해나가기 바란다. 평생직장은 없어도 평생 직업은 있으니 전문가가 되어 그 기술을 활용해 돈을 벌고 모아서 투자해야지만, 이렇게 힘들고 고되게 쌍욕 얻어먹는 일을 겪지 않아도 되는 것이란다.

경공매 말 꺼낸 김에 몇 가지 더 아빠의 의견을 정리해 보자면, 우선 경매나 공매 투자를 하든 안 하든 간에 이에 대한 기본적인 지식은 공부해 둘 필요가 있단다.

서민이는 어릴 때부터 아빠가 트레이닝 시켜주어 경제적 관념을 갖추고 있어 별 걱정 안 하지만, 살다보면 너희 친척이나 친구 등 가까운 사람들이 이렇게 경공매 때문에 힘들어하고 고민하는 경우가 생길 수 있지. 그럴 때 이런 지식을 갖추고 있으면 너희가 큰 도움을 줄 수도 있고, 또한 경우에 따라서는 정말 괜찮은 매물이 값싸게 경매에 나올 수도 있기에 경공매에 대한 지식은 갖춰두고 필요에 따라 선택하여 활용하길 추천한단다.

경공매는 낙찰 확률보다는 패찰 확률이 더 높은데, 경매는 반드시 법원에 가서 입찰을 해야 하니 패찰 할 경우 괜히 시간만 뺏기는 반면, 공매는 온라인으로 언제 어디서나 입찰 가능하니 시간 활용에 유리하단다.

그래서 아빠는 전문직으로서 근로 소득이 높다보니, 패찰하면 시간만 빼앗길 수 있는 불확실한 경매를 할 바에는 그 시간에 금액은 크지는 않더라도 확실한 소득이 보장된 강의나 심의 등 기술사 프리랜서 업무를 수행하는 것이지.

그리고 공매는 시간 손실이 없으니 지금도 참여하는데, 가끔씩 아빠가 좋아하는 강화군에 괜찮은 토지 매물 나온 것 없나 살펴보며, 지분 형태가 아닌 단독으로 괜찮은 토지가 있다면 언제든 온라인 입찰에 참여해 보고 있단다.

여기까지가 경공매 소액 토지투자에 대한 아빠의 생각이고, 나머지는 너희가 스스로 공부하고 생각하여 판단 내려야 하는데, 어쨌든 경공매를 하든 안 하든 그 기본적인 지식은 책을 좀 읽어서 이해하고 있기를 바란다. 이런 것은 이 험난한 세상에서 살아남기 위해서는 기본적으로 알아야 할 필수 상식이기 때문이지.

앞서서도 이야기 했지만 이런 지식은 필수적인 상식인데도 학교에서는 절대 가르쳐 주지를 않는단다. 가르치는 선생님들도 이런 지식을 모르거니와, 학교와 같은 공교육 기관에서는 오직 몸으로 부딪혀 근로 소득에만 열중하는 성실한 근로자를 양성하는 게 교육의 목표이기 때문이란다.

# 경공매 지분투자 수익사례

서민아, 토지에 대한 투자는 크게 두 가지 유형으로 나눌 수 있단다. 앞에서 먼저 설명했듯이 소액으로 지분을 사서 빠른 시간 내 공유자들에게 조금 더 올려 받아 되파는 방법과, 다소 목돈이 들더라도 온전한 권리를 가진 토지를 단독 매수하여 장시간에 걸쳐 지가상승을 기다리는 방법이지.

여기서 온전한 권리란, 개발제한구역, 군사제한구역, 문화재보호구역 등이 설정되어 있어 내 땅이지만 내가 원하는 대로 사용할 수 없는 제약사항 즉, 외형적으로는 보이지 않고 전문가들이 서류 확인을 통해서만 알 수 있는 내형적 특성이 문제없는 상태를 말한단다.

이외에도 토지의 모양과 위치 등 외형적 요소도 아주 중요한데, 가급적 토지의 면적은 최소 100평 이상은 되어야 하고, 반듯한 4각형 형상에 가까울수록 좋으며, 도로와 구거에 접해있어 필요시 건축허가 받는데 제한이 없어야 하는 등의 외형적 요소도 지가상승에 아주 큰 영향을 미친단다.

아빠가 투자해보니 가장 마음 편하고 손실 없는 안전한 투자처는 좋은 입지에 있는 아파트와 토지를 사서 장기 보유하는 것이었단다. 아파트는 전세를 끼고 매수하면 투자금도 적게 들어가고 또 필요하면 언제든 쉽게 되팔 수도 있어 환금성도 좋은 반면, 토지는 상대적으로

강원도 횡성군 토지 지분투자 사례 위치도 　　　　　　　 출처: 카카오맵

투자금도 많이 필요한 데다 원할 때 쉽게 팔기 힘들어 환금성이 불리한 단점이 있지.

　너희들도 알다시피 아빠가 이 책을 쓰고 있는 지금은 제대로 된 온전한 토지들을 사모아 장기 보유를 통한 시세차익을 목적으로 투자하고 있는데, 이 시세차익형 토지투자는 뒤에 설명하기로 하고 우선은 공유지분을 공유자들에게 되파는 단기투자에 대한 사례를 한번 설명해주려 한다.

　책의 지면 한계로 아빠가 했던 여러 경공매 사례를 하나하나 다 설명할 수는 없기에 대표적인 단기 지분투자 사례 한 건만 설명할 것인데, 앞서도 언급했듯이 가급적이면 우리 서민이는 이렇게 지저분한(?) 지분투자는 하지 않기를 바란단다. 그래도 혹시 모르니 나중을 위해서라도 경험과 지식은 습득해두는 것이 좋겠지. 방법을 알고는 있지

　　　　　　연봉 3억 파이어족이 서민에게 들려주는 부자의 돈 이야기

만 일부러 안 하는 것과 몰라서 못하는 것은 천지차이이니.

2019년 4월에 있었던 투자 사례란다. 당시에 아빠는 아파트를 5채 갭 투자 해놓은 상태였고, 또한 전문직 기술사 프리랜서로 완전히 자리 매김 함으로서 근로 소득이 갑자기 확 늘어나 투자 가능한 종잣돈이 금방 금방 모이자, 아빠는 그동안 책에서만 읽어 봤던 토지 지분투자를 한번 실행해 보기로 마음먹었단다.

그래서 공매 사이트를 검색하던 중에 강원도 횡성에 괜찮은 토지를 발견하게 되었지. 총 3개 필지가 한 건의 사건으로 묶여서 매물 나와 있었는데 공동소유주가 모두 이름이 비슷한 게 한가족임을 쉽게 알 수 있었단다.

그래서 주말에 시간 내어 현지답사를 가봤지. 지목은 전이었는데 도심지에서는 멀리 떨어져 있고 현재 잡풀이 무성한 상태로 방치 중이기는 했지만, 도로가 옆에 붙어있고 맑고 깨끗한 개울물도 졸졸 흐르고 있어 경치는 좋았단다.

현장답사 결과 공유자들이 모두 가족들이니 쉽게 되팔 수도 있을 것 같기도 했고, 만약 공유자들과 협의가 잘 안 된다면 저 토지 중에 아빠가 입찰할 지분면적이 174평(576㎡)이니 최악의 경우 분필하여 그냥 우리 가족 주말농장으로 써도 나쁘지 않을 것이라 생각했단다.

여기서 한 가지 중요한 점을 짚고 넘어가자면 부동산을 살 때에는 반드시 현장 답사를 꼼꼼히 해야 한단다. 아파트의 경우만 해도 인터넷 항공사진으로 보는 것과 막상 두 발로 서서 내 눈으로 보는 게 서로 다를진대, 토지의 경우에는 직접 가보지 않으면 확인 불가능한 것들이 매우 많단다.

예를 들자면 토지의 경사도도 그렇고, 심할 경우에는 봉분이 야트막해서 잘 구분되지 않는 무연고 묘지 등이 숨겨져 있을 수도 있는 것이지. 그러니 부동산을 살 때에는 가격이 싸고 비싸든 간에 무조건 현지 조사를 꼭 해 본 후 판단해야 한단다.

아빠는 현지 조사 완료 후 입찰하기로 결정했고, 감정가가 약 1,400만 원이었는데 여러 번 유찰되어서 아빠가 거의 반값인 750만 원에 낙찰받게 되었단다. 아마도 한 사건에 3개의 물건이 같이 묶여 있고 공유자가 여러 명이다 보니 사람들이 별로 관심을 두지 않은 것 같더구나.

그 이후의 결과만 짧게 요약하자면 3~4개월간 공유자들과 밀고 당기는 협상을 진행해서 7월 말에 1,300만 원으로 되팔아서 550만 원의 차익을 남겼단다. 여기에 취득세와 양도소득세 약 200만 원을 공제하면 순 수익은 약 350만 원이었는데, 이 정도면 어지간한 중소기업 직장인 한 달 월급 정도는 번 것이지.

- 실 투자금: 750만 원
- 순 이익: 350만 원(보유기간 연평균 수익률 140%)

반년도 안 되는 짧은 기간 내 수익을 실현시키다 보니 연평균 수익률은 100%를 넘어가는 어마어마한 실적이지만, 이 수익을 얻기까지의 과정 중에 공유자들과 협상을 진행하면서 인간적인 모욕도 많이 들었고 끔찍한 협박성 연락도 좀 받았단다.

공유자 가족들과 협상하며 스트레스를 많이 받다 보니 이런 정신적 스트레스를 받은 것을 감안하면 그다지 큰 수익은 아니라 생각이 든다. 그래서 서민이에게 가급적 이런 지분투자는 권유하지 않는 것이란다. 하지만 사람 일이라는 게 어찌 될지 모르는 것이다 보니 혹시라도 추후에 참고할 수 있도록 아빠가 공유자들과 협상하기 위해 사용했던 내용증명 내용과 토지 매매가 산정기준 자료를 샘플로서 첨부해 본다.

# 공유자 인사글(내용증명)

**부제:** 공매 낙찰 토지 지분에 대한 공유물 분할(共有物 分割) 협조 요청

**수신인:** 서○○(590501-*******)님, 경기도 고양시 일산동구
　　　　　서○○(610401-*******)님, 인천광역시 계양구
　　　　　서○○(480426-*******)님, 경기도 여주시
**발신인:** 박춘성(연락처: 010-0000-0000), 인천광역시 연수구
**대상물:** 강원도 횡성군 00면 00리 754, 751-1, 755(공매사건번호 2017-000)

　본인(박춘성)은 2019년 4월 1일 상기 대상물 토지의 지분('서○○'의 보유지분)을 한국자산관리공사에서 실시한 공매절차에 입찰하여 매각결정 및 잔금까지 납부 완료하고 소유권을 정식 이전 받았습니다.

　이에 향후 계획을 아래와 같이 공유자에게 설명 드리고 원만한 협의가 될 수 있도록, 친인척 관계로 구성되어 있는 공유자 중에서 각 필지 별 최연장자이신 위 세 분께, 각 필지 별 공유자(친인척)의 대표자 역할로서 협의에 대한 협조를 구하고자 본 내용증명을 송부합니다.

　상기 토지는 현재 지목상 농지(답)이나 묵답으로 장기간 방치되고 있는 중이며, 다수의 공유자가 공동소유하고 있어 정상적인 매매나 사용, 담보, 수익창출 등의 행위가 매우 제한되는 상태입니다.

　이에 본인은 다음과 같은 대책 안을 제시하여 공유자께서 선택하는 방향으로 협의를 하고자 하오니 의견을 우편 또는 전자우편, 문자메시지, 전화 등의 방법으로 회신하여 주시기 부탁드립니다.

　만약 본 내용증명을 발송한 이후 2주 내 회신이 없으신 경우, 본인은 귀하 및 귀하와 친인척 관계의 다른 공유자분들 모두 협의에 응하실 생각이 없다고 판단하고 민법 제268조에 의거 공유물 분할을 청구할 예정이며,

　이 경우 대상물 필지가 법원 경매절차를 통해 현재 시세보다 현저히 낮은 가격에 매각된 후 낙찰가에서 법원의 경매 행정비용을 제외한 금액이 각 지분만큼 배분되는 절차로 처리될 수밖에 없음을 인지하여 주시기 바랍니다.

- 다 음 -

　1) 본인의 지분을 공유자께서 매입하는 방안
　　 (현 시세 기준이나 일정범위 내 협의가능)
　2) 토지 전체를 매도하여 매각대금을 지분대로 분할하는 방안
　3) 토지를 지분에 맞춰 분필하는 방안.　　　　　　　- 끝.

# 00리 토지 매매 희망가격 검토의견

박춘성, 19.07.05.

인근에 위치한 '00리 753-1,753-2' 토지가 2017년에 평당 76,230원에 매매된 사례가 확인되었습니다. 이를 바탕으로 고려 시 현재의 공시지가는 2년 전(2017년)보다 약 27%나 상승한 상태로, 공시지가 상승률을 감안한다면 현 시점의 대상토지 매매시세는 아래 표와 같이 추산됩니다.

| 지번 | 754 | 751-1 | 755 | 합계 |
|------|-----|-------|-----|------|
| 시세(추산) | 6,610,604원 | 7,045,759원 | 3,235,769원 | 16,891,832원 |

그러나, 저를 제외한 다른 공유자들이 모두 일가친척인 점을 고려하여, 저는 지난 2년간의 공시지가 상승률은 전혀 반영하지 않고, 십분 양보하여 아래 표와 같이 2년전 시세인 1,320만 원에 매매드리고자 합니다.

| 지번 | 754 | 751-1 | 755 | 합계 |
|------|-----|-------|-----|------|
| 시세(추산) | 5,205,200원 | 5,547,850원 | 2,547,850원 | 13,297,900원 |

*법무사 수수료 등 등기이전에 관한 비용은 매수자 납부 조건

위 금액은 제가 기 납부한 매수 취득세 및 향후 납부해야하는 양도소득세 등 필요경비를 고려 시 거의 이윤이 없는 금액으로, 이보다 저렴하게 드리기에는 제 재산상의 손해가 발생되어 난처함이 있으니 양해 부탁드리며,

만약, 제 보유지분에 대한 매매협의가 원만치 않게 될 경우에는, 내용증명으로 기 안내 드린바와 같이 공유물 분할 청구 소송을 제기하여, 법원 경매를 통한 토지 매각 후 지분에 따라 현금을 분할하는 방식으로밖에 진행될 수 없으며,

이 경우 경매의 특성상 수차례 유찰 후 낙찰되면 공유자 모두가 금전적 손해가 발생되나, 특히 지분율이 높은 공유자일수록 더 큰 금전손실이 발생될 수 있음을 참조하여 주시기 바랍니다.

끝으로, 제가 운전을 많이 하여 전화통화가 어려운 경우가 많으니, 가급적이면 문자메시지로 연락주시면 감사하겠습니다.

- 끝.

# 돈 나고 사람 난다

서민아, 이번에는 너희 큰아빠에 대한 이야기를 한번 들려줄게. 서민이도 잘 알다시피 아빠는 큰아빠와 사이가 그렇게 썩 좋지는 않았단다. 여러 가지 이유가 있는데 아무래도 가장 큰 이유는 성장과정 중 불우한 가정환경에 있었지.

어릴 적 가정환경까지 글로 써서 남기기에는 너무도 민망하고 부끄러움이 많으니 자세한 내용은 생략하고 돈에 대해서만 이야기를 해본다면 한 2015년까지는 아빠가 큰아빠보다 훨씬 더 부자였단다. 그런데 지금은 좀 역전이 되어 버렸지.

일단 아빠는 군대에서 간부로 복무하면서 나이에 비해 돈을 많이 모아 나왔고, 그리고 군 전역 후에도 어찌어찌 인생이 잘 풀려 현대건설이라는 우리나라 최고의 대기업에서 계약직을 거쳐 정규직까지 승진하게 되었지. 아빠가 지금은 연소득을 세전 3억 원 정도 벌고 있지만 현대건설에서 근무할 적에도 연봉 1억 원은 벌었어.

월 평균 800만 원 정도 번 꼴인데, 당시 큰아빠는 큰엄마와 둘이서 맞벌이를 하면서도 둘 다 합쳐 아빠보다 적게 벌었단다. 매월 벌어들이는 근로 소득은 아마 현재 시점에서도 큰아빠와 큰엄마 둘의 월급을 합쳐도 아빠의 소득과는 비교가 안 될 것이란다.

이처럼 아빠가 돈벌이 여유가 더 있다 보니 나이는 어려도 큰아빠보다 결혼도 더 빨리했고, 집도 더 먼저 샀으며, 살기 좋은 송도국제도시에도 아빠가 훨씬 더 빨리 이사 들어왔단다. 큰아빠가 송도국제도시에 이사 오게 된 것도 아빠의 영향이 크단다. 2015년에 우리가 먼저 송도국제도시로 이사 오고 나서 집들이 했을 때, 큰아빠는 송도국제도시를 처음 방문했고 그때 깔끔한 신도시 매력에 완전히 매료되었다고 하더라.

솔직히 그때까지만 해도 아빠는 큰아빠와 가급적 거리를 두었고 꼭 필요한 경우가 아니면 연락을 잘 안 하고 살았어. 왜냐하면 아빠가 기억하는 큰아빠는 고등학교 시절부터 시작해 군대 다녀오기 전까지는 늘 아빠에게 피해만 주었다고 느꼈기 때문이지. 당시에는 큰아빠가 뭐 하나라도 아빠에게 도움이 된 적은 전혀 없었다고 기억한다.

예를 들어 보자면 큰아빠가 고교 졸업 후 직장 안 다니고 놀고 있을 때 무슨 비파괴검사 자격증 같은 거 공부하겠다고 해서 아빠가 수십만 원짜리 교재비도 대신 내주고, 또 언젠가는 큰아빠가 휴대전화 요금이 장기간 연체되어 신용불량자로 낙인찍힐 뻔했던 것을 아빠가 수십만 원의 밀린 돈을 대신 처리해주기도 했었지. 그런 일들이 누적되다 보니 아빠에게 큰아빠는 피해만 주는 사람으로 각인되어 있었던 것이야.

그런데 어느 날 큰아빠가 쌍둥이 동생들을 낳았고 큰아이까지 합쳐 자녀가 총 3명이 되더니만 싹 바뀌었단다. 결론만 말해보자면 솔직히 인정하기는 싫지만 지금은 큰아빠가 아빠보다도 더 재산이 많을 것이야. 그래서 지금은 아빠보다 더 부유하니 너희들 친할머니에게 용돈도 잘 드리고 있고 아빠에게는 투자에 대한 조언도 종종 해주고 있지. 그래서 아빠와 큰아빠의 사이가 예전에 비해서는 아주 많이 좋아졌단다. 역시 사람 나고 돈 나는 게 아니라, 돈 나면 사람도 나는 것이란다.

아빠가 큰아빠의 재산형성 과정을 구체적으로 모두 다 알지는 못하지만 개략적으로 종합해 보자면 이렇단다. 우선 쌍둥이 동생들까지 태어나자 아이가 3명으로서 다자녀 특별공급이라는 청약제도를 적극 활용해 아파트 분양권을 청약받았고 그 분양권을 프리미엄받고 전매해 수천만 원을 벌었지. 이렇게 분양권 투자에 눈을 뜬 큰아빠는 그때부터 분양권만 전문으로 투자해 돈을 불려왔단다.

직접 청약 신청해 당첨받은 것도 있고, 미분양된 것을 소위 '줍줍'이라 불리는 선착순 동 호수 지정제도를 이용해 사들인 것도 있고, 또 어떤 것은 다른 사람이 분양받은 아파트를 초피(초기 프리미엄) 주고 산 것도 있지. 큰아빠는 이렇게 분양권을 사고팔고 해서 재산을 불려나갔고, 그 결과 지금은 아빠보다도 더 부자가 되었단다.

아빠가 이 책 서두에 써두었듯이 투자로 큰돈을 버는 것은 다 운이 따라주어야 하는데, 큰아빠는 투자 시작 시기도 운이 좋았고 아무것도 모를 때 처음 시작한 분양권 투자 방법도 운이 딱 들어맞았던 것이지.

우리나라의 부동산 시장은 2010년부터 2014년까지 빙하기라 할 수 있을 정도로 어려운 침체가 있었단다. 정부에서는 부동산 시장이 폭등하면 무주택자들에게 선거 때 민심을 잃기에 강력한 규제정책을 쓰지만, 반대로 부동산 시장이 폭락하면 유주택자들에게 민심을 잃기에 선거에서 표를 받기 위해서 강력한 부양정책을 쓰고는 한단다.

연봉 3억 파이어족이 서민에게 들려주는 부자의 돈 이야기

취득세와 양도소득세 등 각종 세금들을 완화해주고 대출 가능 한도를 늘려주는 등의 조치가 대표적인 부동산 시장 부양정책이지. 그래서 이런 여러 가지 부양정책 덕분에 2014년까지는 바닥을 기었던 부동산 시세가 조금씩 다시 꿈틀거리며 상승하기 시작했단다.

큰아빠는 바로 딱 그 시점에 즉, 최고 바닥이었던 시기 때부터 투자를 시작했던 것이지. 운때가 잘 들어맞아 아주 좋은 시기부터 부동산 투자를 시작했던 것이야. 게다가 당시 이미 유주택자였던 아빠와는 달리 큰아빠는 무주택자로서 자녀가 3명이나 있다 보니 다자녀 특별공급이라는 청약제도를 아주 제대로 이용했단다.

아빠가 겪어 보니 사람들이 낡은 집보다는 새 집을 더 선호하듯이 큰아빠가 투자했던 신축아파트 분양권이 아빠가 투자했던 구축아파트 갭 투자보다 훨씬 더 빠르고 큰 폭으로 가격이 올랐던 것이야. 큰아빠는 투자의 시기와 방법이 아주 적절하게 잘 맞아들어 짧은 기간에 큰돈을 벌고 순식간에 아빠를 앞질러 더 큰 재산을 형성하게 되었던 것이란다.

참고로, 부동산 시장이 언제가 바닥이고 언제가 최고 정점인지는 그 당시에는 절대 알 수 없단다. 이렇게 한참 지나고 나서 돌이켜 봐야만 그때가 최저 밑바닥이었다는 것을 또는 최고 꼭대기였다는 것을 알 수 있는 것이란다.

그러니 "나는 더 기다렸다가 바닥일 때 투자할래."라든가 "나는 더 기다렸다가 최고점에서 팔 거야."라는 등의 생각은 아주 한심한 생각이라 할 수 있지.

부동산 시장을 연구하는 것을 직업으로 가지지 않는 한 그 시기를 맞추는 것은 거의 불가능하니, 적당히 저렴하다 싶으면 투자하는 게 좋은 방법이고, 이렇게 보유하게 된 자산은 가급적 팔지 말고 최대한 장기 보유하는 것이 자산증식과 부자가 되는 지름길이란다.

서민아, 그럼 큰아빠가 했던 분양권 투자가 지금도 가능할까? 아쉽게도 이제는 당분간 불가능하게 되었단다. 앞서 설명했듯이 부동산 가격이 급격하게 오르자 정부에서는 2019년부터 온갖 규제정책을 쏟아내었는데 그중에 하나가 바로 유주택자는 인기 있는 지역에서는 더 이상 분양받지 못하도록 청약제도를 손본 것이지.

게다가 분양권 전매도 금지시켜 분양받은 사람은 무조건 실입주하여 장기간 거주해야만 하도록 규제를 해놔서 지금 시기는 수도권에 분양권 투자는 불가능하게 되었단다. 아마도 부동산 사이클이 한바퀴 순환되어 또다시 침체기가 찾아와 규제가 완화된다면 그때나 다시 분양권에 투자해볼 수 있을 것이란다.

이런 투자기회가 자주 오지는 않지만, 앞으로 서민이가 살아가면서 못해도 3~4번 정도는 더 기회가 있을 것이란다. 아빠도 돌이켜 보면 성인이 된 이후에 지금까지 이런 기회가 2번 있었지. 그러니 서민아, 항상 투자에 대한 지식을 쌓고 부동산 시장에 관심을 가지며 그 기회를 잘 노려보며 준비하고 있어야 한단다.

끝으로, 이제 뒤이어 자세히 설명할 것인데 분양권에 대한 규제가 강화되기 직전인 2019년 초순에, 다행히 아빠도 분양권 투자에 눈을 떠서 좋은 입지에 미분양 된 아파트 분양권 2채를 투자해 두었단다. 그게 지금은 엄청나게 올라서 현재 아빠의 자산 중 큰 비율을 차지하게 된 것이지.

# 연소득 3억 파이어족

서민아, 여러 성공한 부자들의 의견에 따르면 많은 소득유형 중 가장 최고의 소득은 사업소득이라고 한다. 하늘이 내린 부자라 할 수 있는 대기업 재벌들을 보면 이들의 주 수입원은 근로소득도 아니고 투자소 득도 아니고 바로 본인들이 최대 지분을 소유한 회사에서 벌어들이는 사업소득이란다. 그렇지만 사업소득은 말 그대로 사업을 해야지만 벌 어들일 수 있는 것인데, 그 사업을 시작하는 것부터가 엄청난 난관과 고난의 시작이란다.

아빠도 현재 표면적으로는 사업체를 3개나 운영하는 회장(?)이라고 농담하고 다니지만, 아빠는 세금계산서 발행 업무나 손쉬운 사업자금 대출 등의 부차적인 용도를 위해 사업체를 만들었을 뿐이었지 저 사업 체를 통해 큰 사업소득을 벌려고 하는 것은 아니란다. 전문직 기술사 프리랜서로서 자문이나 컨설팅을 해주거나 또는 어떤 계획서 등의 서 류들을 대신 작성해주다보면 종종 의뢰한 곳에서는 세금계산서 발행 을 요구하기도 하는데 이럴 때 사용하는 것을 주목적으로 설립한 회 사란다.

아빠도 사업은 이제 겨우 5년차라서 아직도 모르는 게 많지만 확실 히 사업체가 있으면 손해보다는 이득이 많단다. 일단 사업 안 해 본 사람들이 가장 두려워하는 게 세금 문제인데, 뭐든지 소득이 있어야만 세금을 내는 것이지. 그러니 세금이 무서워 사업을 안 하는 것은 무지함에서 오는 큰 손해라 할 수 있단다.

사업체가 있으면 유리한 것을 좀 더 구체적 사례로 설명해 보자면 급한 돈이 필요할 때 사업자금 목적으로 은행에서 대출을 좀 더 유리하게 받을 수도 있고, 2020년 발생한 코로나 사태와 같이 국가적인 경기침체 문제가 생기면 정부에서 시행하는 중소기업 긴급운전자금 초저금리 대출 및 각종 손실보상금 등을 지원받을 수도 있단다.

그리고 명함도 개별적으로 만들어 대표이사 등의 원하는 직함을 써서 다닐 수도 있어 사람 만나며 인맥을 쌓는 데 유리할 것이고, 중소기업 사업자를 위해 지원되는 노란우산 공제회에도 가입 가능해 연말정산 시 소득공제 혜택은 물론 노후에 안정적인 연금 확보에도 도움을 받을 수 있단다.

아빠는 현재의 소득을 비근로 소득까지 이것저것 모두 다 합하면 2021년 기준으로 세전 약 3억 원이 좀 넘는데, 이 중 약 5,000만 원 정도가 사업소득이란다. 과거 코로나 사태 이전에도 사업체는 있었지만 사업소득은 거의 없이 전문직 기술사 프리랜서로서 강의, 자문, 심의 등이 주 소득원이었는데, 코로나 사태 이후에는 이러한 대면활동 소득이 조금 줄어들어서 그 대처방안으로 아빠의 전문성을 활용하여 사업영역을 넓혀 나갔지.

현재 주력으로 수행하고 있는 구체적인 사업 분야는 예를 들자면 건설공사를 착공하려면 법적으로 반드시 제출 승인받아야 하는 안전관리계획서나 유해위험방지계획서 등을 대신 작성해주거나 검토해 주는 용역들이란다. 그 결과 현재 약 5,000만 원 정도는 사업소득을 벌고 있는 것인데 지금 생각으로는 아빠가 1인 기업으로서 다른 프리랜서 업무들과 병행하다 보니 사업소득의 증가는 여기까지가 한계인 것 같구나.

만약 직원을 채용하고 적극적으로 홍보하면 사업소득을 지금보다 더 늘릴 수도 있을 것 같기는 한데, 아직까지 아빠는 사람을 채용하고 관리하는 데 걱정과 두려움이 많단다. 우리나라의 노동시장이 상당히 선진화되었기에 노동자들에게는 좋은 환경으로 개선되고 있다지만 반대로 해석하면 경영자들에게는 점점 사람을 채용하기 어려운 환경으로 바뀌고 있단다.

직원을 한 번 채용하면 돈을 벌든 못 벌든 일단 정해진 월급은 반드시 지급해주어야 하고, 또한 채용은 쉬워도 해고는 거의 불가능하니 아빠는 직원을 채용해 사업을 확장하는 것을 매우 꺼리고 있는 것이란다. 모든 게 사람이 하는 일이다 보니 좋은 사람을 잘 채용하면 사업이 크게 번성할 수도 있겠지만, 이상한 사람을 잘못 채용하면 그동안 쌓아놓은 아빠의 신뢰도와 명성이 한순간에 무너질 수도 있으니 신경이 쓰일 수밖에 없는 것이지.

그러면 좋은 사람을 잘 채용하면 되지 않느냐고 반문할 수 있을 텐데, 쉽고 간단하게 말해서 실력 있고 인성 좋은 사람은 아빠의 사업체와 같이 코딱지만 한 회사에서는 구태여 일하지 않을 것이란다. 아빠가 구직자라도 아빠 사업체 같은 1인 기업에는 구태여 지원하지 않을 것 같구나.

좋은 사람을 데려오려면 그만큼 비싼 돈을 주고 좋은 근무여건을 제공해 주어야 하는데, 아빠는 아직 그런 환경을 제공해 줄 상황이 안 되기에 실력 있고 인성 좋은 그런 사람은 쓸 수가 없는 것이지. 그리고 실력 있는 사람은 언젠가는 일 배워서 자신의 일을 직접 하기 위해 회사를 뛰쳐나가게 되어 있단다. 아빠가 그랬던 것처럼. 그러면 그 사람은 나중에는 동종 업계의 무서운 경쟁자가 되어 있을 것이고, 그때 가서 호랑이 새끼를 직접 키웠다며 한탄하게 되겠지.

그래도 아빠는 혼자서 운영하는 1인 기업치고는 꽤 괜찮은 소득을 벌고 있단다. 물론 연예인이나 스포츠맨, 인기 유튜버 등 많은 사람이 아빠보다도 훨씬 많은 돈을 혼자서 벌고 있지만, 그래도 아빠가 종사하는 이 건설업계에서는 나름 혼자서 이정도면 성공적인 사례라 생각한단다.

그래서 우리 서민이가 아직은 어떤 분야를 전공하게 될 줄은 모르겠지만, 어떤 분야로 가든지 20~30대에는 그 업계의 잘나가는 기업에서 직원으로서 한 10년 정도의 실무경험을 쌓고, 그동안에 그 분야의 최고위 자격증을 취득하여 40대부터는 그 자격증을 활용해 개인 사업을 시작해보기를 바란단다.

아빠가 모든 분야를 다 알지는 못하지만, 어떤 분야든 그 업계 종사자들이 모두 인정해주는 전문 자격증이 있을 것이란다. 법조계에는 변호사, 의료계에는 전문의, 세무회계에는 세무사와 회계사, 이공계에는 기술사 등. 그것들을 취득해야지만 비로소 회사를 떠나 프리랜서 활동이든 사업이든 스스로의 여유 있는 돈벌이가 가능하다고 아빠는 생각한단다.

이번 단락의 주제가 파이어족인데 왜 사업 이야기를 했냐면, 파이어족은 말 그대로 경제적으로 독립해 직장을 조기에 퇴직한 사람들을 일컫는데 아빠가 아는 한 그 어떤 파이어족도 아무 일도 안 하고 빈둥빈둥 노는 사람은 없단다. 그들도 유튜버 활동을 하든 블로그 운영을 하든 책을 쓰든 농사를 짓든 주식투자를 하든지, 항상 무언가 일을

기술사 사무소
**건설기술**엔지니어링

**박 춘 성** 대표 기술사
공학박사 / 교수 / 작가

- 공학박사
- 건설안전 기술사
- 항만 및 해안 기술사
- 토목품질시험 기술사
- 토목시공 기술사
- 국제 기술사 (건설공학)
  등 국가자격 23종 보유

● 본사 : 강화군 ▮▮▮▮▮▮▮▮▮▮
● 경인지사 : 인천광역시 연수구 송도동 ▮▮▮▮
  T. 010-▮▮▮▮▮
  E. ▮▮▮▮▮▮net
  B. 농협)1▮▮▮▮▮▮6

● 업무분야
- 설계 : 조사측량, 설계, 설계검토, V.E, 기술자문
- 시공 : 품질관리시험, 측량/계측, 건설사업관리
- 유지보수 : 시설물 안전점검/진단, 보수공법자문

● 실무경력
- 현) 국제사이버대학교 (객원교수)
- 현) 건설기술인 직무교육기관 (겸임교수)
- 현) 기술자문위원 (국토교통부/해양수산부 등)
- 현) 엔지니어링 /6년 /토목설계, 측량, 품질, 시설안전
- 전) 현대건설(주) /12년 /현장대리인 역임
- 전) 국방부 /6년 /8급 //공병/군시설 공사감독관 역임

현재 대표자로 재직 중인 여러 개의 사업체 중 하나의 명함 사례

하고 있단다.

파이어족은 그저 매일 정해진 시간에 출근하고, 회사가 시키는 일을 억지로 해야만 하는 고통에서 탈출했다는 것뿐이지, 완전히 아무것도 안 하고 놀고먹는다는 의미는 아니란다. 그러니 뭐라도 일을 해야만 한다면 이렇게 자기 사업을 해봄으로써 일하고 싶을 때만 일하고, 놀고 싶을 때에는 놀고, 회사의 속박 없이 자기 사업을 하는 삶 역시도 파이어족의 삶 중 하나라고 아빠는 생각한단다.

어쩌다 보니 사업 이야기로 이번 단락이 채워졌는데 아빠가 느닷없이 왜 사업이야기를 했냐하면, 2017년에 연봉 약 1억 원 받으며 잘 다니던 대기업을 그만두었고, 2018년에는 전문직 기술사 프리랜서로 첫걸음을 시작하며 연소득 약 1억 5,000만 원 찍었고, 2019년도에는 프리랜서로 확고히 자리를 잡아서 연소득 2억 원을 초과했으며, 2020년부터는 코로나 사태로 강의 등 대면 프리랜서 활동이 줄어든 반면 사업 영역을 확장하게 되어 역설적으로 소득이 더욱 증가 돼 연소득이 세전 3억 원을 초과하게 된 것이지.

이렇게 급작스레 소득이 현격히 증가하다보니 수중에 투자 가능한 종잣돈이 이전보다 훨씬 빠른 속도로 모이게 되었단다. 그래서 2019년에는 수도권에 분양권 2개와 지방 대도시에 신축 아파트 2채를 추가 투자했고, 2020년에는 분양권 1개와 약 150평의 토지에 투자를, 2021년에는 약 400평과 120평 토지를 각각 추가 매수하는 등, 바야흐로 벌고 모으고 투자하는 사이클의 속도가 매우 빨라지게 되었단다.

그러므로 서민이도 평생을 직장에서 지배받는 월급쟁이로만 살 생각을 하지 말고, 마흔이 되기 전에는 그 업계 최고위 전문자격을 취득한 후에 사업 또는 프리랜서로서 회사를 나와서, 본인의 삶을 본인이 지배하는 삶을 살아보는 것을 목표로 세워보기를 권장한단다.

회사는 딱 그 회사 규모에 맞춰 간신히 품위유지하고 가족들 밥 굶지 않을 정도로만 돈을 주지, 결코 부자가 될 수 있을 정도로 풍족하게 주지는 않는단다. 서민아, 이제부터는 아빠가 급격한 근로소득 증가로 많이 벌고 종잣돈을 빨리 모은 이후의 투자 이야기들을 들려주려 한다. 우선은 분양권 이야기부터 들려주마.

연봉 3억 파이어족이 서민에게 들려주는 부자의 돈 이야기

# 분양권 1호, 미분양에 눈뜨다

2019년 5월이었지. 그동안 5채 아파트를 대상으로 갭 투자하여 매수와 매도는 물론 전세에 대한 경험도 좀 쌓아봤고, 비록 정부의 규제정책으로 전세가는 등락이 있었지만 그래도 매매가는 조금씩 상승하며 우상향하고 있었단다.

하지만 문제는 역전세였단다. 매매가는 상승하지만 전세가가 하락하다보니 매매가와 전세가의 갭 차이가 점점 더 크게 벌어져 이전에는 3,000만 원 정도면 아파트 한 채 갭 투자 가능했던 것이 이제는 기본 5,000만 원은 있어야 되는 상황이 되어버렸지.

원래 사람의 심리가 그렇단다. 맛있는 거 먹다가 맛없는 거 먹으면 입맛 버리는 것이고, 좋은 거 쓰다가 안 좋은 거 쓰면 불평하게 되는 것이란다. 아빠 역시도 똑같은 투자처를 2년 전에는 3,000만 원 주고 사다가, 이제는 5,000만 원 주고 사려니 더 이상 갭 투자에는 구미가 당기지 않게 되었단다.

그런 이유로 그해 연 초에는 소액 토지 지분투자에 손을 대었다가 다른 공유자들과 협상하는 과정에 온갖 쌍욕(?)을 들어 먹었고, 그래서 당장 생계에 문제가 없다면 구태여 지저분한 토지 지분투자는 안 하는 게 정신건강에 더 이로울 것이라는 경험을 얻으면서 다른 적당한 투자처를 물색하던 시기였단다.

전문직 기술사 프리랜서로 확고히 자리매김함으로서 이제 소득이 많이 늘어나 매월 2,000만 원 정도를 벌게 되니 투자금은 쌓여 가는데, 당시 정부에서는 온갖 복지정책에 돈을 풀고 있어 향후 인플레이션이 뻔히 예측되는 상황이었기에, 이 돈을 현금으로 계속 쥐고 있자니 나날이 돈의 가치가 떨어지는 것 같아 고심하던 때였단다.

그 당시에 정부는 고용을 늘리고 취약계층 복지를 강화한다고 좋은 의도로 여러 가지 정책을 펼쳤는데, 그중 대표적인 게 지하철 안전 지킴이나 노인돌봄서비스 등의 공공근로 사업이었단다. 이를 바라보는 사람마다 생각이 조금씩 다르겠지만 아빠가 봤을 때에는 지하철역 안에 노란색 조끼를 착용하신 어르신 3~4명이 지하철 역 한가운데 옹기종기 모여 즐겁게 담소 나누며 놀고 계셨는데 그걸 공공근로라고 돈을 쥐여 드리고 있어 돈을 어르신들께 막 뿌리는 것처럼 느꼈단다.

또한 아빠가 회원으로 있는 인천지역 봉사단체 실무자의 말에 의하면 나이 지긋하여 거동 불편하신 80대 어르신이 본인보다 더 젊고 팔팔한 70대 독거노인의 집에 방문하여 노인 돌봄 공공근로를 한답시고 그냥 누워서 쉬다가 가시는데도 공공근로라고 돈을 드린다는 등의 이야기들을 들으면서, 정부의 선한 의도와는 다르게 우리의 세금들이 마구마구 뿌려지고 있다는 생각에 한숨이 나왔단다.

이렇게 돈이 사회에 많이 풀리니 인플레이션이 크게 발생될 것이라 생각했고, 그래서 하루빨리 현금이 아닌 부동산 등 현물자산에 투자해두어야만 최소한 물가상승으로 인한 현금 가치하락에 대응할 수 있을 것이라 생각했지.

연봉 3억 파이어족이 서민에게 들려주는 부자의 돈 이야기

실제로도 물가는 많이 올랐는데 그 이후에 전혀 예상치 못했던 코로나 사태가 2020년부터 발생되면서 각종 전 국민 재난지원금이나 소상공인 버팀목 자금 등의 명목으로 더욱 많은 돈이 기하급수적으로 풀렸고, 그 결과가 현재와 같이 큰 물가상승을 일으켰다고 볼 수 있단다.

지금의 관점에서 최근 3~4년을 돌아보면 농담이 아니라 정말로 직장인들 월급 빼고는 모든 게 다 올랐단다. 아빠가 자주는 안 하지만 가끔 대중교통을 타거나 마트를 가보면 가격이 껑충 뛰어 있어 깜짝깜짝 놀랄 때가 종종 있단다.

그런데 이런 현상은 특정한 때마다 계속 반복되는데, 우리나라의 사회 경제 체제 속에서는 서민과 노동자들을 대변하는 진보 측 정당이 정권을 잡게 되면 주로 이런 물가상승 현상이 수반되어 왔단다. 그들의 주 지지층인 노동자와 가난한 서민들의 지지를 계속 받기 위해서는 돈을 풀어서 라도 각종 복지정책을 시행할 수밖에 없고, 그러면 그 결과는 화폐 유통량이 늘어난 만큼 인플레이션으로 결과가 나올 수밖에 없는 것이지.

이 정책을 입안하고 시행하는 정치인과 고위직 공무원들도 복지정책을 확대하면 인플레이션이 올 수밖에 없다는 것을 잘 알고 있지만 복지정책을 철회 하기는 힘들 것이란다. 당장 손에 쥘 수 있는 현실적인 복지 혜택을 주지 않으면 금융지식이 부족한 서민들과 노동자들은 정부를 질타하며 지지를 철회하기 때문이지.

그런 측면에서 본다면 앞으로도 보수 측 정당이 정권 잡고 있다가 진보 측 정당으로 정권이 바뀌었을 때가 물가상승의 직전이므로 또 다른 투자의 적기라고도 할 수 있을 것이다. 그러니 서민이는 이 원리를 기억해 두었다가 나중에 이런 기회가 또 온다면 기회를 놓치지 말고 꼭 좋은 투자성과를 올리기를 바란다.

다시 분양권 이야기로 돌아가서, 서민이도 잘 알다시피 아빠가 큰아빠랑 그리 자주 만나지는 않는데, 2019년 5월 어버이날 즈음에 너희 친할머니 모시고 모처럼 같이 저녁식사를 했단다. 지금도 아빠랑 큰아빠가 만나면 서로 돈 이야기 하면서 순자산이 얼마이고, 총자산은 얼마이고, 다음번 투자는 무엇을 생각한다는 등의 이야기를 주로 나누는데, 그날 역시도 그랬단다.

아빠는 최근에 해봤던 토지 지분투자의 높은 수익률에 대해 한참을 열 올려 자랑했었고, 큰아빠는 분양권 전매투자 성과를 한참 자랑하고 있었지. 그런데 듣다 보니 점점 아빠가 꿀리는 것이었어. 아빠는 토지 지분투자로 수익률 140%나 올렸다고 해봐야 실상 수익금은 1,000만 원도 채 안 되는데, 큰아빠는 청라 신도시에 분양받은 한양 수자인 아파트가 1억 원 넘게 올랐느니 하면서 억 단위로 자랑질을 했단다.

비록 큰아빠가 부동산 투자를 아빠보다 먼저 시작하기는 했지만, 그 경험이나 지식이 엄청나게 차이가 나서 이렇게 수익이 다른 게 아니었단다. 앞서 이야기했지만 큰아빠가 운이 좋게도 투자 방법과 투자 시기가 아주 절묘했던 것이었지. 큰아빠는 무주택자로서 쌍둥이를 낳은 후 다자녀 특별공급을 활용한 분양권 전매투자를 먼저 손댄 것이고, 아빠는 이미 진작에 유주택자로서 구축 갭 투자를 먼저 손댄 것일 뿐이란다.

그렇게 서로 다른 방식으로 2~3년을 투자한 결과 큰아빠는 기존 분양가에 억 원 단위로 프리미엄이 붙어 큰돈을 번 것이고, 아빠는 비록 꾸준히 가격이 올랐지만 구축 아파트인지라 불과 몇 천만 원 단위로 수익이 소소했던 것이란다. 그래서 한참을 부동산 투자 이야기로 싸우기도 하고 토론하기도 하다가, 어느 순간 미분양된 아파트는 아빠와 같은 유주택자도 분양권을 살 수 있다는 것을 듣게 되었단다.

아빠는 당시 생각에 청약제도가 아니고서는 아파트 분양권을 살수 없으며 청약제도는 아빠처럼 다주택자에게는 당첨 확률이 거의 없다는 것으로만 알고 있어서, 분양권 투자에 대해서는 제대로 알아본 적도, 공부해 본 적도 전혀 없었단다. 아빠도 완전 헛똑똑이지.

분양권 투자는 서브프라임 모기지 사태로 부동산 시세가 한동안 바닥을 치다가 2014년부터 조금씩 활력이 붙기 시작하여 쭉 상승하여 2019년 그 시기에는 과도한 분양가 상승과 정부의 규제정책 시작 등으로 많은 사람들이 별 이득 볼 게 없다고 생각했는지 수도권 핵심지역에서도 여기저기 미분양이 많이 발생되고 있었단다.

그날 큰아빠와의 저녁식사를 마치고, 아빠는 바로 다음날 큰아빠가 가르쳐 준 인근 지역의 미분양 아파트(현재도 보유 중이므로 편의상 B아파트로 칭함)를 검색해 보았단다. 우선 위치가 꽤 괜찮다고 생각했지. 게다가 지금 우리가 살고 있는 A아파트는 방 3개짜리인 32평형인데, 앞으로 서민이가 중학교에 가면 각자 방을 주는 게 좋을 것 같으니 방 4개가 있는 40평형대로 이사를 가볼까도 알아보던 시기였단다.

그래서 어차피 근로소득으로 벌어들인 종잣돈은 쌓여 가고, 헌 집보다는 새집이 좋을 것 같고, 나중에 프리미엄이 많이 붙으면 전매해도 될 것 같고, 아니면 등기까지 완료한 후 전세를 주어도 되지만, 여차하면 우리 가족이 이사 들어가 실거주해도 좋겠다는 생각으로 그 미분양된 B아파트 42평형에 분양권 투자를 해보기로 마음먹었단다.

그래서 그 다음날 바로 엄마와 함께 과감히 아파트 모델하우스에 들어섰고 현재 남아있는 분양권 리스트를 보여 달라고 해서 그중에서 중심상가와 거리가 가깝고 아파트 단지 출입구에 근접하여 교통이 편리해 보이는 동의 남은 매물 중 가장 높은 층을 골라서 현장에서 바로 계약했단다.

서민아, 아빠도 나중에서야 알게 된 것인데, 이렇게 신축 분양권에 투자할 때에는 상가와의 거리나 단지 입구에 가까운 것보다는, 조망권과 일조권이 프리미엄 형성에 더욱 큰 영향을 미친단다. 어차피 요즘은 대부분 주중 하루 날 잡아서 차를 몰고 대형마트에 가서 장을 봐 오기 때문에, 상가 근처라는 것은 그다지 큰 이점이 없거니와 또한 같은 아파트 단지 내에서 상가와 멀어 봐야 얼마나 더 멀겠니? 그래서 신축 아파트 분양권을 고를 때에는 무엇보다도 거실 창밖으로 가리는 것 없어 전망이 좋은 고층 아파트를 우선 더 선호한단다. 즉, 조망권과 일조권이 잘 확보되는 동 호수가 로열동 로열층인 것이란다.

여기서 또 다른 팁을 주자면, 이렇게 모델하우스에서 영업하는 사람들은 대부분 그 건설회사 직원들이 아니란다. 그러다보니 좋은 물건은 본인이 가지고 있다가 나중에 프리미엄 받고 팔려고 숨겨 두고 안내놓는 경우가 많이 있단다.

부동산 시장 상황이 매도자가 권력을 쥐는 시기도 있지만, 이번과 같은 사례는 미분양 상황으로 매수자가 권력을 꽉 쥐고 있는 시기인데, 이럴 경우에는 영업사원에게 지금 보여준 물건 중에는 마음에 드는 게 없으니 더 전망이 좋은 높은 층수를 소개해 달라고 요구해 볼 필요가 있단다.

모델하우스에서 분양권 영업하는 분들은 대부분 각자 프리랜서 형식으로서 계약서 한 건 성사시킬 때마다 수수료를 챙겨 받는 중개업자와 같은 분들이란다. 그분들은 계약 한 건 실적을 올릴 때마다 작게는 수백만 원에서 많으면 수천만 원까지를 인센티브로 돈을 받는 형식이라 계약 성사에 매우 민감하지.

그러니 이런 미분양 상황에서는, 지금 보여준 것보다 더 좋은 물건 없으면 계약 안 하겠다고 으름장을 놓으면, 영업직원들은 계약을 놓칠까 싶어 꽁꽁 숨겨둔 로열층 매물을 내놓던가, 숨겨둔 게 정 없으면 주변에 다른 상담사들과 협의해서 공동중개 방식으로라도 우량 물건을 찾아다 줄 것이란다.

만약에 정 물건이 없다고 그러면, 계약하지 않겠다고 말하고 그냥 쿨하게 모델하우스 밖으로 나갔다가, 한 10분 정도 지나도 붙잡거나 별다른 연락이 없으면 그때 다시 돌아가서 "상담사님의 진심이 느껴져 다시 생각을 바꾸고 계약하러 왔다."라고 말하면 그만이란다.


그 B아파트 분양권은 계약금이 5,800만 원이었는데, 당시에 엄청 고분양이라고 사람들 사이에서 난리도 아니었단다. 각종 유명한 부동산 투자 강사들도 강의할 때 수강생들에게 저런 분양권을 누가 그 가격에 사느냐고 말하고 다녔을 정도였지.

저 B아파트 분양권을 매수한 이후에 아빠가 부동산 투자에 대해 좀 더 제대로 배워보겠다고 유명한 부동산 강사 5명에게 크고 작은 돈을 내고 투자 강의를 들어봤는데 그중에서 3명은 저 아파트를 매우 혹평했었단다. 그러나 막상 시간이 흘러보니 현재의 상황은 그들의 예측이 완전히 빗나간 것이지. 그러고도 그 사람들은 아직도 부동산 투자 전문가라며 여기저기 수강생 모집하고 돈 받고 강의하고 있으니 참 한심할 따름이란다.

비록 줍줍 형태였지만은 이렇게 신축 아파트를 첫 분양 받았는데, 그 당시 아빠 수중에는 계약금이 조금 부족했단다. 앞서 말했다시피 아빠는 거의 약 3,000만 원 모이면 갭 투자이든 토지 지분투자이든 바로 바로 지출해오다 보니, 그때도 수중에는 약 3,000만 원밖에 없었단다. 그래서 우선은 계약금 10% 중 5%인 2,900만 원만 먼저 납부하고 나머지 2,900만 원을 만들기 위해 아빠는 생애 처음으로 영혼까지 팔아서 끌어모은다는 '영끌' 대출을 해보았단다.

남에게 손 벌리지 않고 스스로 부족한 계약금을 채우기 위해 카드사 현금서비스는 물론, 보험사 약관대출, 고금리의 캐피탈 대출까지 받아서 부족한 돈을 채웠는데, 아빠는 그 정도 돈은 한두 달이면 갚을 자신이 있었기에 그리 과감히 영.끌할 수 있었던 것이지.

그 당시에는 아직 '영.끌'이라는 단어조차 유행하지 않던 시기였단다. 이후에 수년이 흘러 요즘 들어서야 집값이 천정부지로 뛰어오르면서 어떻게든 집을 사기 위해서 영.끌한다는 말이 신조어로 등장한 것이지. 이렇게 본다면 아빠가 바로 시대를 앞서는 영.끌의 선두주자였단다.

뉴스를 보니 지금은 젊은 사람들이 끝을 모르고 계속 오르는 집값에 공포감을 느껴 영.끌해서라도 집을 매수하고 있다던데, 아빠 생각으로는 영.끌하더라도 본인이 갚을 수 있는 능력 범위 내 라면 아주 좋은 투자방법이라 생각한다.

이렇게 영.끌로 대출 받으면 대출 원리금 내는 날마다 심장이 쫄깃해 지면서 머리카락이 쭈뼛쭈뼛 서고, 매일 아침마다 눈을 번쩍 뜰 수 있게 해주는 이른바 '미라클 모닝'을 맞이하게 해주는 원동력이 된단다. 이런 긴장된 정신으로 살게 되면 열심히 허리띠 졸라매어 금방 돈

연봉 3억 파이어족이 서민에게 들려주는 부자의 돈 이야기

도 갖게 되고, 그러면 결국 내 자산이 증가되는 것이므로 이런 게 바로 최고의 빚테크라 생각한단다.

이 B아파트 분양권은 지금 어찌 되었을까? 정부의 선한 의도와는 다르게 역효과를 불러일으킨 각종 부동산 정책의 역기능과 주변 개발 호재 등이 반영되어 그해 연말부터 프리미엄이 마구 달라붙더니 현재는 시세가 분양가의 근 3배가 되어 있단다.

2019년에 분양받고 한 3년 가까이 지내오면서 이런저런 생각을 많이 해 봤는데, 아무래도 우리 서민이가 좀 더 크면 더 여유 있는 생활 공간이 필요하니, 저 집은 완공되면 우리 가족이 실입주하여 앞으로 10년 동안의 새로운 보금자리로 사용하는 게 좋을 것 같구나.

투자 목적으로 분양받은 것은 맞지만, 아빠가 마음 굳힌 아빠만의 투자 기준은 좋은 입지의 좋은 물건을 사서 어지간해서는 안 파는 것이기 때문에, 지금 이 A아파트에 거주하고 그 B아파트를 전세 주나, B아파트에 거주하고 현재 살고 있는 A아파트를 전세 주나, 아빠에게는 둘 다 별 다른 차이 없다고 생각하기에 이리 결정했단다.

# 분양권 2호, 영끌 모아 태산

그동안 아빠와는 관계가 없다 생각하고 전혀 관심에 없었던 분양권 투자를 막상 한번 해 보니 뭐… 별거 없었단다. 항상 모든 게 그런 것 같구나. 경험이 없을 때에는 두렵고 낯설고 어렵게 느껴지지만, 막상 한 번 겪어보면 별거 아니었다는 것을 알게 되지. 아빠가 좋아하는 명언 중에 이런 말이 있단다. "아무것도 하지 않으면 아무것도 이뤄지지 않는다." 그러니 우리 서민이도 무언가 생각이 떠오르면, 한번 실제로 행동에 옮기는 것을 습관 들이기 바란다.

2019년 5월 초, 미분양 상태인 B아파트 42평형 분양권을 매수하고, 나름 생전 처음 해보는 영끌로 인해 대출 원리금을 매일 갚아나갔단다. 대부분의 대출이 워낙 급하게 받다 보니 금리가 비싼 편이었는데, 특히 카드사 캐피탈 대출의 경우는 금리가 9%에 이를 정도로 많이 높았단다. 그래서 5월 초부터 6월 말까지 근 2개월간 열심히 전문직 기술사 프리랜서 활동을 통해 발생된 소득을 돈이 입금되자마자 모두 건건히 고금리 대출부터 완납하는 데 사용했고, 그렇게 2개월간 어느 정도 갚아나가니 슬슬 다음 투자처를 알아볼 여유가 생기기 시작했단다.

분양권 투자를 막상 한번 해 보니 별거 없다는 자신감과 당시 기존에 투자했던 구축 아파트들을 다수 거래해 봤던 경험들이 쌓이다 보니, 자산을 자주 사고팔고 해 봐야 잦은 거래세 발생으로 결국 세금만 많이 내고 남는 것은 별로 없다는 진리를 깨우치게 되었지. 그래서 어차피 장기 보유를 목적으로 한다면 아파트 분양권 투자만한 게 없다고 생각했다.

비록 지금은 미분양 사태로 아무나 선착순으로 주워갈 수 있지만, 많은 부동산 투자 책들에서 읽어봤듯이 이 미분양 사태가 영원히 가지는 않을 것이라 확신했단다. 또한 최악의 경우 아무리 집값이 안 올라도 길게 한 10년 이상의 사이클로 놓고 본다면 최소한 물가 상승률 이상은 오를 것이라고 예상했단다. 그래서 수도권 내 교통호재가 있는 또 다른 미분양 된 C아파트의 분양권을 앞서 B아파트와 똑같은 선착순 동 호수 지정방식으로 추가 매수했단다.

당시에는 불과 두 달 전에 B아파트 분양권을 매수해서 수중에 돈이 별로 없었는데, 그때 아빠는 또 한 번 영끌 대출받아 나름대로의 승부수를 띄워보기로 마음먹었단다.

여기 C아파트가 예정된 부지는 한국토지주택공사(LH) 주도로 새로 조성되는 신도시인데 입주민들의 교통편의 개선을 위해 신안산선 및 서해선 월판선 등의 전철 노선이 신설 예정되어 있었기에, 비록 당장은 교통이 불편하겠지만 전철만 개통되어도 교통 편리가 획기적으로 개선되어 아파트의 가치가 크게 올라갈 것이라 생각되었단다.

이러한 교통호재에도 불구하고 미분양이 발생된 이유를 분석해보니 그 신도시에서는 딱 그 C아파트 분양 건부터 정부의 규제정책으로 분양권 전매가 금지되었기 때문이었지.

대부분의 분양권 투자자들은 분양권 상태로 매수하여 입주 이전에 분양권 상태로 다시 매도해 프리미엄을 벌어가는 방식의 투자를 선호하는데, 새로 생긴 전매금지 규제로 한번 분양받아 버리면 분양권 상태에서는 더 이상 팔 수 없고 반드시 등기 취득해야 하므로 많은 투자자들이 취득세 발생 및 각종 보유세가 부담되어 외면했던 것이었단다.

하지만 아빠는 이미 투자의 기준이 특별한 사유 없으면 장기 보유하는 방향으로 확립이 되어 있던 터라, 분양권 전매금지는 아빠에게 그다지 문제가 되지 않았단다. 그래서 이 좋은 기회를 놓치기 전에 빨리 로열동 로열층으로 분양권을 확보해 두고자 마음먹게 되었지.

문제는 당장 수중에 여유 돈이 없다는 것 이었는데, 아빠가 나름대로 영끌을 한번 경험해보니, 그 경험 자체가 대출에 대한 좋은 공부기회가 되어 많은 대출에 대한 지식을 습득하게 되었단다. 그때 아빠는 안정된 직장이 없는 개인 프리랜서이지만 종합소득이 많았기에 소득금액증명원 서류를 활용해 다양한 신용대출 상품을 알아보았고, 그 결과 분양권 계약금 정도 금액은 당장 대출 가능하다고 하여, 그 C아파트의 분양권 역시도 영.끌 대출을 받아 추가 매수했단다.

어떻게 보면, 지금까지 아빠가 일궈놓은 자산의 대부분은 모두 은행대출을 활용하여 이룬 것이라 할 수 있지. 서민아, 이렇듯 이 자본주의 사회에서 살아남기 위해서는 예금, 적금, 금리, 대출 등과 같은 금융시장을 지배하고 활용할 줄 알아야만 한단다. 너희가 금융을 지배할 줄 모르면 그 금융기관에 의해 지배당하는, 그런 자본의 노예와 같은 삶을 살 수밖에 없는 것이란다.

아빠가 앞서서도 언급했었지만, 자동차를 사거나 여행을 가는 등 소비성 지출을 위해 대출 받는 것이라면 아주 몹쓸 짓이지만, 부동산을 사거나 본인의 학벌을 높이는 등의 안정적인 투자성 지출을 위해 대출을 활용하는 것은 아주 잘하는 행동이란다. 단, 여기서 말한 투자성 지출에 주식투자는 예외란다. 주식도 분명 투자성 지출은 맞기는 하지만 부동산에 비해 변동성이 워낙 크다보니 안정적이라고는 할 수는 없지.

뒤에 주식 투자에 대한 이야기도 다루겠지만, 주식은 변동성이 큰 만큼 위험성도 크기에 투자를 하더라도 잃어도 상관없는 순수한 여유자금으로 해야지, 이렇게 대출까지 받아 주식에 투자하는 것은 도박장에 가서 일확천금 기대하며 전 재산을 거는 것과 다를 바 없단다.

2019년 6월말, 가능 범위 내 추가 대출까지 탈탈 털어 실행하여 또한 번 진정한 영끌을 이용해 분양권 2호 투자를 실행했고, 그 결과 그 C아파트는 2년 반이 지난 현재, 곧 완공 및 입주를 앞두고 있단다. 처음에는 새집이니 만큼 1년 정도는 우리 가족이 실 입주하여 새집 분위기도 내볼까 생각도 했었지만, 우리 서민이가 학교를 옮겨야 하는 번거로움 때문에 그냥 전세를 내어 줄 예정이란다.

이 글을 쓰고 있는 현재 본격적으로 입주 시작하여 여기저기 공인중개사에 전세 매물 내놓았는데, 아파트 입주 초기에는 전세매물이 수요보다는 공급이 지나치게 많기에 어쩔 수 없이 전세가가 매우 낮게 형성되는데, 지금 형성되어 있는 초기 전세 시세만으로도 최초 분양가와 거의 엇비슷하여 전세 한 바퀴만 돌리고 나면 완전한 무피투자가 될 것으로 생각된단다.

지금은 입주 초기 전세 물량이 쏟아져 나와서 저렴한 것이라지만, 한 1년만 지나서 전세 물량이 모두 소진된다면 아마도 지금 전세 시세보다 수억 원은 충분히 더 상승될 것이고. 또한 매매 시세 역시도 아직은 호가 기준이지만 최초 분양가의 3배가 넘어 엄청난 수익률을 가져다주고 있는 귀여운 복덩이란다.

어쨌든 지금의 상황으로는 전세 보증금만으로도 거의 분양가와 맞먹으니, 어찌 말하면 앞으로 들어오실 전세 세입자께서 이 집을 사다가 아빠에게 공짜로 넘겨준 것이라 할 수도 있는 것이지. 아빠가 엄청난 부동산 투자의 귀재라서 일부러 예측하고 노린 것은 아니고 전혀 예상치도 못하고 장기 보유 목적으로 투자 했었던 것인데, 어쩌다보니 투자 시기가 운이 맞아서 두 채의 분양권 모두가 엄청난 수익률을 가져다주었단다.

이러한 분양권 투자 경험을 바탕으로 기회가 되면 분양권 투자를 더 하고 싶었으나, 지금은 워낙 많은 정부의 대출 규제가 신설되어 아마도 앞으로 한동안은 분양권 투자가 어려울 것 같구나.

이번 상승기에서는 여기서 만족하고, 5년 후가 되든, 10년 후가 되든 앞으로 다시 올 미분양 시기에 또 한 번 성공적인 투자를 하기 위해 항상 잘 대비하고 있어야겠지. 앞으로 다가올 다음번 상승기에서는 우리 서민이도 성인이 되어 있을 테니 그동안 종잣돈 잘 준비해 두어 우리 가족 모두 각각 성공적인 투자를 하자꾸나.

# 아직 재개발 투자는 좀···

2019년 늦가을, 분양권 2채 투자를 해놓고 다시 종잣돈 몇 천만 원이 모였을 때였단다. 그때 뜬금없이 큰아빠에게서 연락이 왔지. 앞서 말했지만 큰아빠와는 투자 이야기 외에는 마땅히 서로 잘 연락하지 않는단다.

역시나 그 연락도 투자에 대한 것이었는데 서로 지금은 어떤 투자처를 알아보고 있는지 이야기 주고받다가 큰아빠는 당시 재개발 투자에 관심이 많아서 진작에 성남시 상대원동 구축 빌라에 투자를 이미 해두었다는 말을 듣게 되었단다.

그 말을 듣고 보니 아빠는 구축 아파트도 투자해 봤고 신축 분양권도 투자해봤고 비록 지분이었지만 토지에도 투자해 봤으니, 이제 아빠도 상가나 재개발 쪽 투자를 알아봐야 하지 않을까 싶었단다.

하지만 상가는 부동산 투자 중에서도 정말 최고난도 전문영역이라 아빠가 손대기에는 아직은 지식과 경험이 부족하고, 재개발은 어차피 장기로 묻어두는 것이니 장기투자를 선호하는 아빠의 투자성향과는 딱 들어맞는 방향인 것 같아 바로 그 주말에 성남시 상대원동으로 향했단다.

사전에 공인중개사 사무소에 전화 상담하여 재개발 가능성이 높은 지역의 구축 빌라 매물을 몇 개를 소개 받았고 그래서 실제 그 빌라들을 둘러보러 간 것이었는데, 밖에서 외관을 가만히 보니 소개받은 모든 빌라가 베란다에 판넬 등을 이용해 불법 증축이 되어 있었단다. 아빠는 합법적인 투자를 하려는 것이지, 불법적인 투기행위를 하려는 의도는 전혀 없단다. 그래서 그 매물들은 더 이상 생각할 필요도 없이 건너뛰었지.

만약 베란다 불법 증축한 빌라를 사둔다면 운이 좋으면 걸리지 않고 재개발까지 가져갈 수 있겠지만, 만약 민원이 들어오거나 구청에서 단속이 나오면 불법 증축에 대해 매번 과태료를 물어야 할 것이고, 또한 이런 핸디캡 때문에 정상적인 세입자는 받지 못하고 보증금을 엄청 적게 받아야 하는 등 전월세를 내어줄 때에도 큰 손해가 있을 것이라 생각했단다.

또한 집에 와서 그 빌라들의 등기사항전부증명서를 열람해보니 소유주의 이름들이 서로 비슷한 것을 알게 되었지. 그래서 유추해 보건대 누군가가 가족들 명의를 동원해 재개발 투자 목적으로 먼저 여러 채에 사두었던 것이고, 아마도 불법 증축부 과태료 문제와 불리한 전월세 조건 등으로 골머리 앓다가 그냥 공인중개사에게 매물을 내놓은 것이라 추측 되었단다.

종합해 보자면 앞으로 재개발이 유력한 곳은 이미 다 투자되어 정상적인 매물이 거의 없고, 간혹 나와 있는 매물들은 이와 같이 구조상 또는 권리상 하자가 있는 집들이었다는 것이란다.

그래서 그 경험을 통해 아빠가 내린 결론은 재개발 투자는 이미 우리가 모두 이름만 들어도 알 수 있는 재개발이 확정된 지역보다는, 아직 재개발 계획은 없지만 나중에 계획에 포함될 만한 지역을 미리 선점해야 한다는 것이란다.

그런데 그러려면 정말 10년 이상 장기간으로 투자를 계획해야 할 것이고, 재개발 가능성이 높아지면 높아질수록 그 동네의 거주환경은 더욱 안 좋아진다는 것이니 전월세 조건은 갈수록 더 취약해질 것이라 예측되는 것이지.

즉, 최악의 조건으로 가정하자면 전월세 수익은 전혀 없이, 썩어가는 빌라 한 채를 여윳돈으로 매수하여 그냥 방치해두고 재개발 될 때까지 시간에 맡겨두어야 한다는 것인데, 아직 아빠의 수준은 부동산을 사두고 활용하지 않고 방치해도 될 만큼의 큰 부자는 아니다보니, 이 투자방법은 현재로서는 아빠와 맞지 않는다고 생각했단다.

그래서 재개발에 대한 투자는 좀 더 공부하면서 간접경험을 쌓아본 후 나중에 순수한 여유자금은 많은데 더 이상 마땅한 다른 투자처를 찾지 못하고 있을 때, 그때 다시 한번 도전해 보고자 한단다.

# 취득세 폭탄 직전 아파트 2채 매수
## (1,000만 원 절세)

2019년 12월이었단다. 성남시 재개발 투자를 알아보다가 아빠가 감당할 수 없는 위험성이 도사리고 있음을 인지하고 아빠는 다른 투자처를 알아보던 중이었지. 그때 알아보던 지역은 수도권에서 약간 벗어난 지방 대도시로 이번에는 다시 아파트 갭 투자를 알아보고 있었단다. 당시 수도권은 가격이 꽤 급등하며 이미 불장이었단다. 그러다 보니 정부의 규제정책도 더욱 강화되고 그럼에도 불구하고 집값은 계속 안 잡히니 정부는 더욱 강한 규제정책 펼치는 등 완전 악순환이 반복되던 양상이었단다.

그러던 중 아빠가 구독 중이던 경제신문의 한쪽 구석에 한 달 뒤인 2020년 1월부터 3채 이상 소유한 다주택자에게는 아파트 취득세율이 현행 1%에서 4%로 확 올릴지도 모른다는 자투리 기사를 보게 되었단다. 설마 세금인상을 이렇게 사전 의견수렴이나 토론도 없이 군사작전 하듯 비밀스럽게 올린다는 게 말이 되나 싶어, 정부에서도 집값이 안 잡혀 답답하니까 그냥 해 본 말이겠거니 하고 별 신경을 쓰지 않았단다.

그러다 또 며칠 후 그 기사가 정말 현실이 되었단다. 그때도 공식적인 브리핑은 없었고 잠깐 지나가는 식으로 뉴스와 신문에 보도되었는데, 아마도 정부 입장에서도 부동산 규제정책을 하도 자주 발표하다보니 취득세 중과 건 하나만 가지고는 또 규제정책이라고 공식 브리핑하기에는 민망했나 보구나.

취득세율이 1%에서 4%로 인상되면, 약 2억 원짜리 집을 산다고 가정했을 때 기존 200만 원 내던 취득세를 이제는 800만 원을 내야 한다는 것이지. 그래서 아빠는 그 즈음 관심 가지고 알아보던 지방 대도시 아파트 투자를 취득세 인상이 시행되기 전에 더욱 속도 내어 빨리 매수해 버렸단다.

그 아파트는 현재도 보유 중이니 자세한 지역과 아파트 명칭을 언급하지 않고 그냥 편의상 D아파트로 호칭하련다. 여기 D아파트는 대기업 계열사가 다수 위치하고 있는 대규모 산업단지를 바로 옆에 끼고 있어 입주민의 대부분이 그 산업단지에서 다니는 대기업 계열사 직원이었단다.

또한 D아파트뿐만 아니라 인근의 모든 아파트들이 완공된 지 5년이 채 안 된, 어찌 보면 자그마한 신도시 개념이라 도로나 산책로 등도 깔끔하게 잘 정비되어 있어 꽤 살기 좋았단다.

게다가 초대형 할인마트를 아파트 단지 한가운데 끼고 있어 생활여건도 편리했기에, 이런 이유로 혹시 매매시세는 크게 오르지 않더라도 장기적으로 전세 수요는 꾸준히 계속 증가될 것이라 예상했단다. 어차피 전세 수요가 증가되면 매매가 역시 전세가에 밀려 같이 상승하기 때문에 큰 수익은 아니어도 절대 손해 볼 일은 없을 것이라 생각했지.

그래서 젊은 신혼부부들이 선호할 만한 24평형 미만의 소형아파트를 알아보았고, 나름 로열층이라 할 수 있는 19층에 매물이 나왔기에 신속히 매수하기로 결정했단다. 당시 매매 시세는 1억 8,000만 원이었는데, 아빠가 몇 번 이야기 했듯이 조금만 깎아 달라고 협상해서 1억 7,900만 원에 매수하기로 협의했단다.

전세는 또 바로 구하여 1억 6,000만 원에 세입자를 맞췄으니 실 투자금은 취득세와 중개수수료 등을 모두 합하여 2,264만 원이 들었지. 당시 아빠는 수중에 투자 가능한 종잣돈이 약 5,000만 원 정도 있었는데, 이 이정도면 여기 D아파트를 투자하고도 한 채 더 투자가 가능하겠다고 생각했단다.

이 동네 말고도 다른 지역 알아보면 분명 더 좋은 투자처도 있겠지만, 이제 앞으로 며칠만 더 지나면 취득세율이 4%로 확 증가되면 같은 2억 원에 투자하더라도 취득세를 600만 원이나 더 내어야 하는 것인데, 그럴 바에는 고민 없이 이미 검증된 이 지역에 한 채 더 투자하는 게 현실적이라 생각했단다.

그래서 계약서 작성한 그날 바로 다른 매물을 몇 개 더 둘러보았고, 그렇게 결정된 E아파트 소형평형을 하나 더 추가 매수키로 하고 그날 바로 매도자와 만나서 일사천리로 계약서까지 작성했단다. 그 두 번째 E아파트도 22평 소형 평형으로, 1억 8,000만 원에 매물 나온 것을 잘 협상해 200만 원 깎아서 1억 7,800만 원에 매수했단다.

그 집은 당시 인근 대기업 계열사에서 1인 임원숙소로 임차 사용 중이어서 그 회사와도 잘 협의하여 전세 계약을 1억 6,000만 원에 1년 더 연장하기로 했고 그렇게 따져보니 E아파트 역시도 실 투자금은 2,159만 원이 들었단다. 그리고 잔금일자를 2019년 연말로 정해서 2020년 1월 취득세 인상이 시행되기 직전에 등기이전까지 모두 완료해 두었지.

여기 D, E아파트 잔금 날에는 서민이가 기억할지는 모르겠지만, 부

D, E아파트 잔금 때 서민이 동행하여 참관 및 주변 관광까지

동산 조기교육의 일환으로 일부러 너희를 같이 데리고 와서 공인중개
사 사무실에서 잔금 치루는 모든 일련의 과정을 쭉 모두 지켜보도록
했었단다. 그리고 인근 저명한 박물관 등 명소에 들러 관광도 하고 갔
는데 아마도 서민이는 아직 어려서 위에 사진처럼 박물관에 가서 놀
다 온 것만 기억할 듯 싶구나.

　이후 약 2년의 시간이 흐른 지금, 예상치 못하게 지방까지도 부동
산 급등세가 확산 되면서 2021년 연말을 기준으로 실거래가는 2억
6,000만 원에, 매도 호가는 2억 8,000만 원에 시세가 형성되어 있단
다. 호가 기준으로 본다면 1년에 5,000만 원씩, 2년 동안 총 1억 원 오
른 셈이지.

　게다가 그중 E아파트는 2021년 3월에 세입자가 바뀌면서 1억 8,000
만 원으로 전세보증금이 인상되어, 현재는 전세보증금만으로도 아빠
가 매수했던 가격을 앞질러 이 곳 역시도 무피 투자가 되었는데, 다른
D아파트는 정부 여당이 새로 개정한 주택 임대차 법의 여파로 세입자

가 4년 동안 살기를 원해서 아직도 1억 6,000만 원에 계속 전세주고 있단다.

현재는 전세 시세가 계속 급등해서 전세가 2억 4,000만 원까지 실거래 되고 있는데, 이러다 D아파트는 4년의 전세기간이 끝나는 2023년에는 전세 보증금만으로도 기존 전세보증금보다 1억 원 넘게 급격히 상승하지 않을까 싶다. 집을 소유하고 있는 아빠는 자산가치가 오르니 기분 좋지만, 현재 1억 6,000만 원에 전세살고 있는 세입자의 기분은 과연 어떨까?

전세살이 4년하고 이사가려 했더니만 인근지역 전세보증금이 1억 원 이상 뛰어올라 있을 텐데, 아마도 4년 전에 내 집 마련 안 하고 전세로 들어온 것을 땅을 치며 후회하지 않을까 싶다. 이런 걸 보면 대체 주택 임대차 3법 개정은 누구를 위한 것이었는지 참으로 의아하단다.

서민아, 어떤 사람은 무소유가 미덕이라 하지만은 아빠는 그리 생각 안 한단다. 아빠는 너희들이 청렴하고 아름다운 무소유를 추구하기보다, 법을 위반하지 않는 범위 내에서 풀(Full)소유를 추구하여 경제적으로든 시간적으로든 여유 있는 삶을 살길 원한단다.

# 7절 분산투자, 다양한 포트폴리오 구성

# 비과세 증여 4,000만 원

서민아, 아빠가 세무 전문가는 아니라서 각종 세법에 대해서는 아직도 잘 모르지만 이런저런 책을 많이 읽다보니, 미성년 자녀에게는 10년 간격으로 2,000만 원까지는 비과세 증여가 가능하다더라. 그래서 금융지식이 있는 상위 지배계층 가정에서는 자녀가 태어나자마자 2,000만 원을 비과세로 증여해주고, 10살 되면 또 2,000만 원을 비과세 증여해주고, 20살이 되면 이제 성년이므로 비과세 증여 허용한도가 늘어나 5,000만 원을 비과세 증여를 해주는 것이지.

이러면 비과세 증여 원금만도 9,000만 원인데, 여기에 명절 때 마다 친인척들에게 한 푼 두 푼 용돈 받은 것까지 합한다면 이제 갓 20살을 넘긴 나이에 벌써 근 1억 원 정도의 목돈을 손에 쥘 수 있는 것이란다. 이 돈으로 아파트 갭 투자를 해도 되고 주식을 사도 되고 토지를 사두어도 되지.

모든 투자는 시간을 먹고 자라나는 법인데, 20살에 묻어둔 1억 원이라는 돈은 수십 년 후에는 꽤 큰 재산으로 자라나 있을 것이란다. 상위 지배계층은 이런 합법적인 방식으로 부와 권력을 후대에 계속 물려주는 것이고, 금융지식이 부족하고 증여해 줄 돈도 없는 가난한 사람들은 계속 자녀에게 똑같이 가난만 대물려 주는 것이란다.

아빠도 한창 직장에 목숨 바쳐 충성하던 20~30대 시절에는 이런 금융지식을 전혀 모르고 살아왔단다. 오로지 땀 흘려 번 근로소득만이 세상에서 가장 값진 것이라고 배우고 자라왔던 가난한 프롤레타리아였으니까.

그나마 다행히도 30대 후반에 이르러서 책을 많이 읽기 시작하며 이러한 금융지식을 깨치게 되었고, 그래서 아빠도 드디어 가난의 대물림을 끊어내고자, 41살이 되어서야 우리 서민이에게 첫 비과세 증여를 해줄 수 있었다.

그래도 다행이다. 늦었다고 생각할 때가 가장 빠를 때라고 아직까지 아빠 주변을 돌아보면 친인척이나 친구들 중에 아빠 외에는 그 누구도 자녀에게 비과세 증여를 해준 사람이 아직은 아무도 없단다. 달리 해석하자면 안타깝게도 아빠 주변 모든 사람들의 수준이 아직까지는 금융지식이 한참 부족한 하위에서 지배받는 계층들이라는 것이지.

여러 책들에서 많이 인용된 글 이지만, 사람이 더욱 발전된 삶을 살고자 한다면 아래의 세 가지 중 하나 이상은 바꿔야 한다고 하더라.

1. 현재 살고 있는 주거환경
2. 자주 만나고 어울리는 사람
3. 읽고 있는 책

제일 좋은 방향은 부유하고 치안 잘 되어 있고 문화수준 높은 지역으로 이사를 가서, 그 지역의 품위 있고 명망 있는 이웃들과 자주 교류하며, 그들이 주로 읽는 책들을 같이 읽는 것이지.

그런데 이렇게까지 하기에는 타고난 금수저가 아닌 이상에는 힘들 것이고, 그래서 현실적으로 실행 가능한 것은 부유한 지역으로 이사까지는 못 가더라도 금융지식이 있는 좋은 사람들과 자주 어울리도록 노력하고, 항상 책을 들고 다니며 틈나는 대로 책을 읽어야 한단다.

요즘 도서관을 가봐라. 얼마나 잘 되어 있니? 우리 집 주변만 해도 큰 도서관이 두 군데나 있단다. 이렇게 주변 도서관만 잘 활용해도 좋은 책들을 쉽게 접할 수 있고, 그 책들을 읽는 것만으로도 충분히 더욱 발전된 삶을 살수 있다는 것을 아빠는 몸소 체험했단다.

아빠는 이렇게 좋은 책들을 읽어서 깨치게 된 금융지식을 활용해 2020년 5월에 서민이에게 처음으로 각각 2,000만 원씩 비과세 증여를 해주었단다. 솔직히 말하면 사실은 돈이 좀 부족해서 편법을 좀 사용했단다. 우선 서준이에게 2,000만 원을 증여해준 후 그 돈을 서준이에게 정식 차용증을 쓰고 빌려와 다시 민준이에게 증여해주는 방법이었지. 물론 민준이에게도 차용증 써주고 다시 빌려왔지만.

평소 아빠는 약 3,000만 원 정도 모이면 바로 새로운 곳에 투자하고 있던지라, 서민이에게 각각 2,000만 원씩 증여해 줄 돈이 부족했지. 그래서 우선 첫날에는 서준이 명의로 개설한 은행통장에 2,000만 원을 이체하여 넣어주고 그 통장 입금내역을 증빙으로 첨부해 국세청 홈택스에서 미성년 자녀 비과세 증여 신고를 처리했어.

그리고 다음날 서준이에게 아빠가 정식으로 차용증을 써주고 통장에 있는 2,000만 원을 꺼내와 아빠 통장에 넣고, 다시 그 돈을 민준이 통장에 이체해서 똑같은 방법으로 민준이도 비과세 증여 신고를 해주었단다. 물론 그 다음날에 그 돈은 아빠가 민준이에게도 차용증 써주고 다시 인출하여 도로 가져왔단다.

어찌 보면 돌려막기 식으로 형식만 갖춘 것인데, 이게 무슨 쓸모가 있느냐고 생각할 수 있지만 아빠 생각은 다르단다. 이렇게 국세청 홈

## 증여세 신고서 접수증

| 사용자 ID | ▨▨▨▨▨ | | 사용자명 | 박▨▨ |
|---|---|---|---|---|
| 접수번호 | 1▨▨▨▨▨▨▨35 | | 접수일시 | 2020-05-0▨ | 접수결과 | 정상 |

**■ 제출내역**

| 상호(성명) | 박▨▨ | 사업자(주민)등록번호 | ▨▨▨▨▨▨-▨▨▨▨▨▨▨ |
|---|---|---|---|
| 신고서종류 | 증여세 기본세율 신고서 | 접수방법 | 인터넷(작성) |
| 첨부한서류 | 1종 | 신고구분 | 정기(확정) / 정기신고 |

**국세청홈택스에 위와 같이 접수되었습니다.**

**■ 상세내역** (단위 : 원)

| 증여일자 | 2020/0▨▨ | 차가감
자진납부할세액 | 0 |
|---|---|---|---|
| 과세표준 | 0 | 연부연납세액 | 0 |
| 산출세액 | 0 | 분납할세액 | 0 |
| | | 차감납부세액 | 0 |

**미성년 자녀 증여세(비과세) 신고서 사례**

택스에 하루라도 빨리 정식으로 증여 신고해 둔 것만으로도 엄청난 절세의 효과가 있다고 생각한단다. 그래야 증여 신고한 날로부터 10년 후 또 비과세 증여해 줄 수 있는 것이니.

또한 아빠가 서민이에게 실제로 현금 2,000만 원을 입금해주어도 미성년자인 너희들이 직접 투자하기에는 아직 제약이 많으니, 아빠가 너희에게 정식으로 차용증을 작성해서 공식적으로 돈 빌린 것을 증빙으로 남겨둔 후, 추후에 너희가 성년이 되어 본인 명의로 아파트나 토지를 살 때 차용증에 명시된 이자까지 모두 합하여 일시에 큰돈을 보태준다면, 이자까지 포함한 더욱 큰돈을 세금 없이 증여해 줄 수 있을

# 차 용 증

채 권 자  성       명 : 박 서 준
         주       소 : ▓▓▓▓▓▓▓▓▓▓▓▓▓
         주민등록번호 : ▓▓▓▓▓▓▓▓▓

채 무 자  성       명 : 박 춘 성
         주       소 : ▓▓▓▓▓▓▓▓▓▓▓▓▓
         주민등록번호 : ▓▓▓▓▓▓▓▓▓


차용금액 및 차용조건

| 원금 | 일금   이천만 원정 (₩ 20,000,000) | | |
|------|------|------|------|
| 이자 | 법정 최고 이자율 적용<br>차용일 기준 연 (24)% | 이자 지급일 | 매년 5월 6일 |
| 원금 변제일 | 30년한 (2050년 5월 6일) | | |
| 특수조건 | 채무자는 추후 채권자에게 위 차용금액을 상환시 위 이자율을 복리로<br>적용하여 원리금 총액을 일시 상환한다. | | |


채무자는 위와 같은 조건으로, 채권자로부터 틀림없이 위 돈을 차용하였음을 확인한다.


2020년  5월  6일

채 권 자 : 박 서 준

채 무 자 : 박 춘 성

비과세 증여 신고 후 돈 빌려오면서 정식으로 차용증을 작성

것이지.

물론, 세무서에서는 가족 간에 차용증을 인정 안 해 줄지도 모르지만 일단은 부딪혀 봐야 하지 않겠니? 아무것도 하지 않으면 아무것도 이룰 수 없는 것이란다.

뭐 세무서에서 차용증을 인정하지 않는 최악의 경우라고 가정해봐야 비과세 증여 신고된 2,000만 원 외 나머지 금액에 대해서 증여세 납부하면 될 것이니 부담이 줄어들 것이고, 다행히도 차용증을 받아들여주어 세무서에서 이자 비용까지도 비과세 증여로 인정해 준다면 이자 비용 수천만 원을 더 비과세로 증여해 줄 수 있는 것이니, 이렇게 한번 해보는 것이 손해보다는 이득이 더 많다고 생각한단다.

그래서 현재 우리 서민이는 국세청 홈택스에 공식 신고 된 서류상으로는 각 2,000만 원씩 증여받은 현금 재산을 보유하고 있는 것인데, 아빠 계획으로는 첫 증여를 했던 2020년에서 10년 경과하여 2030년이 되면, 그때는 너희가 성년이니 그 2,000만 원에 성년 비과세 증여 가능액 5,000만 원을 합하고, 거기에 차용증에 근거한 복리 이자로 좀 더 쳐서 아빠가 현재 소유하고 있는 토지의 소유권을 매매 형식으로 서민이에게 넘겨주려 한단다.

단, 너희들이 지금 탐내고 있는 우리 가족 주말농장은 아빠가 혹시라도 최악의 경우 늙어서 돈 부족하면 농지연금을 신청해 노후자금으로 쓸지도 모르니 제외하고, 그 땅 말고 전원주택지 임야와 지분형태로 소유 중인 다른 토지를 넘겨줄 생각이란다.

토지가 아닌 아파트를 증여해주는 것도 생각해봤는데 아무래도 어린나이에 유주택자가 되어 청약 당첨 기회를 없애버리는 것보다는, 젊었을 때에는 무주택자로서 청약 기회를 노려보는 게 더 좋을 것 같아서 생각을 접었단다.

아빠는 청약통장 가입기간으로 산정되는 17살 때부터 서민이에게 청약통장 만들어주고 매달 적금 부어 줄 예정인데, 아빠가 아파트를 증여해줘 버리면 너희는 유주택자가 되어 청약통장을 제대로 활용도 못 해 볼 터이니, 우선은 청약과 상관없는 토지를 먼저 증여해 주는 것이 더 효율적이라 생각했단다.

참고로 아빠는 법에서 정한 비과세 증여 범위 내에서만 서민이에게 사전증여 해 줄 생각이란다. 그 이상의 자산은 증여세를 내면서까지 증여해줄 생각은 아직 없고, 가급적 엄마 아빠가 노후까지 편안하고 행복하게 살면서 대부분 다 쓰고 갈 생각이란다. 아마 그럼에도 아빠 사후에는 상속될 만한 자산이 좀 남아 있을 것이라 예상되는데 그것은 너희가 알아서 상속세 내고 받아가야 할 것이다.

아빠가 공식적으로 말은 이렇게 했지만, 서민이가 하는 것 봐서 어쩌면 사전증여 해줄지도 모르지. 그러니 아빠 엄마에게 평소에 건강하게 있을 때 잘해야 한단다.

# 농지 투자, 5도2촌의 시작

서민아, 너희들도 직접 몸으로 겪었지만 2020년에 들어서자 전 세계는 심각한 질병 대유행을 맞이하게 되었단다. 바로 코로나19 사태이지. 우리나라도 피해갈 수 없이 2020년 3월 1일 부로 정말로 우리 사회가 멈춰 섰단다. 가게나 식당들은 모두 문을 닫아야 했고, 회사들은 대부분의 직원을 재택근무로 전환시켰고, 아빠 역시도 그동안 대면으로 해왔던 강의나 자문, 심의 등 모든 프리랜서 활동이 수개월 간은 중단되었단다.

하지만 다행히도 우리 가족은 아빠가 평소에 벌고 모아둔 여윳돈이 있다 보니 당장 생계에 별 심각한 문제는 없었단다. 아빠가 종잣돈을 약 3,000만 원 정도 모아두는 이유 중에 하나가 바로 이런 비상 상황을 대비하는 목적도 있단다.

우리 집 한 달 생활비가 대출 원리금까지 모두 포함하면 약 600만 원 정도 들어가는데, 만약 이러한 비상상황에 맞춰 최악의 경우 서민이 학원 중단하고, 보험 연금 등 저축성 지출은 일시 납입중지하고서 생필품만 최소한으로 아껴서 쓴다면 월 300만 원 이내로도 충분히 생활이 될 것이란다. 그러니 저 3,000만 원은 투자를 위한 종잣돈이기도 하지만, 이런 비상 상황에서는 최소 10개월은 생계유지를 가능하게 해주는 비상금의 역할도 한단다.

예상치 못한 코로나19 팬데믹으로 아빠의 강의 등 대면활동 소득이 모두 끊어진 반면, 비대면으로 해오던 서면자문, 심의, 문서집필, 온라인 강의 등의 영역이 급속도로 확대되어 결과적으로 아빠의 월 평균 소득에는 별 문제가 없었단다. 아니 오히려 사업영역이 더 확장 되어 소득이 조금 더 늘어났단다.

코로나로 인한 거리두기 규제가 시작된 2020년 3월부터 약 3개월 정도만 변화된 비대면 환경에 적응하느라 월 소득이 1,000만 원 이하로 잠시 줄었지만, 그 이후 6월부터는 다시 예전 수준으로 회복되어 오히려 그 이상으로 소득이 늘어나기 시작했지.

| 구분 | 근로소득 | | | | 비근로소득 | | | | 합계 (세후) |
|---|---|---|---|---|---|---|---|---|---|
| | 강의 | | 건설팀 | 자문/심의 | 컨텐츠 + 비상근 | | 투자수익 | 기타 환급 외 | |
| | 정규수 | 외래교수 | | | 기술분야 | 자기계발분야 | 현금화 | | |
| 1월 | 20,615,440 | 1,025,890 | 483,500 | | 1,348,140 | 609,866 | | 7,000 | 24,087,836 |
| 2월 | 6,117,490 | 1,184,090 | 483,500 | 560,720 | 2,190,400 | 700,491 | | | 11,236,691 |
| 3월 | 5,937,750 | 829,490 | 1,015,350 | 150,000 | 1,256,620 | 215,586 | | | 9,404,796 |
| 4월 | 5,958,570 | 897,180 | 483,500 | 251,330 | 1,290,000 | 497,849 | | 3,768 | 9,380,197 |
| 5월 | 3,029,250 | 975,210 | 483,500 | 1,870,200 | 1,250,000 | | | 1,162,272 | 8,770,432 |
| 6월 | 4,706,610 | 1,426,030 | 440,600 | 2,098,060 | 3,350,000 | 991,709 | 4,050,000 | 3,655,495 | 20,720,524 |
| 7월 | 7,627,760 | 446,250 | 483,500 | 1,718,040 | 3,590,000 | 927,181 | | 395,300 | 15,388,031 |

2020년 전반기 코로나19 사태로 인한 소득 변화

코로나가 시작된 지 근 2년이 지난 현재에는 예방 백신은 물론 먹는 치료약까지 개발되어 이제는 전 세계가 코로나19 충격에서 조금씩 벗어나고 있는데, 돌이켜 보면 이 위기가 오히려 아빠에게는 기회가 되었단다.

그동안은 대면활동, 그중에서도 특히 건설기술 강의 영역에 아빠의 소득유형이 집중되어 있었는데, 이번 코로나19 사태를 계기로 사이버대학교 온라인 강의나, 건설공사 안전관리계획서나 유해위험방지계획서 등 법적인 서류작성 대행 사업까지도 아빠가 돈벌이 가능한 소득

연봉 3억 파이어족이 서민에게 들려주는 부자의 돈 이야기

유형이 더욱 다양화 되는 계기가 된 것이지.

이렇게 돈벌이 가능한 소득 유형이 다양하게 늘어나니 돈은 이전보다 더 많이 벌면서 오히려 시간 여유도 더 늘어나는 괴상한(?) 현상이 벌어졌단다. 아마도 전국구로 강의 활동하던 것이 비대면 온라인 방식으로 많이 바뀌면서 교통시간이 확 줄어서 그런 것 같구나.

아빠는 요즘 새벽 3시 반 정도에 일어나고 있으니 어지간한 서류작업들은 오전 중에 다 끝내버리고, 오후에는 책을 읽거나 산책을 가는 등 시간활용이 더 자유로워졌단다. 정말로 경제적 여유에 이어 시간적 여유까지도 삶의 질이 한층 더 크게 상승한 것이지.

비대면 상황에서도 꼭 필요한 기술을 보유하고 있는 전문직들은 아빠와 같이 오히려 소득이 증가되고, 특별한 전문기술이 없는 직장인들은 회사 경영 악화를 사유로 명예퇴직이나 무급휴직을 당하는 등, 사회 전반적인 부익부 빈익빈 현상이 더욱 가속화되는 것을 몸소 느꼈단다.

이런 연유로 우리 가족은 2020년 3월부터 여기저기 가족여행을 많이 다녔단다. 코로나19 상황으로 해외에는 나갈 수 없었지만, 제주도 3박 4일 여행을 시작으로 동해, 인제, 영주, 단양 등 국내 이곳저곳에 가족여행을 꽤 많이 다녔단다. 그러던 중 너희들이 자연인 아저씨라 부르는 아빠와 친한 어느 교수님의 춘천 자연인 하우스에도 놀러가게 되었지.

그 교수님은 코로나19 상황을 미리 예견이라도 했던지 1년 전부터 춘천 사북면 고탄리에 경치 좋은 토지를 사놓고, 컨테이너 하나 설치해서 주말마다 세컨드하우스 개념으로 놀러 다니셨단다. 그 곳에 우

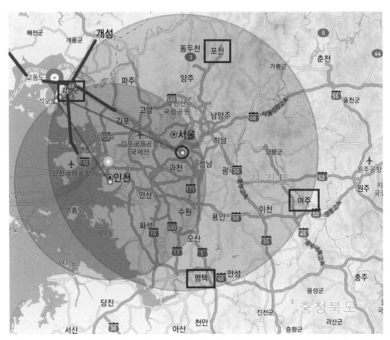

강화도 토지 투자 선정 배경(집과의 거리, 서울과의 거리)                    출처: 카카오맵

리 가족이 놀러갔을 때 아빠도 물론 너무 부럽고 좋았지만, 우리 서민이가 순수한 자연 속에서 땅파기 삽질 놀이도 하고 통나무 굴리기 놀이도 하는 것을 보면서 아빠는 그 모습이 정말 보기 좋았단다.

　그래서 우리 가족도 100평 정도의 작은 농지를 한 필지 사서 농막 컨테이너 하나 설치해두고 주말마다 여유롭게 지낼 수 있는 주말농장을 만들어 보기로 결정했지. 이렇게 일주일 중에서 평일 5일은 도시에서 일상을 살면서, 주말 2일은 농어촌에서 자연을 벗 삼아 지내는 것을 5도2촌이라 한단다.

　서민아, 토지이든, 아파트이든, 자동차이든, 항상 자산을 구입할 때

　　　　　　연봉 3억 파이어족이 서민에게 들려주는 부자의 돈 이야기

에는 투자의 측면을 같이 고려해야 한단다. 과연 이것을 취득하면 시간이 지나면서 가치가 오를 것인지? 아니면 오히려 가치가 떨어질 것인지? 가치가 떨어진다면 과연 내가 감당할 수 있는 범위인지? 등을 염두 해두고 판단 내려야 하는 것이지.

그런 측면에서 봤을 때 아빠는 지인이 계신 춘천에 토지를 사는 것은 활용성이 떨어진다고 봤단다. 거리가 너무 멀었기 때문이었지. 우리가 살고 있는 송도국제도시에서도 멀지만, 수도권 토지가격을 결정하는 지표인 서울 강남과의 접근성도 좋은 편은 아니라, 투자 목적으로는 적합하지 않다고 생각했어.

그래서 아빠는 집에서 1시간 이내 갈 수 있어야만 주말마다 가서 제대로 활용할 수 있을 것이라 생각했단다. 그래서 결정한 지역이 바로 강화도였지.

처음에는 영종도를 사볼까 생각했었는데 영종도는 이미 많은 개발 진행되어 토지 값이 비싸더라. 그래서 두 번째 후보로 강화도를 선택하게 되었어. 강화도 역시 가까운 거리는 아니지만, 그래도 최근 인천~김포 고속도로가 개통되어 1시간 정도면 왕래가 가능했고, 또한 지도로 봤을 때 서울과의 거리가 엇비슷한 평택, 여주, 포천 등에 비하면 시세가 매우 저렴한 편이었기에, 앞으로의 지가상승 여력이 풍부하다고 생각했단다.

게다가 문재인 정부에서는 북한과의 관계개선을 통해 교류를 활성화하려는 사업을 다수 구상 중인데, 그중에 하나가 위 지도에 그려놓은 십(十)자 모양의 굵은 선과 같이 바로 강화군을 교차점으로 하는 모양으로 남한과 북한의 연결 고속도로를 건설하는 것이란다.

강화군을 중심으로 동-서 방향으로는 서울에서 강화군-교동도를 거

첫 주말농장 토지(강화군 내가면 황청리)

처 북한의 황해도 해주로, 남-북 방향으로는 인천에서 영종도-신도-강화군을 거쳐 북한의 개성으로 뻗어 나가는 노선이 계획 중인 것이지. 비록 아직 최종 확정된 것은 아니지만 단계적으로 조금씩 진행되지 않을까 하고 아빠는 생각한단다.

이렇듯 강화군에 대해 활용성과 투자성을 모두 검토한 후 본격적으로 강화군 공인중개사 사무소를 들쑤시기 시작했고, 그렇게 몇십 군데를 둘러본 결과 아빠 마음에 쏙 드는 토지를 찾아서 계약하기에 이르렀지.

앞서서도 언급했지만 토지를 사는 방법은 중개사를 통해 찾는 것과 경공매로 찾는 것이 있는데, 경공매로 나온 토지는 권리상 하자가 있거나, 위치나 지역 모양 등이 이상해 활용도가 떨어지는 등의 기본적으로 결함이 있는 경우가 대다수란다.

연봉 3억 파이어족이 서민에게 들려주는 부자의 돈 이야기

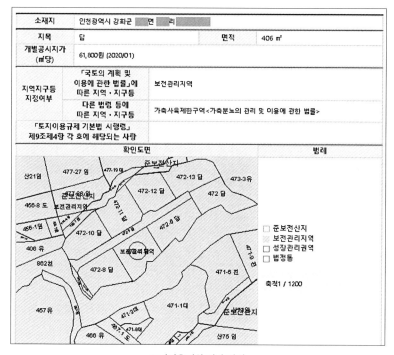

| 소재지 | 인천광역시 강화군 ▨▨면 ▨▨리 | | |
|---|---|---|---|
| 지목 | 답 | 면적 | 406 ㎡ |
| 개별공시지가 (㎡당) | 61,800원 (2020/01) | | |
| 지역지구등 지정여부 | 「국토의 계획 및 이용에 관한 법률」에 따른 지역・지구등 | 보전관리지역 | |
| | 다른 법령 등에 따른 지역・지구등 | 가축사육제한구역<가축분뇨의 관리 및 이용에 관한 법률> | |
| 「토지이용규제 기본법 시행령」 제9조제4항 각 호에 해당되는 사항 | | | |

토지이용계획 열람 확인

아빠는 시간을 매우 소중하게 생각하는 사람이기에, 경공매로 괜찮은 토지 나올 때까지 하세월 기다리는 것보다는, 조금 더 비용 들더라도 공인중개사를 통해 검증된 토지 사는 것을 더 선호한단다.

그렇다고 공인중개사의 말을 100% 신뢰하라는 것은 절대 아니다. 아빠도 토목분야 기술사이지만 해 보지 않은 공법은 대충 이해만 하는 것이지 정확히는 모른단다. 그처럼 공인중개사도 본인이 취급해 본 분야만 잘 아는 것이지 모든 것을 다 아는 게 아니란다. 가령 아파트만 중개해 본 사람은 토지에 대해 개뿔도 모르며, 토지만 중개해본 사람은 아파트에 대해 기본 이해가 부족하단다.

컨테이너 농막 설치해서 주말마다 즐거운 시간(2020년)

그리고 토지도 농지, 임야, 대지, 잡종지, 공장용지 등 지목이 다양한데, 이 모든 것을 완벽히 다 아는 사람은 흔치 않을 것이야. 그래서 아빠는 공인중개사만 믿지 않고 직접 토지이용계획을 확인도 해보고, 토지대장이나 등기사항전부증명서, 국토교통부 실거래가 등도 열람해보았고, 그 결과 특별한 권리상·모양상 하자가 없다는 것을 확인하고 최종 매수를 결정했단다.

그동안은 소액으로 지분 투자만 해보다가 이번 기회에 처음으로 온전한 하나의 필지를 단독으로 투자해 봤는데, 이 토지는 농지법 상 농지이므로 농막을 설치해두고 주말마다 옥수수, 당근, 무 등의 농사도 직접 지어봤단다.

2020년에는 코로나19 사태로 인해 모든 관광지나 휴양지가 모두 문을 닫아서 어디 놀러 갈 곳도 없었는데 우리 가족은 이 농지와 농막 덕분에 주말마다 놀러가 평생 기억에 남을 즐거운 추억들을 많이 만들었단다.

이 토지는 2020년 5월에 평당 60만 원에 매수했는데, 대출 제외하면 실 투자금은 약 2,200만 원이 들었단다. 그리고 한 해 동안 우리 가족의 주말농장으로서 아주 요긴하게 잘 활용하다가 이후 아빠가 400평 이상의 제대로 된 농지를 새롭게 투자해 농장을 옮기게 되어, 2021년 2월에 평당 약 70만 원을 받고 되팔게 되었지. 여기 토지는 양도 차익에 취득세나 양도소득세, 중개수수료 등을 제외하면 약 600만 원의 순 이익이 발생되었단다.

---

- 실 투자금: 2,200만 원
- 순 이익: 600만 원(보유기간 연평균 수익률 55%)

---

이렇게 농지를 사서 농막을 만들어 놓고, 농사도 지으며 즐거운 시간을 보낸 것에 대한 자세한 이야기는 이후에 아빠가 한 권의 책으로 정리하여 『5도2촌, 농막 세컨드하우스 활용기』라는 책으로 정식 출간하게 되었단다. 현재 그 책에서만 지급된 누적 인세가 약 150만 원 정도 되는데 그 책이 출간된 지 약 7개월이 지났으니 월 평균소득으로 환산해 보자면 매달 22만 원씩 입금받은 격이지.

월 평균 22만 원이라면 웬만한 소형 주택 한 채를 월세 받고 있는 것과 같은데, 주택을 월세 받는 투자에 활용하려면 아무리 대출을 많이 받는다 해도 실투자금이 최소 1,000~2,000만 원은 있어야 할 것이란다. 하지만 책의 인세는 그런 수천만 원의 투자금 필요 없이 꾸준히 다달이 주택 한 채 월세 정도의 소득을 아빠에게 벌어다 주고 있지.

서민아, 이처럼 본인의 경험을 통해서 책을 집필해 보는 것도 또 다른 소득유형을 늘리는 방법이라 할 수 있겠다. 잘 찾아보면 세상에는 이렇게 돈 벌 수 있는 방법이 참 다양하게도 많이 있단다. 그러니 그

| 인세정산명세 | | | | |
|---|---|---|---|---|
| 구분 | 예정일 | 회차 | 정산기간 | 예정액 |
| 종이책 (예상) | 2022-01-14 | | 2021-09-29 ~ 2021-12-28 | 332,030 |
| 전자책 (예상) | 2022-01-14 | | ~ 2021-12-28 | 66,390 |
| 구분 | 지급일 | 회차 | 정산기간 | 지급액 |
| 종이책 (지급) | 2021-10-14 | 2 회차 | 2021-06-29 ~ 2021-09-28 | 364,950 |
| 종이책 (지급) | 2021-07-14 | 1 회차 | ~ 2021-06-28 | 744,220 |
| | | 합계 | | 1,109,170 |

『5도2촌, 농막 세컨드하우스 활용기』 인세(출간 7개월 차)

것들을 잘 찾아서 활용하면 되는데, 문제는 그러려면 생각하고 정리
할 시간이 있어야 한다는 것이지. 그렇기에 아빠는 시간이 세상에서
제일 소중하다고 생각하는 것이란다.

연봉 3억 파이어족이 서민에게 들려주는 부자의 돈 이야기

# 분양권 3호, 청약통장 당첨기

서민아, 아빠는 2019년에 2건의 미분양 아파트를 선착순 동 호수 지정 방식으로 투자해 본 후 그걸 계기로 아파트 청약제도에 대해 심도 깊게 공부해봤단다. 그 결과 지금의 결론은 정부에서 하도 청약제도를 수시로 뒤바꿔버리니 심도 깊은 공부해 봐야 개뿔 의미 없다는 것이란다.

청약에 대한 부동산 투자 전문서적들을 보면 불과 1년 전에 출간된 책도 최근에 변경된 현행 청약제도와 맞지 않아 오히려 잘못된 정보를 제공받을 우려가 있단다. 그러니 청약제도에 대해서는 미리 심도 있게 공부할 필요 없이 변치 않는 기본 상식 정도만 알아두었다가, 투자금이 준비되어 본격적으로 투자처를 알아볼 때, 반짝 현행 최신 청약제도를 기준으로 공부하면 될 것이라 생각한다.

여하튼, 청약제도에 대해 공부해보니 가까운 지인 중에서도 청약제도를 제대로 활용할 줄 몰라서 기껏 청약통장 만들어 놓고 십 수 년째 매달 꼬박꼬박 청약적금만 넣고 계신 분이 많았단다. 그중 아빠가 도움 드린 어느 한 친인척의 청약통장 당첨 사례를 이번 장에 들려주려 한단다.

서민이는 그 분이 누구신지 잘 알겠지만 이 책에서는 그 분을 편의

상 'F님'이라 칭해보련다. F님은 무주택자 기간이 근 20년 되어 청약가점이 꽤 좋은 조건이었단다. 다만 자녀를 모두 출가시켜 가족 수가 부부뿐이어서 청약점수는 40점대 중반이 나오고 있었지.

2020년 당시 사회적 분위기가 아파트 인허가 물량이 계속 줄고 있어, 조금만 관심가지고 알아보면 누구나 앞으로 2~3년 후에는 입주대란이 일어날 게 뻔히 예측되던 상황이었단다. 그런 상황에서도 정부에서는 주무부처 장관님은 물론 대통령님까지 나서서, 주구장창 주택공급은 충분하다며 모든 게 다주택자의 투기 때문이라는 프레임으로 계속 몰아가고 있었단다.

돌이켜 생각해보면 아마 2020년 그 즈음에는 정부에서도 이 모든 게 공급물량 부족이 원인이라는 것을 이미 알고 있었을 것이야. 그런데 정부에서 수년간 추진해온 정책방향을 완전히 뒤집을 수 없기에 어차피 욕먹는 거 끝까지 우겨보자는 식으로 밀어붙인 것 같더구나. 원래 높은 자리에 있는 사람들은 본인이 한번 내뱉은 말은 번복하기가 매우 어렵단다.

직장생활만 보더라도 팀장급만 되어도 자기 발언 번복하는 게 엄청 어려운데, 정부의 최고위직 공무원 및 장관님과 청와대 수석님들이 2017년부터 3년간 줄기차게 외쳐 온 '공급은 충분하다'라는 말을 이제와서 번복하기에는 이미 너무 멀리 온 상황이었겠지.

그렇기에 아빠는 2020년 6월에 마침 수도권 외곽에서 신규 분양되는 투자가치 괜찮은 아파트가 있어 거기에 청약 넣어보실 것을 F님께 추천 드렸단다. 그 아파트는 검암역 로열파크씨티 푸르지오(이하 검로푸)로 도심지에서는 상당히 외곽에 치우쳐 있지만 워낙 대단지이며 앞으로도 뒤이어 인근지역이 대단위 개발 예정이고, 또한 시행사에서 최

검암역 로알파크 푸르지오시티                    출처: 카카오맵

정상급 영화배우를 전속모델로 내세우는 등 아주 효과적인 홍보 전략을 구사하고 있었단다.

아빠는 기존 도심지 내 아파트와 비교하자면 검로푸는 생활편의시설 등의 입지는 비록 뒤쳐졌지만, 배후지에 워낙 대단위 개발 계획이 연달아 있어 분명 장기적으로는 가치상승 가능성이 매우 높은 아파트라 생각했단다.

그런데 F님은 청약 넣는 것을 매우 꺼려하시는 것이었어. 특히나 중도금 대출받는 것을 크게 두려워하셨단다. F님이 연배가 있으시다보니 그분이 살아오셨던 시대와 아빠가 살고 있는 시대가 다르기에 대출에 대한 두려움이 있으신 것은 어느 정도 이해되지만은, 그렇다고 청약조차 안 넣어 보실 것이라면 대체 청약통장은 왜 만드셨고 또 왜 매달 적금은 납입하고 계시는 것인지?

아마 F님처럼 청약통장을 만들어는 두었는데 사용할 생각 안 하시는 어르신들이 우리 주변에 꽤 많을 것이야. 청약통장을 어떻게 활용해야 하는지? 부족한 자금은 어떻게 대출 받아야 하는지? 이런 금융에 대한 지식이 부족하시기 때문인 것이지.

솔직히 연배 많으신 분들은 자산을 불리는 것보다는 더 이상 잃지 않게 지키는 게 중요하지, 투자를 해서 자산을 불리는 것은 이제 그다지 큰 의미가 없으실 것이란다. 그러니 F님 같은 어르신께 투자공부를 하시라는 것보다는 아빠와 같이 주변의 젊은 사람이 투자공부를 하고 금융지식을 쌓아서 대신 도움 드리는 게 가장 현실적인 방법이란다.

그래서 아빠는 F님께 우선 청약 한번 넣어보자고 설득했단다. 청약 탈락되면 그냥 없던 거로 생각하면 되는 것이고 혹시라도 청약 당첨되면 당첨된 동 호수 입지조건 봐서 계약을 할지 말지 결정하면 되지 않겠느냐고 설득했지.

그런데 아무래도 연세 많으신 분들이라 수중에 자금이 부족하셨단다. 당첨이 되어도 계약금 낼 돈이 없으시다며 손사래를 치셨지. 그래서 아빠가 또 나섰단다. 혹시라도 당첨된다면 아빠가 어떻게든 계약금 마련해 저렴하게 빌려드리겠다고 약속드렸지.

F님은 연배가 있으시니 온라인 청약에 어려움이 있으셔서, 아빠가 대신 모든 절차를 위임받아서 진행해 드렸단다. 검로푸가 다른 도심지에 분양하는 아파트에 비해 비록 현재 가치는 떨어진다 해도, 장기적인 가치는 크게 상승할 것이라 예상되기에 은근한 청약 경쟁이 예상되었단다. 그래서 아빠는 여러 가지 평형 중에서 그나마 일반 사람들이

가장 선호하지 않을 만한 99B(74㎡) 타입에 청약을 신청했고, 그 결과 다행히도 예비당첨에 선정되었단다.

예비순번도 상당히 앞 번호였던지라 최종 당첨은 거의 100% 기정사실이라 예견했고, 다만 동 호수가 얼마나 좋은 곳을 배정되는가에 따라 계약 여부를 결정하기로 했단다. 검로푸는 주변 경관은 모두 좋아서 어느 동이 당첨되건 다 좋은데, 다만 너무 저층이 당첨된다면 그때는 계약 진행 여부를 다시 생각해보려 했단다.

이 글을 쓰고 있는 2021년 연말에 부동산 시세를 확인해보니, 분양한 지 1년 반 만에 최저 층의 매물도 분양가 대비 프리미엄이 1억 7,000만 원이나 형성되어 있단다. 다시 한번 느끼지만 부동산 가격이 꾸준히 오르는 것은 사실이나 많이 오를지 조금 오를지는 누구도 정확히 맞출 수 없는 것이란다. 만약 그때 1층 당첨되었다고 그냥 계약 안 하고 포기해 버렸다면 지금쯤 땅을 치고 후회하고 있을지도 모르지.

어쨌든 동 호수 추첨 결과, 운이 좋게도 조망권이 괜찮은 17층에 당첨되었단다. 그래서 바로 계약하기로 결정하고 F님은 수중에 돈이 없으시니 아빠가 대신 모아놓은 종잣돈을 차용증 작성 받고 빌려드렸지. 그리고 시간이 흘러 6개월이 지나 2020년 12월에 전매제한 규제가 풀렸을 때, 역시나 예견했던 대로 프리미엄이 마구 달라붙기 시작했단다.

그리고 그때부터는 분양권을 전매하거나 아니면 중도금을 납부해야하는데 아빠의 생각으로는 현재의 공급물량 부족 상황에서는 아무리 못해도 입주할 때까지는 프리미엄이 계속 올라갈 것이라 예상되어 중도금 대출 받아놓고 입주 직전에 전매하실 것을 권해드렸단다. 아니면 본인께서 실입주해 거주하셔도 좋을 것이고. 비록 대출 원리금이 다소 부담되기는 하겠지만 집값 시세 상승을 감안한다면 대출 원리금 내고도 충분히 이익이 많이 남는다고 생각했지.

하지만 F님은 아무래도 투자경험이 없고 금융지식도 부족하다보니 중도금 대출 받는 것에 매우 큰 거부감을 느끼셨고, 그래서 아빠도 더 이상 설득하지 못하고 앞으로도 시세상승이 뻔히 예견되지만 F님의 정신건강을 위해 분양받은 지 6개월 만에 전매제한 풀리자마자 적정한 초기 프리미엄만 받고 분양권 상태로 전매 했단다.

당시 검로푸 분양가가 약 4억 6,000만 원이었는데, 거기에 시세에 맞춰 프리미엄 2,000만 원을 더 받고 전매했으며, 양도소득세 859만 원 내었으니 따져보면 4,600만 원 투자해서 6개월 만에 1,141만 원의 순이익이 생겼단다.

- 실 투자금: 4,600만 원
- 순 이익: 1,141만 원(보유기간 연평균 수익률 50%)

물론 그 수익금이 아빠 돈은 아니지만 F님이 아빠 덕분에 돈 벌었다며 빌려준 계약금을 갚으실 때 이자를 충분히 넉넉히 챙겨주셔서 아빠도 기분 좋았단다. 아빠는 빌려드린 돈에 이자도 충분히 받았지만 그보다도 이렇게나마 청약통장을 활용한 당첨 사례 투자를 직접 경험 쌓게 된 것이 참 좋았단다. 이런 경험들이야말로 귀중한 투자 자산이라 할 수 있지. 이렇게 아빠의 투자 스킬은 또 하나가 늘어났단다.

# 진정한 농지 투자, 농지연금 준비

서민아, 2020년 한 해 동안 강화군 내가면 황청리에 123평 농지를 사서 농사를 직접 해 보니 투자의 측면에서 각각 토지의 지목에 따른 장단점이 아빠 눈에 들어오기 시작했단다. 이 책이 토지 투자에 대한 전문서 목적으로 집필한 게 아니다 보니 토지에 대한 심도 깊은 전문적인 내용까지는 다루지 않고, 그저 아빠가 토지 투자를 직접 해 보면서 느꼈던 소회와 생각을 간략히 정리해 보려 한다.

토지의 여러 지목 종류 중 일반적으로 가장 투자가치가 있는 것은 대지란다. 대지는 대부분 기존 주거지역 등 사람들의 발길이 많이 닿는 지역에 몰려있어 상대적으로 다른 지목에 비해 거래량이 많아 가치가 더 높은 편이지. 하지만 일단 그만큼 값이 비싸거니와 대부분의 대지에는 이미 건물이 지어져 있어 그 토지를 내 마음대로 활용하기에는 제약을 많이 받는단다.

물론 기존건물을 철거하고 다른 용도로 사용할 수도 있겠지만, 그만큼의 철거와 폐기물 처리에 비용이 발생되니 추가로 많은 돈이 필요하게 되는 것이지. 그럼 왜 대지 지목에는 대부분 이미 건물들이 들어서 있는가 하면, 농지나 임야 등의 다른 지목이 대지가 되려면 개발행위허가와 건축허가를 받아서 건축물을 완공해야만 지목이 대지로 바뛰기 때문이란다. 그러니 당연히 대지에는 건물이 들어서 있는 것이고 간혹 기존 건물을 철거하여 맨땅인 상태인 대지를 '벌거벗은 대지'라 하여 '나대지'라고도 부르는 것이란다.

대지 외에도 여러 가지 지목이 많은데 대표적으로 임야와 농지로만 구분지어 각각의 특징을 비교해 알려주려 한다. 임야는 가격이 가장 싼 편에 속하지. 왜냐하면 말 그대로 수풀이 우거진 들판이라는 뜻이니까. 쉽게 말하면 산을 말한단다.

물론 일부는 이미 개발허가를 받아서 계단식으로나마 평지 모양을 갖추고 있기도 하지만, 대부분의 임야는 그냥 산을 의미하는 것이란다. 그러니 가장 저렴한 것인데 개발수요가 없다면 그저 그런 가격으로 큰 투자가치가 없겠지만, 만약 임야 상태에서 잘만 개발된다면 가장 저렴한 비용을 투자해놓고 지가가 크게 상승하여 가장 큰 이익을 남길 수도 있다는 것이지.

농지는 농사 짓는 땅을 의미하는데, 농지 자체가 지목의 종류는 아니고 전(밭), 답(논), 과수원 지목을 통틀어 농지라고 한단다. 농지는 임야보다는 비싸고 대지보다는 저렴한데 대부분 평탄한 지역에 위치하고 있기에 만약 부동산 개발을 한다면 임야보다는 공사비가 적게 들어가므로 대부분의 신도시나 택지 개발은 이런 농지를 수용하여 진행되는 경우가 많단다. 그러므로 지가 상승의 확률이 임야보다는 더 높다고 할 수 있단다. 즉 지가 상승 폭은 임야가 더 클 것이나, 지가 상승 가능성은 농지가 더 높다고 정리할 수 있을 것이야.

농지의 가장 큰 핸디캡은 농지법에 의거 반드시 농사를 지어야만 한다는 것인데, 매년 가을철이 되면 지자체에서 경작여부 실태를 조사하여 특별한 사유 없이 농사를 짓지 않았다고 판단되면 과태료를 부과하고 있어 단순 투자목적만으로 소유하고 있기에는 부담이 될 수 있단다.

반면 농지의 장점으로는 약 300평 규모 이상의 농지를 직접 경작한다면 농민으로서 공식 인정되어 양도소득세 절세 혜택 등 각종 경제적 지원 혜택도 받을 수 있고, 또한 노후에 그 농지를 담보로 농지연금 혜택도 받을 수도 있단다.

장기 보유를 통한 지가상승 및 필요시 노후에 농지연금까지 수령. 바로 이런 농지의 장점이 아빠의 투자 성향과 딱 맞아떨어졌단다. 그래서 아빠는 장기 보유를 목적으로 이번에는 제대로 된 405평 규모의 농지를 투자 매수 했지.

2020년 12월, 아빠 수중에는 투자 가능한 종잣돈이 1억 원 좀 넘게 모여 있었단다. 평소보다 종잣돈이 많았던 이유가 신규 주택 공급 부족과 급작스러운 주택임대차법 개정으로 인해 전세가가 무서우리만큼 폭등했기 때문이지. 당시에는 전세 물량이 부족하니 전세가 폭등은 물론 많은 사람들이 등 떠밀리듯 주택 매수에 열 올리게 되어 매매가 역시도 가파르게 상승하고 있었단다.

아빠는 앞으로도 수년간은 집값이 계속 상승기에 있을 것이라고 예상하지만, 만약 이번 상승기를 놓쳐 하락기에 접어들면 연식 오래된 낡은 구축 아파트들은 처분이 어려울 것이라 예상해, '다음 사람도 먹을 걸 남겨줘야 한다'는 투자 격언에 따라 보유하고 있던 옥련동 구축 아파트 3채를 모두 매도했단다. 그래서 거기서 발생된 투자 원금과 수익금을 모두 합하니 1억 원이 넘는 목돈이 모이게 된 것이지.

아파트 시세가 몇 년간은 더 오를 것이라는 것을 예상하고도 옥련동 구축 아파트 매도를 결정한 또 다른 이유는, 신규 분양받은 아파트 2채까지 준공되어 등기하면 폭등한 집값으로 인한 종합부동산세가 꽤나 부담되기도 했고, 또한 1998년 IMF 사태와 2009년 서브프라임 모기지 사태로 인한 자산 가치 폭락 상황을 눈으로 지켜본 본 아빠로서는 혹시라도 이런 사태가 또다시 발생되더라도 버틸 수 있는 범위 내에서 신축 위주로만 보유하는 것이 좋겠다고 생각했단다. 그래서 건축된 지 20년 이상 넘은 구축 아파트들은 이렇게 사겠다는 사람들이 줄 서 있을 때 다소 덜 남겨먹더라도 모두 매도 처리하여 자산을 더 안정적으로 재구성하고자 했던 것이지.

종합부동산세의 경우 위와 같이 구축아파트들은 처분했고 명의도 엄마와 적절히 분산해두어서 분양권을 제외한다면 아직까지는 과세 대상에 해당 안 되는데, 앞으로 분양받은 아파트가 완공되어 등기한다면 빼도 박도 못하고 매년 수천만 원의 종부세를 내야 할 판이란다. 이 또한 해결해야 할 당면 과제인데, 하지만 정권에 따라 과세제도도 변화가 있을 테니 향후 새롭게 선출되는 정부의 정책 방향을 지켜보고 결정하려 생각 중이란다.

그리고 솔직히 첨언하자면, 나름 아빠가 앞으로도 수년간은 집값이 꾸준히 상승할 것이라고 예상은 했었지만, 2021년에 이처럼 드라마틱하게 집값이 폭등하리라고까지는 예상하지 못했단다. 옥련동 구축 아파트들도 팔고나서 억 단위로 가격이 더 올라서, 이렇게 급등하니 살짝 배가 아프기는 한데 여기까지가 아빠의 실력이고 나머지는 운의 영역이라 생각하며 스스로 위안하고 있단다.

비록 이렇게 구축 아파트들은 모두 매도했지만 아직 아빠에는 신축 아파트들과 분양권들, 토지들이 남아있고 또한 그것들은 구축 아파트보다도 더 많이 시세가 올랐으니 거기서 만족해야지.

다시 본론으로 돌아가서, 아빠는 이렇게 집값 상승으로 모여진 투자수익을 가지고 이번에는 정말 제대로 된 농지에 투자해보고자 마음먹게 되었단다. 궁극적인 목표는 노후에 혹시라도 현금흐름이 부족해진다면 서민이에게 손 안 벌리고 농지연금을 받아서 국민연금, 노란우산공제, 과학기술인공제와 함께 매달 여유 있는 현금흐름을 창출하여 품위 있는 노후를 보내는 것이란다.

이렇게 농지연금으로 활용하려면 최소 300평(1,000㎡) 이상의 본인 소유 단독 필지에서 실제 영농경력이 5년 이상 있어야 하는 등의 까다로운 몇 가지 가입요건이 있었단다.

어차피 농사야 2020년에 한번 해봤으니 소소하게 주말농장식으로 운영하면 될 것이고, 장기 보유에 필요하다는 다른 가입요건들도 충분히 맞출 수 있으나, 결정적으로 아빠에게는 300평 이상의 농지가 없었던 것이지.

그래서 이미 5도2촌 주말농장으로 터 잡은 강화군 내에서 300평 이상의 투자가치 있는 농지를 추가 매수하고자 본격적으로 알아보게 되었던 것이란다.

아빠가 현재 계획하기로는 구태여 농지연금을 활용하지 않더라도 다른 연금수익과 투자수익, 정년 없이 돈 벌수 있는 프리랜서 활동소득 등으로 충분히 노후대비가 가능하다고 여기기에, 농지연금 목적 하나만 놓고 토지를 고른 건 아니고, 우리 가족 5도2촌 생활을 더욱 즐겁게 할 수 있도록 경치도 좋고 도로교통 잘되어 있고 편의점이나

소유 중인 405평 농지의 농지연금 예상 수령액(2021년 기준)

식당 등이 가까워 생활하기 좋으며 언제든 원한다면 근사한 전원주택 건축이 가능한, 뭐 그런 다양한 조건에 부합하는 토지를 찾아다녔단다.

2020년 12월. 그렇게 한 달 동안 강화군 내 공인중개사 사무실들을 들쑤시고 다닌 결과 아빠의 마음에 꼭 드는 405평 규모의 토질 좋은 밭을 발견하게 되었고, 가격도 인근지역 평균 시세가 평당 80만 원인데 비해 급매 조건이라 평당 65만 원에 매물 나와 있어, 아주 좋은 조건으로 신속하게 매매계약을 체결했단다.

고기도 먹어 본 놈이 더 잘 먹는다고, 토지 거래만도 일반매매부터 경공매 경험까지 포함하면 이미 십여 차례 거래 경험이 있다 보니 매매 절차가 막힘없이 일사천리로 처리되었고, 그 결과 2021년 1월에 잔금 치루고 등기이전까지 모두 완료했단다.

이 농지는 매매가가 2억 7,000만 원이었는데, 지역농협에서 대출상담받아 보니 토지의 위치와 공시지가 등의 조건이 좋은 편이어서 매매가의 63%에 해당하는 1억 7,000만 원까지 대출 가능하여 최대한도로 레버리지를 활용했단다.

대출금리가 3.2%였으니 1년에 약 544만 원이 대출이자로 나가는 것

연봉 3억 파이어족이 서민에게 들려주는 부자의 돈 이야기

인데 토지 시세가 평당 15만 원 정도는 싸게 샀으니, 앞으로 약 11년 간은 대출이자 다 내도 손해 보지 않는다고 계산 했었지. 또한 과거의 공시지가 변동흐름을 보면 10년에 2배 이상 지가가 오르고 있으니 이런 지가 상승을 감안한다면 대출 극대화가 금융관리 측면에서 아빠에게 더 유리하다고 판단했단다.

그리고 2021년 2월부터 그 농지에 새롭게 멋들어진 농막을 짓고, 4월부터는 본격적으로 직접 밭갈이부터 시작해 비료 뿌리고, 5월부터 고구마 순 심어서 농사를 지었단다. 농민으로 공식 인정받기 위해 지자체에 농지원부도 등록하였고, 농사짓는 것을 마을 이장님에게 확인서 받아 국립농산물품질관리원에 농업경영체로서 정식 등록도 마쳤단다. 이제 아빠는 국가로부터 정식으로 인정받는 공식 농민이 된 것이지.

이렇게 공식 농민으로 인정받은 후 지역농협에 정식 조합원으로 가입도 하여 농민으로서 대우와 혜택을 받는 일련의 경험들은, 아빠가

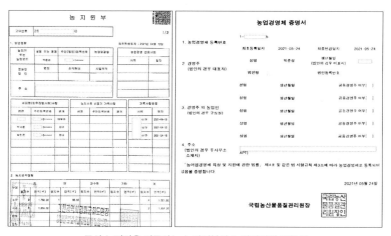

공식 농민임을 입증하는 농지원부와 농업경영체 증명서

새로운 주말농장에서의 5도2촌(고구마 농사와 휴식)

잘 정리해두어 다음 번 집필할 책의 주요 소재로 활용할 예정이란다. 그러니 진정한 농지투자에 대한 자세한 이야기는 다음번에 집필할 책에서 상세히 다시 들려주기로 하마.

이 농지는 장기적으로는 농지연금 등의 투자 목적으로 샀지만, 단기적으로는 우리 가족의 행복한 5도2촌 주말농장으로서 활용이 목적이었단다.

당초에는 기존 황청리에 있던 농막을 아지트로 하여 새로 투자한 이 농지에서는 순수하게 농사만 지으려 했었는데, 그렇게 몇 번 왔다 갔다 해 보니 너무 거리가 멀어 불편함이 많았단다.

강화도는 우리나라에서 나름 4번째로 큰 섬으로서 황청리에 있는

연봉 3억 파이어족이 서민에게 들려주는 부자의 돈 이야기

기존 농막에서 화도면에 있는 신규 농지까지 오가는 데 차량 이동 시간만도 왕복 1시간이나 걸렸지.

그래서 부득이하게 황청리 농지와 농막시설은 1년도 채 안 되어 더 높은 가격에 좋은 사람에게 매도하여 수익을 좀 남겼으며, 그렇게 회수한 원금과 수익을 활용해 올 3월에는 이 405평 농지에 약 3,000만 원 들여 근사한 별장식 농막을 건축해, 주말마다 농사도 하고 바닷가에 통발 던져 새우와 망둥어도 잡고 야외에서 바비큐도 구워먹으며 즐거운 우리 가족의 또 다른 5도2촌 주말농장을 만들었단다.

# 벤츠 S클래스 대신 임야 투자

2021년 늦봄, 그간의 각종 프리랜서 활동 소득으로 벌어 모은 돈 3,000만 원과, 지방 대도시에 투자해 놓은 E아파트의 전세 세입자 변경하며 올려 받은 전세보증금 2,000만 원을 합하니 또 5,000만 원이라는 종잣돈이 금방 모아졌단다.

이 책의 부제에 쓰여 있듯이, 벌고 모았으니 이제는 투자를 해야겠지. 현금으로 들고 있어봐야 급격히 오르는 물가로 인해 돈의 가치가 떨어질 것이기에, 보유하고 있는 종잣돈 5,000만 원 수준으로 적절한 다음 투자처를 물색하고 다녔단다.

이때는 이미 아빠의 투자 마인드가 좋은 물건을 매수하여 어지간해서는 팔지 않고 장기 보유한다는 방향으로 기준이 정립되어서 그에 적합한 투자처를 찾으러 다녔단다. 아무래도 가장 쉽고 좋은 투자처는 아파트인데 정부의 아파트에 대한 규제가 너무 과도해서 이제는 매수하는 데만도 취득세를 12%나 내야 하고 나중에 매도할 때에는 양도소득세도 70% 이상 내야 하다 보니 아파트는 더 이상 투자로서 매력이 없어졌단다. 대부분의 투자자들은 아빠처럼 생각할 것이니 그 결과로 전세 물량이 급감하여 전세 시세가 폭등하는 데 일조한 것이지.

아빠가 경제 전문가는 아니지만 과연 이 아파트 규제정책이 누구를 위한 정책인지 되묻고 싶더라. 다주택자가 많아지면 전세물량이 증가

하여 전세 시세가 낮아져 오히려 서민들 생활안정에 기여하는 긍정적 효과가 더 클 텐데, 이러한 기본적인 경제상식을 그 어려운 행정고시까지 합격하신 고위 공무원분들이 모를 리가 없을 텐데. 아마도 주요 지지기반인 금융지식 미흡한 서민층의 인기를 얻고자 본질은 숨기고 다주택자를 규제한다는 화려한 액션만 보여주려는 허례허식 정책이 아닌가 싶구나.

여하튼, 그래서 아파트는 제외하고 다른 투자처들을 알아보았지. 그 결과 결정한 게 또 토지 투자였단다. 다만 이번에는 농지가 아닌 임야에 투자했단다.

농지는 농지법에 의거하여 실제 농사를 지어야만 하는데 아빠가 현재도 405평을 홀로 농사짓다 보니, 그 땅 바로 옆에 연접해 있다면 모를까 거리가 먼 다른 지역까지 추가로 농사짓는 것은 어려워 보였단다. 그래서 농사를 짓지 않아도 되는 대지나 임야 등의 다른 지목의 토지를 알아보았단다. 여러 공인중개사를 통해 다수의 토지를 추천받았는데 그중 3개의 매물을 최종후보로 두고 고심을 했었지.

첫 번째 매물은 강화군 양도면 내 왕복 2차선 도로에 붙어있는 약 35평의 작은 대지였는데, 그 땅에는 지역 특산품 판매장으로 사용되었던 고풍스러운 기와지붕 형태의 무허가 목조건물이 있었단다.

이렇게 2차선 도로에 접한 교통 편리한 대지는 시세가 평당 100만 원 정도에 거래되고 있었으니, 계산해 보면 토지 값 3,500만 원에 건물 값 1,500만 원으로 딱 5,000만 원에 살 수 있는 매물이었지.

이 무허가 건물에 대해 군청에 문의해보니 비록 현재는 무허가이지

목조건물이 있는 35평 대지 전경　　　　　　　　　　출처: 카카오맵

만 군청에서 지역 특산품 판매를 위해 설치해놓은 만큼 별도 규제 없이 근린생활시설로 등기 가능하다 해서 이 토지를 매수해 저 건물을 정식으로 등기한 후, 아빠의 거주지 주소를 저곳으로 옮기면 정식 강화군민으로 인정되어 지역 농민에게 제공되는 각종 지자체의 혜택들을 더 많이 받을 수 있을 것이라 생각했단다.

정말 여러 요건들이 딱 들어맞는 좋은 투자처였는데 아쉽게도 매도인이 갑자기 마음을 바꿔 매물을 거두는 바람에 무산되었단다.

두 번째 매물은 하점면 어느 시골마을에 위치한 대지로서 원래는 구옥이 있었는데 지금은 모두 철거된 나대지 상태로 매물 나왔단다. 비용이 5,000만 원을 조금 초과하기는 했지만 충분히 담보대출 가능 범위 내여서 살짝 고민을 했으나, 인근에 다른 기존 주택들이 좀 붙어 있어 아무래도 현지인 텃세 등으로 활용성은 떨어져 보여 몇 번 고심 끝에 매수하지 않기로 결정했단다.

마지막 세 번째 후보는 화도면에 위치한 임야인데, 어느 부동산 개발사업자가 본인 일가 소유의 임야를 개발허가 받아서 팔기 좋게 쪼개어 토목공사까지 완료해놓은 토지란다. 산을 절토하여 100여 평씩 쪼개어 보강토 옹벽으로 부지 조성 후 평평하게 토공 정리해서 전원주

투자대상 임야의 전경 및 건축허가 평면도

택을 지으려 하는 사람들에게 분양하고 있었지.

옹벽공사를 하면서 상수도 인입은 물론 오수관로와 전기 인입까지 완료되어있어, 정말 건물만 지으면 되도록 기반시설 토목공사가 완료된 토지였고, 그러다 보니 토목공사비까지 포함하여 평당 85만 원에 매물이 나와 있었단다. 아빠 입장에서는 이 토지를 당장 활용할 것은 아니지만, 정말 나중에는 이런 경치 좋은 곳에 전원주택 짓고 세컨드 하우스로 활용하면 참 좋겠다는 생각이 들었단다.

사실 토지에서 바라보는 경치는 앞서 보유하고 있는 405평 농지가 서해바다도 조망되어 더욱 경관이 좋았지만, 그곳은 여차하면 노후에 농지연금으로 활용할 수도 있다 보니 농막 짓는 것은 가능해도 정식 전원주택 건축은 상황이 여의치 않단다.

그래서 비록 임야지만 토목공사가 완료된 이 토지를 매수하여 나중에 원한다면 직접 전원주택을 지어도 될 것이고, 아니면 전원주택 부지를 찾는 사람에게 더 높은 가격으로 되팔 수도 있을 것이라 생각했

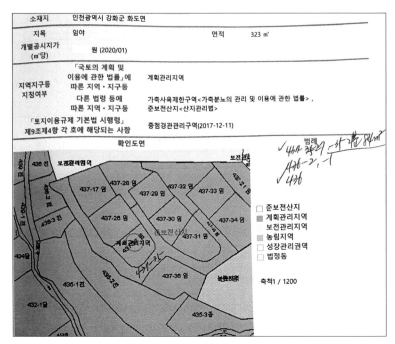

| 소재지 | 인천광역시 강화군 화도면 | | |
| --- | --- | --- | --- |
| 지목 | 임야 | 면적 | 323 m² |
| 개별공시지가<br>(m²당) | 원 (2020/01) | | |
| 지역지구등<br>지정여부 | 「국토의 계획 및<br>이용에 관한 법률」에<br>따른 지역·지구등 | 계획관리지역 | |
| | 다른 법령 등에<br>따른 지역·지구등 | 가축사육제한구역<가축분뇨의 관리 및 이용에 관한 법률>,<br>준보전산지<산지관리법> | |
| | 「토지이용규제 기본법 시행령」<br>제9조제4항 각 호에 해당되는 사항 | 중점경관관리구역(2017-12-11) | |

투자대상 임야의 토지이용계획 및 지적도

단다. 이 토지에 대해 토지이용계획 등의 관계 서류들을 다 훑어보았고 그 결과 권리상 하자는 없다고 판단되어 매수하기로 결정했단다.

매도인에게 가격을 좀 깎아 달라고 협상해서 평당 5만 원 깎은 80만 원에 계약하기로 했지. 아빠가 수차례 언급하고 있지만 무언가를 살 때 제 가격을 곧이곧대로 다 주고 사면 바보란다. 특히나 부동산은 더 더욱이 반드시 깎아 달라는 협상을 해야 한단다. 말 한마디에 수백에서 수천만 원이 왔다 갔다 하는데 그깟 순간의 부끄러움이 무슨 상관이겠니.

그래서 여기 임야는 순수한 단독 필지 98평에 진출입도로 지분 25

평을 합하여 총 123평을 9,840만 원에 매수했단다. 당시 아빠 수중에는 약 5,000만 원밖에 없었으니 당연히 나머지 비용은 은행에서 담보대출을 받아서 지급했지. 주택담보대출은 정부 정책으로 많은 규제를 받고 있지만 토지담보대출은 아직까지는 별 무리 없이 실거래가의 50% 이상은 충분히 대출 가능하단다.

어떤 토지이든 건축허가를 받으려면 비상시 소방차가 진입 할 수 있도록 해당 필지가 반드시 도로에 일정 폭 이상 접하고 있어야만 하는데, 아빠는 성격이 소심해서 이 내용을 확실하게 하기 위해 임야 진출입로 앞에 걸쳐져있는 매도자의 또 다른 토지에 대해서도 차량 통행하는 데 전혀 지장 없도록 지역권도 설정해 두었으며, 또한 현재 매도자 명의로 되어 있는 개발행위허가도 아빠 명의로 이전시키는 등의 권리상 조치를 꼼꼼하게 확인하였단다.


이 임야는 최종적으로 2021년 5월에 등기를 했는데, 불과 반년 좀 지난 현재 시점에서는 이와 비슷한 전원주택 부지들이 평당 100만 원

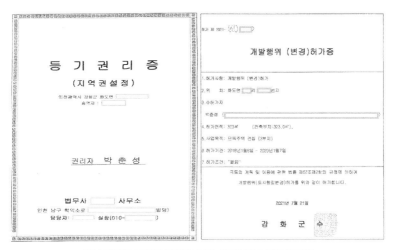

임야 진입로 지역권 설정등기 및 개발행위자 변경 허가증

에 거래되고 있어, 벌써 평당 20만 원씩 총 약 2,000만 원 이상은 번 것이라 할 수 있단다. 담보대출 받은 5,400만 원에 대한 이자가 매달 18만 원 정도 나가고 있는데, 앞으로 10년간은 대출이자 내도 손해 보지 않는 장사라고 할 수 있겠지.

또한 앞에 농지 투자에서 언급했듯이 토지 시세는 평균 10년에 2배 이상은 꾸준히 지가 상승하니, 결국에는 지가 상승률이 대출금리보다 더 높으면 레버리지의 효과를 극대화할 수 있을 것이라 생각한단다. 그래서 대출을 올바르게 잘 활용하는 사람이 더 쉽고 빠르게 더 큰 부자가 되는 것이지.

그리고 여기 임야는 현재 대출 이자조차도 아빠가 내지 않고 있는데, 그 이유는 여기를 토지 상태로 임대 주었기 때문이란다. 아빠는 블로그 활동을 많이 하여 수천 명의 이웃이 있는 나름 파워블로거인데, 아빠의 블로그에 이 땅에 대해 임대 줄까 고민 중이라는 글을 올렸더니, 그 글을 본 어느 전문 캠퍼들이 연락해와 소수의 인원들이 비상업적 목적으로 주말에 장박 글램핑 용도로만 활용하는 조건으로 대출 이자만큼만 월세를 받기로 하였단다.

그러니 저 5,400만 원의 대출금은 원금은 납부할 필요 없고 이자도 임차인이 대신 내주고 있는 형국이니 아빠는 지가 상승을 기다리며 굿 보고 떡만 먹으면 되는 아주 행복한 조건으로 여기 임야를 소유하고 있단다.


서민아, 너희도 알다시피 지금 아빠는 차가 2대 있지. 평상시 강의 등 프리랜서 업무를 보러 갈 때에는 대외적인 체면이 있으니 제네시스 G80을 이용하고, 주말에 강화도 농장을 가거나 어디 놀러갈 때에는 화물칸이 널찍한 렉스턴 스포츠를 주로 이용하지.

연봉 3억 파이어족이 서민에게 들려주는 부자의 돈 이야기

# 부동산 (월세) 임대차 계약서

임대인과 임차인 쌍방은 아래 표시 부동산에 관하여 다음 계약내용과 같이 임대차계약을 체결한다.
**1.부동산의 표시**

| 소 재 지 | 인천광역시 강화군 화도면 ▧▧▧▧ | | | |
|---|---|---|---|---|
| **토 지** | 지 목 | 임 야 | (대지권의 목적인 토지의) 면적 | 323 ㎡ |
| **임대할부분** | 인천광역시 강화군 화도면 ▧▧▧▧ | | 면 적 | 323 ㎡ |

**2. 계약내용**
제 1 조 (목적) 위 부동산의 임대차에 대하여 합의에 따라 임차인은 임대인에게 임차보증금 및 차임을 아래와 같이 지급하기로 한다.

| 보 증 금 | 금 일백만원정 (₩1,000,000) | |
|---|---|---|
| 계 약 금 | 금 일십만원정 (₩100,000)은 본 계약서에 동의 시에 계좌이체로 지급함. | |
| 중 도 금 | 해당없음 (계약금으로 일괄 대체) | |
| 잔 금 | 금 구십만원정 (₩900,000)은 계약서 작성 직후 지급함. | |
| 차 임 | 금 일십육만원정 (₩160,000)은 (선불로) 매월 1일에 지급한다. | |

임야 임대차 계약서 및 임차인의 캠핑 중 전경

렉스턴 스포츠는 올 4월에 고구마 농사를 본격적으로 시작하면서 구매했으니 출고한 지 얼마 되지도 않았고 또 주말에만 운행하니 거의 새것이나 다름없지만, 제네시스는 매년 4만㎞ 정도를 꾸준히 운행하고 있어 현재 벌써 근 15만㎞를 주행했단다.

사실 아빠는 지난해에 대외적인 이미지 관리과 장거리 운전 중 안전을 위해서 제네시스 G80 대신, 벤츠 S클래스로 차를 바꾸려고도 생각했었단다. 그런데 이 토지에 투자함으로서 돈이 부족해진 김에 생각을 바꿔먹게 되었지.

앞으로 예상되는 자동차 산업의 미래 키워드는 자율주행과 친환경 전기차인데, 지금 벤츠 S클래스로 차를 바꾸면 근시일 내 다시 차 바

소유 중인 123평 임야 전원주택지의 산과 들판 조망

꾸기는 어려움이 있을 것 같아서, 그냥 이 임야를 벤츠 S클래스 샀다 치고 통 크게 투자한 것이란다. 뭐, 제네시스도 아직 차 튼튼하고 나름 품격 있으니 몇 년 더 타다가 자율주행 기능과 전기차 시장이 완전히 자리 잡으면 그때 바꿔도 되지 않겠니? 이런 관점에서 본다면 이번에 투자한 저 임야는 아빠에게는 벤츠 S클래스와 같은 가치가 있는 것이라 할 수 있지.

연봉 3억 파이어족이 서민에게 들려주는 부자의 돈 이야기

소유 중인 405평 농지의 바다 조망

나중에 이 땅을 되팔게 될지, 전원주택을 근사하게 건축할지, 아니면 서민이에게 그냥 토지 상태로 물려줄지, 뭐 아직 확정된 것은 없지만, 주말마다 고구마밭 농지나 저 임야 전원주택지에 올라서서 멋진 풍광을 바라보면 그저 이 땅이 내 땅이라는 것만으로도 기분이 좋아지고 가슴이 벅차오른단다. 서민이도 나중에 이렇게 자산증식을 통한 뿌듯함을 꼭 느껴보기를 바란다.

# 펀드 대신 주식 투자

서민아, 지금까지의 글들을 읽어봐서 알고 있겠지만 아빠는 큰 수익보다는 안전성을 더 선호하는 상당히 보수적인 투자 성향을 가지고 있단다. 그렇기에 이전까지는 부동산 외에 주식 등 다른 투자는 쳐다보지도 않았었지.

주식은 잘하면 수십~수백 배 수익을 얻기도 하지만, 최악의 경우에는 기업이 상장폐지 되는 등 완전히 휴지조각이 되어버릴 수 있는 위험성이 상대적으로 큰 투자 상품이기 때문이란다.

특히나 아빠가 예전 회사생활 할 때 기억으로는 많은 직장동료들이 일은 안 하고 허구한 날 주식 사이트만 쳐다보면서 주가 오르면 돈 벌었다고 술 한잔하고, 주가 떨어지면 기분 나쁘다고 술 한잔하면서 돈은 돈대로 쓰는 것을 자주 봤기에, 이러한 영향으로 주식에 대한 부정적 관념이 굳어 있었단다.

그래서 아빠는 회사를 그만둔 이후에도 상대적으로 안정적인 부동산 투자만 더 파고들었지, 주식에 대해서는 제대로 책 한 권조차도 읽어보지 않은 채 여전히 이런 단순한 편견만으로 거리를 두고 지냈었단다.

그러던 2020년의 어느 가을날, 최근 아파트 시세가 급등하자 각종 규제정책이 쏟아져 나와 더 이상 아파트 투자가 어렵다고 느껴질 즈음에 우연히 주식전문가로 유명한 존리 작가님의 주식에 관한 책을 읽게 되었단다.

그 책을 읽고 아빠가 공감하며 받아들인 핵심적인 내용은 주식도 부동산처럼 안정적인 장기투자가 가능하다는 것이었단다. 아빠가 아직까지도 주식에 대해서는 거의 문외한에 가깝지만 나름 그 이후 주식에 관한 쉬운 책들을 몇 권 더 읽어보았고, 이를 바탕으로 아빠 나름대로 주식투자에 관한 기준을 확립했단다. 아빠가 생각하기에 주식으로 돈을 버는 방법은 크게 2가지 유형이 있단다.

첫 번째는 단기 투자 방식으로 수시로 주식시황을 체크해가며 현재는 알려지지 않았지만 앞으로 가격이 오를 수 있는 유망한 종목을 발굴해내 일시에 거금을 투자해서 시세 오르면 단기간에 되팔아 수익을 남기는 방법이지.

주식투자를 전업으로 한다는 사람들은 대부분 이 방법을 많이 적용하던데 이 방법은 일단 주식시장에 대한 이해도가 깊어야 하고 전문지식과 함께 많은 주식투자 경험도 축적되어야만 성공할 수 있단다.

즉 아빠와 같이 주식에 대한 전문지식과 경험이 부족한 사람은 수익을 얻을 수 없는 투자방법이지.

두 번째 방법은 장기 투자 방식으로서, 현재 이미 가격이 비싸지만 확실한 우량주에 투자해 수 년 이상을 바라보며 장기적으로 투자하는 방법이 있단다.

대표적으로 굴지의 대기업이나 국가 주요 공기업 등 어지간해서는 절대 망하지 않을 회사에 투자하는 것인데, 주가 상승의 폭은 그리 크지 않더라도 급작스러운 폭락이나 상장폐지 되는 등의 최악의 상황은 거의 발생되지 않을 것이란다. 그렇기에 안정성을 우선시하는 아빠의 성향에서는 이 우량주에 대한 장기투자가 그나마 성향에 맞았던 것이지.

주식은 쌀 때 사서 비쌀 때 팔면 돈을 버는 것이란다. 주식뿐만 아니라 모든 투자가 같은 원리인데 아빠가 이 책의 서두에 언급했듯이 주식도 부동산과 같이 기업의 가치만 우수하다면 단기적인 등락은 분명 있지만 장기적으로는 꾸준히 상승하는 것이 여태까지의 역사적 사실이란다.

물론 일부 경영상태 안 좋은 기업들은 주가가 지지부진하거나 상장폐지 되는 등 악재가 있기도 하지만 큰 틀에서의 방향흐름은 시간이 지나면서 꾸준히 상승하는 것이란다.

그렇기에 주식도 부동산 투자와 같이 튼튼한 우량종목을 매수해두어 장기적으로 보유하고 있으면 단기적인 하락이 있을 수는 있지만 장기적으로는 손해 볼 확률이 매우 적어지는 것이지.

아빠는 그래서 주식 또한 부동산처럼 특별한 긴급 상황이 아니라면 팔지 않을 생각으로, 없는 돈이라 치고 매월 근로소득의 10% 정도를 국내외주식 우량종목에 꾸준히 적립식으로 투자하고 있단다.

예전에 『바빌론 부자들의 돈 버는 지혜』라는 책을 읽으면서 소득의 10%를 저축하는 것이 고대 바빌론 문명에서부터 이어져 온 가장 기본적인 부자가 되는 방법이라는 내용에 많은 공감을 했단다.

그래서 그 내용을 참조하여 2020년부터는 아빠도 벌어들이는 근로소득 중에서 세금과 교통비 등 사업성 지출은 제외하고 나머지 순 소득 중에서 약 10%를 떼어 내어 매달에 우량기업 주식에 적립하고 있단다.

프리랜서 활동에 의한 소득이 매월 조금씩 차이나기에 주식 불입액이 일정하지는 않지만, 최소 100만 원 이상에서 많을 때에는 300만 원 정도씩은 매달 꾸준히 투자하고 있단다. 또한 주식 비율을 국내와 미국 주식에 각 50%씩 나누어 총 15개 정도의 우량종목에 분산 투자하고 있단다.

어떤 재테크 전문가는 주식을 직접 투자하는 것보다 금융사의 전문 펀드매니저가 운용하는 펀드에 적립하는 게 더 효과가 좋다고들 하는데 아빠의 생각은 다르단다. 일단 내 돈이 언제 어디에 투자되어 있는지도 본인이 파악 못 한다면 그 돈은 주인 잃은 돈이 되는 것이고 '눈에서 멀어지면 마음에서도 멀어진다'고 그 돈은 차츰 나에게 멀어지게 될 것이라 생각한단다.

아빠가 서민이에게 늘 강조하듯이 내 돈들을 예뻐해 주고 많은 관심과 애정을 가져주며 소중하게 다뤄주어야 그 돈들이 내 지갑과 계좌로 친구들을 불러들여 부자가 될 수 있는 것이란다.


또 어떤 재테크 전문가는 주식보다는 차라리 노후연금에 적립할 것을 권하기도 하는데 일단 아빠는 현재 국민연금은 기본이고 노란우산공제와 과학기술인 공제에도 가입하여 매월 노후대비 연금도 차곡차곡 적립하고 있단다.

이렇게 노후연금도 넣고 있으면서도 별도로 주식에도 투자하는 이유는 크게 2가지로 설명할 수 있겠지. 우선적인 이유는 그만큼 아빠의 근로소득이 충분히 많아서 매월 현금흐름이 양호하기 때문이란다.

부동산 대출이자도 내고, 우리 집 생활비도 내고, 주식에도 적립하고, 노후연금도 적립하면서도 매달 700~800만 원 정도 종잣돈이 모이고 있으니 이렇게 문어발식 투자가 가능한 것이란다. 그렇기에 우리 서민이도 부자가 되기 위해 가장 먼저 갖춰야 할 능력은 돈을 많이 벌수 있는 능력이란다.

이 외에 부수적인 이유로는 연금은 금리가 불과 3~4% 정도인데 반해, 주식은 장기적으로 올바르게만 투자한다면 그 수십 배 이상의 수익률을 얻을 수도 있기 때문이고, 또한 주식은 언제든 긴급한 일이 있을 때 바로 되팔아 현금화 할 수 있는 환금성 측면의 장점이 있기에 노후연금과는 별도로 주식투자를 병행하고 있는 것이란다.

아빠는 그동안 부동산에만 투자해봐서 아직도 주식에 대해서는 잘 모른단다. 주식에 투자 시작한 지는 이제 겨우 2년차인데 주식에 대해 운운하는 것은 부끄럽고 민망한 일이지만, 그래도 아빠의 주식에 대한 경험과 생각을 서민이가 참고하면 이를 바탕으로 더 좋은 서민이만의 주식 투자법을 찾아낼 것이라 생각되어 아빠 생각을 한번 정리해 본 것이란다.

서민이가 나중에 커서 기억할지는 모르겠지만 아빠가 주식투자를 시작하면서 서민이에게도 증권회사 주식계좌를 같이 개설해 주었지, 서민이에게 모바일 주식거래 앱을 설치해주니 "이제 우리도 영웅문 할 수 있는 거야?"라면서 재미있어 했던 기억이 나는구나.

또한 시중 은행계좌도 일치감치 서민이 명의로 개설해 주었는데, 이게 다 서민이가 나중에 은행에 VIP로 인정받을 수 있도록 가입기간을 확보해 주는 등의 초석을 밟고 있는 것이란다.

참고로 청약통장은 일찍 불입해봐야 17세부터 기간을 인정받기에 일부러 아직 가입 안 해 준 것이고, 서민이 17세 생일에 맞춰 청약통장도 계좌 개설하여 금일봉 넣어 줄 테니 그때부터 청약통장도 잘 관리해야 한단다.

아빠는 회사를 퇴직해 프리랜서로 안정적인 소득을 얻게 되면서부터는 서민이에게 꾸준히 매주 5,000원씩 용돈을 주고 있단다. 물론, 너희가 용돈기입장을 잘 써서 계산이 딱 들어맞아야 하고, 또한 너희 지갑에 돈이 구겨지거나 접힌 것 없이 똑같은 방향으로 가지런히 정리되어 있어야 한다는 등의 전제조건을 달기는 했지만, 솔직히 어려운 조건은 아니지 않니?

이렇게 아빠가 준 용돈과 다른 친척들에게 받은 용돈을 모아서 10만 원을 만들어 가져오면, 아빠가 그 돈을 너희 주식계좌로 넣어주면서 '1+1' 행사 하듯이 아빠 돈 10만 원을 추가로 서민이 주식계좌에 넣어주어 너희들이 직접 원하는 주식 종목 선택해 매수하게끔 해주고 있지.

나중에 서민이가 이런 것들을 다 기억해 줄지는 모르겠지만 이게 다 서민이 어릴 때부터 돈의 감각을 키워주고, 특히나 마흔 넘어 주식을 처음 접했을 정도로 금융에 무지했던 아빠와는 다르게, 서민이는 어릴 때부터 주식 등 금융에 친숙해지게 하려는 아빠의 배려란다.

마음 같아서는 서민이 명의로 집과 토지도 소유하도록 해서 시세 상승에 의한 자산증식의 기쁨도 느껴보게끔 해주고 싶은데, 농지는 법적으로 미성년자는 취득 불가하고 또한 다른 부동산들도 서민이가 매수하기에는 투자금도 부족하기에, 우선은 주식투자를 통해 적은 돈으로라도 투자 원리를 먼저 이해하도록 해준 것이란다.

우리 서민이는 어린 나이 때부터 직접 투자를 해봄으로서 나중에 커서는 부동산과 주식, 이 양대 자산시장을 잘 아우르는 성공한 투자자가 되기를 아빠는 간절히 바란단다.

연봉 3억 파이어족이 서민에게 들려주는 부자의 돈 이야기

# 품격 있는 미술품 투자

투자는 물이 흐르는 것과 같단다. 어느 깊은 골짜기로 물이 흐르다가 물길이 막히게 되면 그 물은 점점 차올라 결국 그 막힌 곳을 월류해 넘어가거나, 아니면 그 골짜기만큼 깊지는 않더라도 어느 정도 깊이 있는 다른 골짜기로 물길이 돌려질 것이란다.

아빠의 투자 경험을 이에 비유하자면 처음에는 상대적으로 투자가 쉽고 수익도 괜찮은 아파트 투자로 흘러가다가 정부의 규제 강화로 더 이상 아파트 투자가 힘들어지니 그 옆에 있는 농지 투자, 임야 투자, 주식 투자 등으로 흘러들어 갔단다. 그렇게 흘러가다가 이제는 그간에 관심 가지고 생각만 해오던 미술품 투자까지도 흘러가게 된 것이었지.

아빠는 미술품 투자에 대해서 2019년 초순부터 많은 관심을 가지고 있었단다. 도서관에서 이런저런 책을 고르다가 우연히 미술의 역사에 대한 책을 읽었는데 그때부터 흥미를 가지게 되었지. 그러나 2019년에는 경험도 없는 추상적인 미술품에 투자하기보다는 미분양된 분양권 투자나 지방 대도시 갭 투자가 더 실효성 있고 수익이 많았기에 미술품 투자는 실행해보지 않았단다.

시간이 흘러 2020년에는 코로나19 사태가 확산되면서 미술품 투자보다 우리 가족의 독립된 공간을 확보해 활용할 수 있는 농지 투자로 먼저 눈이 갔고, 2021년 5월에 임야 투자까지 해본 후에야 다시 미술품 투자로 시선이 되돌아왔단다.

아빠가 생각하기에 투자 공부법 중 가장 빠르고 확실한 공부 방법은 그 투자를 직접 해 보는 것이란다. 본인 돈이 직접 물려 있으면 아주 정신이 확 깨면서 엄청나게 집중해서 그 분야 공부를 파고들게 되는 것이지. 그래서 그동안 미술품 투자에 대한 책들을 간간이 읽어보면서 쌓인 이론지식을 바탕으로 첫 투자에 나서보기로 마음먹었단다.

그 책들에서 권하는 바에 따르면 미술에 대한 전문지식이 부족한 초보 투자자들은 가격 저렴한 신생 작가의 작품을 사는 것보다는, 가격이 좀 있더라도 이미 어느 정도 명성이 얻어서 검증된 작가의 작품을 매입하는 게 안전하다더라. 즉 주식 투자할 때 비록 수익을 조금 덜 벌더라도 안정적인 우량주 종목 위주로 투자하는 것과 같은 원리인 것이지.

이렇게 투자 방향을 정하고 나서 아빠는 첫 투자 작품이니만큼 너무 과하지 않게 1,000만 원 이내 범위에서 투자가치 있는 작품을 찾기 위해 알아보고 다녔단다.

미술품은 개별 화랑에 소속된 전속작가들의 작품을 찾아볼 수도 있겠지만 아빠는 아직 작가들의 수준을 평가할 수 있는 정도의 수준이 아니다 보니 단순하게 여러 화랑이 같이 참여하여 한번에 비교해 볼 수 있는 전시회 위주로 찾아다녔단다.

그러던 중 아빠가 좋아하는 화풍의 풍경화, 그것도 '항만 및 해안 기술사'인 아빠가 좋아하는 바다를 배경으로 그린, 색감 뛰어난 아름다운 작품을 하나 발견하게 되었고, 마침 출품가격도 아빠가 생각하는 금액 수준에 적합하여 작가에 대해 상세히 알아보게 되었단다.

미술품의 미래 가치에 가장 큰 영향을 미치는 리스크 요인은 바로 작가 본인이란다. 아무리 예술성이 좋은 작품도 작가가 그 이후에 제대로 된 창작활동을 하지 않고 방만하게 지내며 혹평을 받게 되면 이전 작품 역시도 가치가 떨어지는 것이고, 반대로 이전 작품의 예술성은 좀 부족하더라도 그 작가의 이후 활동과 작품들이 좋은 평가를 받게 되면, 이전의 작품도 같이 가치가 오르는 것이란다.

미술품의 가격을 결정하는 방식은 일반적으로 호당 가격제가 적용되고 있단다. 엄청 유명한 초일류작가들은 그림 크기에 상관없이 부르는 게 값이지만, 일반적인 작가들은 그림 크기에 비례해 가격을 붙이는 호당 가격제를 주로 적용하고 있단다.


아빠가 어느 미술전을 관람 갔다가 거기서 눈여겨본 작품도 작가의

| 작품명 | 해 뜨는 서해 만남 |
|---|---|
| 작가 | 명노선 |
| 유형 | 서양화, 유화, 캔버스 |
| 완성년도 | 2021년 |
| 규격 | 50호 |
| 출품전 | 인천미술협회 미술전 |
| 호당가격 | 25만 원 |
| 출품가 | 1,000만 원 |

미술전 관람하여 첫 미술품 투자(작품선정 및 계약)

명성이 중요하기에 작가의 평판을 조사해봤고, 마침 이런저런 인연으로 안면이 있는 미술협회의 임원이신 지인분을 통해 그 작가는 색감을 잘 조합하기로 유명해서 장래가 촉망된다는 좋은 평가를 듣게 되었단다. 그래서 이번에는 첫 투자이니만큼 경험해본다 생각하고 과감히 그 작품을 매입했지.

미술품 투자의 가장 큰 장점은 아무래도 세금이 붙지 않는 것이란다. 물론 관련법령에 의해 아주 비싼 가격의 작품을 거래하거나 또는 전업 컬렉터로서 수시로 다수의 작품을 다회 거래하는 경우에는 세부 기준에 의해 세금을 내야 하지만, 아빠와 같이 어쩌다 한 번씩 거래하는 사람은 통상 거래가격이 6,000만 원 이하까지는 별도의 세금을 내지 않는단다.

절세 측면에서는 예술품 투자가 최고의 투자라 할 수 있지. 그러니 상위 지배계층이나 부유한 연예인들의 집에 수많은 예술품들이 있는 것이란다. 미관상으로도 보기 좋고, 나중에 투자 목적으로 되팔아도 세금 안 내도 되니.

미술품 투자는 단순히 투자목적 외에도 아름다운 예술작품을 소유함으로서 가질 수 있는 자기만족과 행복감도 미술품 투자의 큰 장점인데, 아빠 역시 매일 아침저녁으로 우리 집 거실에 걸려 있는 50호 크기의 미술작품을 보면서 아름답고 화려한 색감에 흐뭇해지는 행복감을 느끼고 있단다.

반면 미술품 투자의 단점을 꼽으라면 보관하기 어렵고 환금성이 제한되는 게 대표적이겠구나. 우선 미술품은 보관하기가 힘들단다. 우리 집 거실도 50호 규격의 작품 하나 걸어두니 거실의 한쪽 벽면이 완전히 꽉 차보여 앞으로는 미술품을 투자 매입하더라도 어디에 걸어야

집 거실에 걸어두어 매일 감상 중인 작품(해 뜨는 서해 만남)

할지가 참으로 고민되는 상황이란다.

또한 우리 집이 전문적인 화랑이 아니기에 미술품 보관에 적절한 온도와 습도, 채광 등도 맞추기 어렵고, 특히 가장 두려운 게 아직 초등학생인 우리 서민이가 거실에서 뛰놀다가 이 작품을 망가뜨리는 것이 많이 걱정되기도 한단다.

미술품은 한번 손상되면 작품의 가치가 확 떨어져서 다시는 되팔 수가 없기에, 부도나서 상장 폐지된 회사의 주식과 가지고 있는 것과 다를 바 없는 개념이 되어 버리는 것이지.

그리고 모든 투자는 언제든 필요하면 현금화 시킬 수 있는 환금성이 중요한데, 미술품은 정말 유명한 작가의 작품이 아닌 이상에는 원하는 때에 신속히 되파는 게 쉽지가 않단다. 마치 토지 파는 것과 같지. 그때 그때 적합한 임자가 딱 나타나주는 요행이 있어야지만 원하는 때에 팔 수 있단다.

또한 미술품은 작가가 연로하거나 고인이 되어 더 이상 작품 활동을 못 하게 되어야 가치가 많이 오르는데, 그렇기에 더욱 더 단기성 투자가 아닌 장기적인 관점으로 투자해야 하는 종목이란다.

아빠는 비록 아직 한 번밖에 미술품 투자를 경험해보지 않았지만 미술품 투자에 대한 아빠의 의견을 정리하자면, 보기에도 좋고 품격도 있어 보이고 가격도 부동산에 비하면 적은 돈으로 투자할 수 있는 장점은 있으나, 비전문가들은 내재 가치를 파악하기 어렵고 보관도 어려우며 되파는 것 또한 쉽지 않으니 부동산이나 주식에 비해서는 투자 우선순위에서 밀린다고 생각한다.

그래서 아빠는 앞으로 미술품 투자는 정말 남아도는 여윳돈이 있을 때, 마음에 드는 좋은 작품을 사서 평생 팔지 않고 소장하다가 서민이에게 물려줄 생각으로 취미삼아 지속 투자할 계획이란다.

지금은 집이 32평이라 여러 개의 작품을 걸어두기가 좀 어렵지만 내년에 42평형으로 이사를 갈 터이니, 그때 방 하나는 아빠의 서재 겸 화랑으로 꾸며서 벽면 사방에 아름답고 투자가치 있는 미술품을 간간이 사 모아서 작품 소유의 행복도 느끼다 나중에는 우리 서민이 중 좀 더 예술에 대해 심도 깊은 아들에게 물려주어 손주들에게까지도 대대손손 남겨주려 한단다.

혹시 아니? 아빠가 투자한 작가님들 중에서 수십 년 후 박수근, 이중섭 화백과 같이 세계적으로 크게 인정받은 엄청난 작가가 나오게 될지. 옛말에 항상 꿈은 크게 가지라고 했단다. 앞으로 아빠가 세상을 떠난 후에 그동안 아빠가 모아온 작품들로 故이건희 회장님의 '이건희 컬렉션 특별전'과 같이 '박춘성 컬렉션 특별전' 한번 열어보자꾸나.

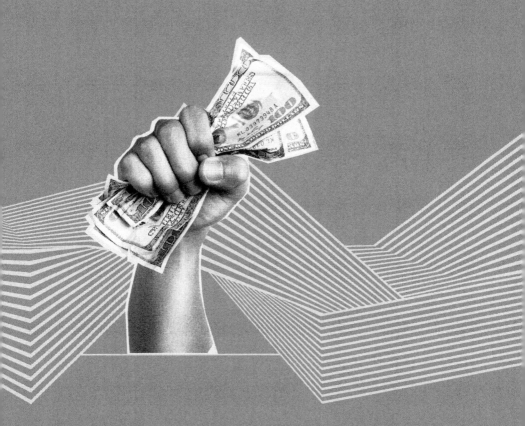

**3장**　미래 계획

2022년 이후

# 8절 서민아, 아빠 엄마 노후 걱정은 접어두어라

# 노후 준비, 연금 투자

아빠는 서민이 할머니들의 노후가 정말 걱정이란다. 친할머니이든 외할머니이든…. 두 분 다 아무런 노후 대책이 없으시기 때문이지. 심지어 노후 준비에 가장 기본이 되는 국민연금조차도 가입해 두지 않으셨단다.

서민이 할머니들의 시대는 우리나라가 개발도상국이었기에 대부분의 사람들이 가난하게 살았단다. 하지만 그 반면 개발도상국에서 선진국으로 급진적으로 경제발전을 하던 시대였기에 은행 금리가 매우 높았었지.

아빠가 20대 초반에 군 간부로 복무하던 때만 하더라도 은행 예적금 금리가 4~5% 정도로 별다른 투자를 하지 않더라도 은행에 꼬박꼬박 돈만 잘 넣어도 물가상승률 이상의 수익을 얻을 수 있었는데, 서민이 할머니들의 시대에는 금리가 20%도 넘었을 정도로 아주 돈 모으는 게 쉬웠단다. 즉 은행에 꼬박꼬박 적금만 잘 부어넣었어도 부자가 될 수 있던 시대였지.

그러니 할머니 세대 분들은 부유하게 자라서 고등교육을 받은 일부의 상위 지배계층 외에는 대부분의 분들이 기본적인 금융지식은 물론 부동산이니 주식이니 하는 투자에 대한 개념도 전혀 관심 없었고 알

연봉 3억 파이어족이 서민에게 들려주는 부자의 돈 이야기

지도 못하시는 것이란다.

그 시절에는 열심히 회사생활해서 월급 받은 것을 허리띠 졸라매어 은행에 저축해서 목돈을 모아 내 집 한 채 마련하면, 그 집은 시간 흐름에 따라 부동산 가격이 상승하면서 더 큰 부를 이루게 되는 것이었지. 이런 모범적인 사이클을 잘 지키며 살아오신 할머니 세대 분들은 그래도 노후에 국민연금은 물론 집을 활용해 주택연금을 받거나, 또는 자녀들에게 집을 상속해주는 대신 기본적인 노후 생활비를 자녀에게서 융통할 수 있으셨던 것이지.

하지만 안타깝게도 서민이 할머니들은 그런 모범적인 사이클의 삶을 살지 못하셨단다. 그분들 나름대로의 이유가 있으시겠지만 어쨌든 현재의 상황은 환갑이 한참 지난 나이임에도 하루 일해서 하루 생활하시는 얼마 안 되는 근로소득에만 의존하시는 상황으로, 만약 건강이 안 좋아져 일을 못 하게 되어 근로소득이 끊어진다면 그야말로 자식들의 도움 없이는 생계유지 자체가 불가능하게 되시는 것이란다.

그래서 아빠가 걱정이 되는 것인데, 어찌되었든 서민이의 할머니들 문제는 아빠가 알아서 해결해야 할 문제이니 서민이는 신경 쓰지 않아도 된다. 그럼 이런 부정적인 이야기를 서민이에게 들려주는 이유는 뭘까? 바로 서민이에게 이런 부모 부양 등의 걱정거리를 물려주지 않겠다는 아빠의 다짐이자 공언이란다.

아빠가 생각하기에 우리나라는 열심히 노력한 사람은 충분히 성공할 수 있는 기회의 나라라고 생각한다. 물론 태어날 때부터 금수저 물고 태어났으면 더 좋았겠지만, 아빠처럼 개뿔 없이 태어났어도 본인이 진심으로 노력하면 충분히 여유 있게 먹고 살 수 있을 정도로는 성공할 수 있는 나라라고 생각한단다. 그렇기에 아빠는 아래의 격언에 크게 공감하고 있단다.

"가난하게 태어난 것은 당신 잘못이 아니지만, 가난하게 죽는 것은 당신의 잘못이다."

이 격언에서 알 수 있듯이 아빠는 절대 우리 서민이에게 아빠가 겪어왔던 가난과 고통을 결코 물려주지 않으려 한다. 그러기 위해서는 가장 먼저 아빠와 엄마의 노후준비가 잘 되어 있어야겠지.

그래서 이번 장에서는 아빠 엄마의 현재 노후 준비 상태를 한번 정리해 보고 이러한 상황을 서민이에게 들려주려 한다. 잘 읽어보고 나중에 서민이가 아빠 나이 되었을 때에는 꼭 아빠보다도 더 확실한 노후 준비가 되어 있어, 서민이도 자녀에게 절대 부담주지 않기를 바래 본다.


솔직히 말하면 아빠는 지금 당장이라도 소유하고 있는 자산을 분배 조정하면, 평생 아무 일 안 하고 놀고먹어도 생계유지하는 데에는 별 지장 없단다.

파이어족 이야기를 다룬 책에서는 연평균 생활비의 25배 정도의 자산이 있으면 그것을 잘 투자 운용하면 평생 일하지 않아도 안정적인 삶이 가능하다고 하고 있단다.

그렇게 따져보면 우리 가족 한 달 생활비는 대출이자나 연금 등 투자성 지출을 제외하면 약 400만 원 정도가 소요되는데, 1년으로 환산하면 4,800만 원이고 여기에 25배면 약 12억 원이 필요하다는 것이 되지.

아빠가 현재 가지고 있는 자산을 처분한다면 무시무시한 70%를 넘어가는 양도소득세 중과 등을 모두 감안해도, 상속세율 50%를 내야 할 수준의 많은 현금을 확보할 수 있으며, 또한 어쨌든 거주할 집은

연봉 3억 파이어족이 서민에게 들려주는 부자의 돈 이야기

필요할 터이니 앞으로 이사갈 42평 신축 아파트는 건드리지 않는다 쳐도 파이어족 책에서 요구하는 필요금액의 2배 정도는 현금 확보가 가능하단다.

또한, 꼭 그렇게 극단적인 자산 조정을 하지 않더라도 보유하고 있는 자산들을 그때그때 현금 필요할 때마다 하나씩 처분하고 최종적으로 집 한 채 남겨서 주택연금으로 활용한다면 그것만으로도 아빠 엄마의 노후를 위한 현금흐름 창출은 충분히 여유가 있단다.

더욱 안전한 노후대비를 위해 보유중인 자산은 건들지 않고 현재 가입되어있는 연금 등으로만 노후에 생활해야 한다고 가정해도 이런 저런 연금소득 등을 다 합치면 매월 약 370만 원 정도의 현금흐름 창출은 가능하리라 예상된다.

**예상 노후 월 평균 비근로 소득(주택연금 제외, 현재가치 기준)**

- 국민연금: 약 150만 원
- 노란우산 공제: 약 60만 원
- 과학기술인 공제: 약 30만 원
- 농지연금: 약 110만 원
- 책 인세 등 기타 소득: 약 20만 원
  → 예상 월평균 비근로 소득 합계: 약 370만 원

앞으로 10년 후 서민이가 대학까지 졸업하여 더 이상 너희들에게 돈 들어갈 일 없다고 가정해보면, 아빠 엄마 둘이서 매월 370만 원만 있어도 충분히 여유 있게 적당한 문화생활을 즐기며 살 수 있을 것이란다.

가장 큰 목돈 들어갈 일이 예상치 못한 사고와 질병으로 인한 병원비일 것 같은데, 현재 아빠 엄마 둘 다 실손 보험과 생명보험에 가입되어 있으니 아주 심각한 중상이 아니라면 그 보험금으로 어느 정도는 위험관리가 가능할 것이라 예상한단다.

그리고 부동산 자산들은 쭉 쥐고 있어 봐야 결국 아빠가 세상을 떠나면 상속세만도 50% 이상으로 어마무시하게 내야 될 터이니 세금으로 국가에 헌납하기보다는 적당한 때에 매도 정리하여 아빠 엄마가 좀 더 여유 있게 쓰고 가는 것이 더 좋겠지.

솔직히 아빠는 위인이 아니라서 그 돈들을 나라에 상속세로 내는 것보다는 차라리 아빠 엄마 살아 있을 때 우리 가족 여기저기 여행다니며 맛난 것 먹고 노후에 호사스럽게 생활하는 것을 선택하련다.

이 책이 정식 출간되는 2022년에는 이제 겨우 아빠 나이 43살이니 앞으로도 전문직 기술사 프리랜서로서 근로 소득을 창출할 수 있는 시간과 기회가 많이 남아있고, 또 그렇게 벌어들인 근로 소득으로 지속 모으고 투자를 병행하여 부동산과 주식 등의 자산을 계속 불려갈 터이니, 아빠 엄마의 노후는 위의 써놓은 예측자료보다 더 좋아졌으면 좋아졌지 나빠질 경우는 없을 것이라 생각한단다. 그러니 우리 서민이는 아빠 엄마의 노후에 대해서는 걱정일랑 하지를 말고 너희의 삶에만 충실하게 잘 대비하길 바란다.


이렇게 글 쓰면서 정리해보니 참 감회가 남다르구나. 우리 가족이 송도국제도시로 처음 이사 오던 2015년만 하더라도 아빠는 돈 벌 수는 있는 방법이 오직 회사에서 주는 월급밖에 없다고 생각했단다.

그래서 그 당시 아빠의 계획으로는 열심히 회사에 충성하여 월급 받아서 허리띠 졸라매고 성실히 아파트 담보대출 갚아나가면 2023년에는 집 대출을 모두 완납하여 온전히 순자산 약 5억 원을 형성할 수 있다는 것이었지. 그때는 아빠가 돈을 벌고 모으는 것까지만 알았지,

투자하는 것은 전혀 몰랐었기 때문이란다.

하지만 다행스럽게도 2016년 연말부터 책을 통해 금융지식에 눈을 떠 좋은 시기에 투자를 시작하기도 했고 또한 이런저런 사정으로 회사를 박차고 나와 전문직 기술사 프리랜서로서 자리를 잡아 근로 소득도 회사 다닐 적보다 3배 가까이 늘어나, 지금 아빠의 자산은 50%의 상속세율을 걱정해야 할 정도이니 당초의 인생계획과는 비교 자체가 불가능할 정도로 아빠의 삶이 최근 5년 사이에 엄청나게 많이 변했단다.

아빠는 운 좋게 이렇게 나름대로의 소소한 부를 이루었지만, 우리 서민이는 이 책에 정리해둔 아빠의 경험과 생각을 바탕으로 운이 아닌 실력으로 아빠를 능가하는 더 큰 부를 이루기를 바라는 마음에서 다시 한번 강조해 외쳐본단다.

## "서민이여, 벌고 모으고 투자하라"

# 미래 투자 구상과
# 틈틈이 준비한 유서

서민아, 아빠는 지금까지 아파트, 분양권, 농지, 임야, 주식, 미술품, 연금 등에 투자를 해 봤단다. 앞으로는 이 경험사례를 바탕으로 높은 수익이 나오는 순서대로 더욱 집중해서 투자할 것이고, 이 외에도 아직 경험해보지 못한 재개발 재건축과 지식산업센터, 상가 등의 수익형 투자에도 하나씩 하나씩 실행해 볼 계획이란다.

이 책 한 권에 아빠의 모든 경험과 지식을 다 쓰자니 지면도 부족하거니와 아직 아빠가 누구에게 설명해 줄 정도의 수준이 안 되는 분야도 많기에 이번 책에서는 여기에서 마무리 하는 게 좋을 듯싶다.

아빠는 이렇게 매년 책 1권씩 집필하는 것을 인생목표 중 하나로 계획하고 있는데 책의 주제는 매년 다양하게 바뀐단다. 이전에 집필한 책들은 자기계발 서적과 프리랜서 안내서 그리고 농막에 대한 지침서 등 이었고, 이번 책은 돈과 투자에 대한 생각을 정리해 봤으며, 다음번 집필할 책은 아빠가 이 책에서 언급한 405평 농지에서 농사를 직접 경험해 본 사례를 바탕으로 농지 매수부터 시작하여 농지원부와 농업경영체 등록하고 농협조합원에도 가입하여 공식 농민으로 인정받아 농지의 가치를 극대화해서 활용하는 "진정한 농지투자" 사례에 대해 다뤄 볼 예정이란다.

그리고 이번 책에서 설명하지 못했던 다른 종목에 대한 투자 이야기들은 아빠가 경험을 좀 더 축적하고 나서, 아마도 한 5년 후쯤이나 돈과 투자에 대한 후속편을 집필하지 않을까 싶다. 단 그때에도 아빠가 지금처럼 건강하게 잘 지내고 있다면 말이다.

아빠는 정말 정말 건강하게 오래 오래 살고 싶단다. 그래서 매일 새벽마다 집 뒤 공원에 나가 운동하는 것이고, 새벽운동 할 때마다 우리 가족 모두 100살 넘게까지 건강하게 살게 해달라는 아빠만의 기도문을 중얼거리고는 하지.

하지만 사람의 생명이라는 게 뜻대로 되지는 않더구나. 돌아가신 서민이 친할아버지인들 아무 경제적 능력 없는 고등학생이었던 아빠를 남겨두고 뇌출혈로 쓰러져 중환자실과 요양원에서 의식 없이 7년 동안 누워만 있다가 생을 마감하고 싶지는 않았을 것이다.

아빠 나이가 40살을 넘어서니 몇 년 전부터 아빠 또래의 지인들이 급작스레 세상을 떠나는 경우들을 종종 접하고 있단다. 아빠 또한 2년 전인 2019년 여름에 급성 A형 간염에 걸려 태어나서 처음으로 병원에 6일간이나 입원하는 경험을 하면서, 사람이 건강하다가도 언제 급작스레 죽음이 다가올지 전혀 예측 할 수 없다는 것을 몸소 느꼈단다.

그래서 언젠가부터 아빠 노트북 바탕화면의 가장 우측 아래에 HWP파일로 유서를 미리 만들어 두고 수시로 엄마와 서민이에게 남길 말이 떠오를 때마다 일기 쓰듯이 유서에 기록해 두고 있단다.

이미 서민이에게도 혹시 아빠가 갑작스레 죽거나 의사소통이 불가능해지면 당황하지 말고 아빠 노트북에 있는 유서 파일을 가장 먼저 읽어보라고 몇 번 말해두었는데 너희들이 기억할지 모르겠구나.

평상시에는 기억하고 있더라도 예상치 못한 갑작스러운 상황이 닥치면 머리가 완전히 백지가 되어 아무 생각이 안날수도 있단다. 그렇기에 서민이를 위해 집필한 이 책의 마지막 주제는 아빠가 현재까지 기록으로 남긴 유서의 주요 내용들을 추려서 정리해보니 잘 참조해서 아빠에게 예상치 못한 불상사가 닥치면 당황하지 않고 참조하여 적절히 잘 조치하기를 바란다.

## 유서 일기 주요내용 발췌

### 2017. 3. 19.(일) 12:10 작성

서민아, 사람 일이라는 게 언제 어떻게 될 줄 알 수 없다. 그래서 혹시 모를 만일의 불행한 상황을 대비해, 사랑하는 엄마와 금쪽같은 서민이를 위해 틈틈이 생에 마지막으로 해야 할 말들을 미리 기록해놓기로 했다. 오늘은 간략히 유서를 작성하게 된 배경과 아빠가 유고시 재산 확인방법 등에 대해 정리해놓겠다.

1. **유서를 작성하게 된 배경:** 아빠가 최근에 책을 많이 읽고 생각을 많이 하다 보니, 부를 이루는 게 가장 중요하고 그 다음으로는 부를 유지하는 게 중요하더라. 그런데 현재 우리 집에서 경제적 지식이 있고 금융자산 관리를 할 능력이 있는 사람이 오직 아빠뿐이어서, 만약 아빠 유고 시 가세가 급격히 기울어 사랑하는 처자식이 불행한 삶을 살게 될까 심히 걱정되어 미리 만일의 사태를 대비하고자 한다. 이런 것을 써 둔다고 100% 대비가 되지는 않겠지만 최소한

우리가정 재산현황과 돈 관리에 대한 현황은 파악할 수 있을 것이고 서민이는 아빠의 사랑의 깊이를 조금이라도 더 느낄 수 있지 않을까 싶다.

2. **유고 시 재산 확인방법:** 본 노트북 바탕화면 우측 상단에 "금융관리"라는 XLS파일에 모든 것이 저장되어 있다. 현재의 재산현황은 물론, 부동산 투자현황, 은행계좌, 보험계좌 등. 이 내용들은 진작부터 불의의 상황을 대비해 정리해두었단다. 즉 아빠가 만일의 불상사를 당하게 될 경우 이 엑셀파일만 확인하면 우리 집 재산에 대한 모든 현황을 바로 알 수 있을 것이다.

여기서 확실히 해둘 것은, 아빠는 오래오래 살고 싶단다. 최소한 우리 서민이가 장가가서 손주들이 초등학교 갈 때까지는 건강하고 부유하게 살면서 서민이의 든든한 버팀목이 되어주고 싶다.

### 2017. 7. 22.(토) 8:15 작성

사랑하는 서민아, 드디어 아빠가 기술사 4관왕에 이어, 박사학위 과정도 모두 끝마쳤다. 아직 정식으로 학위수여 받지는 않았지만 모든 행정절차를 끝마쳤고, 8월 18일이면 영예로운 박사학위 수여식을 하게 된단다.

직장인으로서 낮에는 회사일하고 야간에 학업을 병행하며 주경야독 하느라 힘들었지만 이제 극점을 달성했단다. 부디 사랑하는 서민이도 어른이 되었을 때, 현실을 비판하며 좌절하는 삶을 살지 말고, 당당히 맞서 극복하여 본인이 미래를 스스로 개척해 나가는 멋진 삶을 살기를 바란다.

아빠가 박사 되었다고 말하니, 8살 민준이가 아빠에게 이렇게 말했단다. "아빠! 아빠 이제 똑똑박사야? 모든 거 다 알아?" 민준아, 미안하지만 아빠는 공학박사란다. 그것도 토목과 건설에 관련된 것들만 잘 안단다.

## 2017. 8. 18.(금) 8:05 작성

서준아, 민준아! 오늘은 아빠가 드디어 박사 학위를 받는 날이란다. 너희들은 어려서 아직 학위에 대한 개념도 없고 학위수여식에 대해서도 이해를 못하니 그냥 졸업식에 가서 교장선생님(대학총장)에게 상장(학위기) 받는 날이라고 말해주었단다.

지금은 8시인데 서민이와 엄마는 쿨쿨 자고 있구나. 아빠는 어제부로 근 12년간 근무한 현대건설에 사직서를 제출하고 마음이 참 싱숭생숭한데, 서민이는 당연히 어려서 잘 모르겠지만, 너희 엄마는 정말 무덤덤하더구나. 어쨌든 아빠가 학위 받는 거 많이 축하해 주고, 사랑한다 우리 아들들.

## 2017. 12. 31.(일) 4:30 작성

서민아, 오늘은 2017년의 마지막 날이다. 오늘은 갑자기 아빠가 미리 알려줄 게 있어서 글 남겼다. 앞으로 그래서는 안 되지만, 있어서는 안 될 일이지만, 혹여 갑작스레 아빠가 불의의 사고로 죽게 되거든 아빠 휴대폰에 저장되어 있는 모든 사람들에게 부고 소식을 전해라. 그러면 일부는 무시하겠지만 대부분 사람들은 조의금을 보낼 것이다. 그러면 그 돈도 많지는 않지만 조금이라도 도움은 되겠지.

민준아. 요즘 민준이는 아빠에게 말하기를 나중에 커서 훌륭한 건축박사가 되겠다고 했단다. 꼭 그 꿈 이루기를 바라고 만약 아빠가 네가 20~30대 될 때까지 살아있다면, 아빠가 건설 분야에 큰 인맥을 만들어 주고 길을 터줄 것이나, 만약 아빠가 불의의 사고로 그리하지 못한다면,

아빠 휴대폰에서 '~교수'라는 직함 붙어있는 사람들을 찾아내어 따로 저장해두었다가, 나중에 네가 건축박사의 꿈을 이루기 위해 도전하던 중 어렵고 힘든 상황에 놓여, 누군가 전문가의 도움이 필요하게 되면 그분들에게 전화하여 아빠의 이름을 대고 조언과 자문을 구해보거라. 사랑하는 아들들. 오늘은 서준이가 제일 좋아하는 양꼬치 사줄게.

### 2020. 3. 27.(금) 4:10 작성

혹여 아빠에게 무슨 일이 있다면, 기본적으로 우리 집 재산은 앞서 언급한 엑셀파일을 확인해 모두 찾아내고, 국민연금도 모두 찾아내어 회수하고, 또한 오늘 신규 가입한 노란우산 공제에서도 납입한 연금을 빼먹지 말고 찾아내어야 한다. 이 외에도 AIA보험, 메리츠보험에 가입되어 있는 것도 모두 꼭 빼먹지 말고 찾아내어 활용해야 한다.

### 2020. 5. 6.(수) 4:25 작성

서준이와 민준이에게 각 2,000만 원씩 현금으로 증여하고 국세청에 비과세 증여신고까지 했으며, 이를 다시 내가 빌려온 것으로 차용증을 작성했다. 차용증은 복리로 24% 이자로 작성했으니 추후 이 돈이 우리 서민이에게 종잣돈이 되어, 아빠 같은 가난한 젊은 시절을 겪으며 고생하지 않고, 편안하고 안락하게 좀 더 발전된 삶을 살 수 있기를 바란다.

**2020. 5. 19.(화) 3:50 작성**

노란우산 공제에서도 단체 상해보험이 자동으로 가입되었다. 그러니 혹여 아빠가 의사표현 못하는 어떤 문제가 생기면, 노란우산 부금 찾아내는 것 외에도 상해보험 지급 가능한지도 꼭 알아봐서 잘 챙기기 바란다.

**2021. 2. 9.(화) 4:30 작성**

생각해보니, 예전부터 과학기술인 공제회에도 노후연금 받기위해 매월 부금 납입 중이니, 나중에 아빠에게 무슨 일 생기면 그것도 잊지 말고 챙겨야 한다. 그리고 우리 강화도 토지와 농막은 궁극적으로는 장기투자 목적이라 할 수 있으니, 당장 급한 돈이 필요한 경우 아니면 조급하게 팔지 말고 잘 가지고 있다가 향후 제 가격 받고 팔아야 한다.

**2021. 4. 9.(금) 6:00 작성**

새벽 6시. 지금 강화도 농막 2층에 애들 책걸상에 앉아 프리랜서 일처리 하다가 문득 주식 자산에 대해 설명해줄 필요가 있을 것 같아서 추가 작성해본다. 우리 가족의 키움증권 계좌번호는 '금융관리' 엑셀 파일에 다 정리되어 있으니 참조하고, 아빠 주식계좌에 수천만 원 들어있으니 있지 말고 챙겨 받아야 한다. 아빠가 작년부터 매달 소득금액의 10%씩은 주식 사 모으고 있거든.

**2021. 5. 13.(목) 6:02 작성**

최근 서울대학교 의과교수이자 법의학자가 쓴 죽음에 관한 책 『나는 매주 시체를 보러 간다』를 읽고, 확실히 생전에 아빠 사후 처리에 대한 의사를 밝혀둘 필요성을 느꼈단다. 그래서 이렇게 아빠의 뜻을 남기니 혹여 아빠가 의식이 없고 회생 가능성이 적다면 아빠의 뜻을 존중해 아래와 같이 조치 바란다.

1. 무의미한 연명치료는 하지 말 것(콧줄, 목구멍에 호흡기 등 이런 것 하지 말고 회생가능성 적으면 편히 보내주오).

2. 아빠는 가급적이면 임종을 집에서 보내고 싶지만, 요즘 시대에 그러면 다른 가족들이 불편할 터이니 어쩔 수 없이 병원에서 임종을 맞이해야겠구나.

3. 상을 치룰 때 아빠 스마트폰의 연락처에 아래 예시와 같이 전부 부고 문자 보내고, 그리고 아빠 스마트폰을 이용해 페이스북, 카카오스토리, 인스타에도 모두 부고를 올려줘. 이때 반드시 계좌번호 같이 공지해야 한단다. 그러면 최대한 많은 사람들이 조의금 보내줄 거야.

**부고 작성 예시**

저는 '박춘성' 교수의 장남 박서준입니다. 저희 아버님께서 ○년 ○월 ○일 ○시에 불의의 ○○○ 사유로 세상을 떠나셨습니다. 너무도 갑작스러운 일이라 저희 아버님의 지인 분들께 어찌 부고를 전해드려야 할지 몰라, 황망한 와중에 부득이 휴대폰에 저장된 모든 연락처에 이렇게 부고를 전해드리게 되었습니다. 장례식장은 ○○이며, 발인은 ○일입니다. 아버님의 지인분이 맞으시면 아버님이 마지막으로 가시는 길을 참조해주시기 바라오며, 잘 모르는 관계라면 단체문자에 대해 부디 넓은 마음으로 이해해주시면 감사하겠습니다.

　　　　　- 상주 장남 박서준 올림. (조의금 계좌번호 입력)

4. 그리고 아빠 네이버 블로그에도 부고 올려줘. 거기도 조의금 주실 만한 분들이 좀 계시니.(아빠 노트북이나 휴대폰에서 접속하면 별도 로그인 없이 바로 접속 가능하단다)

5. 구태여 인터넷상의 아빠의 기록들을 지우려 할 필요는 없어. 그냥 나둬도 돼. 사람들이 아빠를 기억해주면 좋은 거니.

6. 혹시라도 아빠가 죽거든 이상한 삼베옷 같은 수의는 입히지 말고, 그냥 깔끔하게 즐겨 입던 정장으로 입혀주고, 머리카락에는 헤어젤 발라서 2:8 가르마로 깔끔히 넘겨줘.

7. 땅값도 비싼데 묘지 만들지 말고, 아빠는 그냥 화장해서 뼛가루를 강화도 일몰 조망지 주변 해안에다 뿌려줘. 물론 현행법상 불법인건 알지만 방법을 좀 찾아봐. 괜히 납골당 같은 데 넣지 말고, 어차피 아빠도 돌아가신 아버지 유골을 납골당에 모셔놓고 거의 안 찾아가 보고 있으니.

8. 제사는 지내지마. 그냥 아빠 기일이 포함된 주말에는 꼭 반드시 온 가족이 모여서 저녁식사 같이 하면서 웃고 떠들어줘. 가끔 아빠 생각도 좀 해주고.

9. 가급적이면 아빠가 재산에 대해서 증여로 정리를 하고 가겠지만,

　　　연봉 3억 파이어족이 서민에게 들려주는 부자의 돈 이야기

만약 급작스러운 사고로 재산을 미리 정리하지 못하고 간다면, 현금 및 예금, 주식 등 동산은 모두 엄마가 소유하고, 집과 토지 등 부동산에 대해서는 서준이와 민준이가 동일하게 나누어 상속받기 바래. 급한 돈이 필요하면 부동산 팔아도 되는데, 하지만 절대 값싸게 급매로는 팔지 말고 꼭 천천히 제 값 받고 팔아라.

10. 아빠 장례식에는 꼭 행복하고 즐겁게 해야 해. 슬픈 표정이나 곡소리 내지 말고, 카페와 같이 잔잔한 클래식 음악 틀어놓고 즐거운 분위기로 만들어 주오. 초상집에서 건배하는 건 실례라지만 아빠의 상중에는 모든 사람이 즐겁게 건배와 축배도 해줘.

11. 끝으로, 서준이와 민준이는 꼭 아빠와 큰아빠의 관계처럼 서먹서먹하게 살지 말고, 살갑고 친근하게 자주 교류하고 우애 좋은 모습으로 살아야 한다. (최소 매월 1회 이상 같이 만나 식사를 할 것)

## 2021. 6. 11.(금) 13:26 작성

오늘 새벽부터 폭우를 뚫고 대구 건설현장에 일보러 다녀오면서, 이렇게 하다가 갑자기 한순간에 사고로 세상을 떠날 수도 있다는 생각이 확 들면서 상속세에 대해 미리 알려주려 글을 남긴다.

　자산이 30억 넘으면 50%를 상속세로 내야하니 우리 상속세도 꽤 나온다는 건데, 아직은 아빠가 상속세까지 대비하여 현금을 남겨놓지 못해서 자세한 설명을 해주기 어려우나, 나중에 상속세 등에 대해 국세청에서 내라는 대로 곧이곧대로 다 내지 말고, 꼭 상속 전문 세무사 등 관련 전문가에게 돈을 주고라도 상담을 받아본 후 가장 저렴하게 절세할 수 있는 방법을 찾아서 상속 신고하도록 해. 우리나라 국세청은 사람 죽어서 슬픈 거, 이런 거 안 봐주고 체납하면 공매 등으로 강제집행하니 꼭 새겨듣기를.

_ The end

연봉 3억 파이어족이 서민에게 들려주는 부자의 돈 이야기

## 에필로그

**1. 서민이에게….**

서민아, 이 책의 내용을 딱 한 줄로 요약하자면 '부자가 되는 방법에는 왕도가 없다.'라는 것이란다. 가장 쉽고 빠른 부자가 되는 방법은 열심히 일해서 돈 벌고, 그 돈을 차곡차곡 잘 모아서, 미래에 가치 상승이 예상되는 현물에 투자하여 자산을 늘려나가는 것이란다.

즉 부자가 되기 위한 첫 단계는 돈을 잘 벌어야 하는 것이며, 같은 시간을 근로해도 더 많은 돈을 벌 수 있는 방법은 인기 연예인이나 스포츠 스타가 되는 등 아주 특별한 경우를 제외하고는 학력이 높을수록 더 좋은 직장에서 더 많은 돈을 벌 기회가 주어지는 것이란다.

그렇다고 직장인으로서 평생 살라는 건 아니고, 한 10년 정도만 직장에서 경험을 축적하면서 본인이 종사하는 분야에 대해서는 그 누구도 인정 할 수밖에 없는 최고의 전문자격을 취득하거나 전문기술을 습득하여 전문가 프리랜서로서 독립해 시간적 여유도 가지며 더 많은 소득도 올려야 한다는 이야기란다.

또한 이러한 단계를 모두 밟아 어느 정도 자산을 형성한 이후에도 적당한 근로 소득은 계속 유지 하는 게 좋단다. 어차피 전업투자자라는 사람들도 투자처 임장 다니고 물건 분석하고 계약하러 다니고는 하는데 따지고 보면 이것도 다 근로하는 것이란다.

어떤 분야에 전문성이 없는 사람들은 이렇게 부동산과 주식 등 누구나 접근할 수 있는 투자대상에 목숨 걸고 올인 할 수 밖에 없는 것이고, 고유의 기술력을 인정받은 전문직 종사자라면 그 분야 전문성을 가지고 많은 사업소득을 올리면서 투자를 병행하는 게 더 쉽고 빠른 자산형성의 길이라 생각한다.


## 2. 독자님께….

서민이가 아닌 이 책을 읽어주신 독자님께는 저의 돈과 자산에 대한 생각을 풀어 써놓은 지극히 개인적인 책이라 우선은 부끄럽다는 생각이 먼저 들고, 그럼에도 불구하고 끝까지 읽어주시어 감사하다는 말씀을 드립니다.

지극히 개인적인 내용으로만 구성되어 있어 독자님들께서는 어찌 받아들이실지 모르겠지만, 어쨌든 간에 이 책을 읽으신 모든 분들은 경제적 자유와 시간적 자유를 모두 달성하여 부유하고 평온한 노후를 즐기시기를 진심으로 기원 드리겠습니다.

벌써 2022년 새해가 밝았습니다. 잘 다니던 대기업 건설회사에 사직서 던지고 독립한 지 이제 근 5년이 흘렀네요. 그간에 저에게는 참으로 많은 변화가 있었는데, 다행히도 모두 긍정적인 방향의 변화만 있었던 것 같습니다.

이렇게 저의 지난 43년간의 돈과 관련된 경험과 생각들을 총 망라

한 이 4번째 책 저술을 마치면서, 한동안 잊고 지냈던 과거의 힘들고 아픈 기억들도 떠올랐고, 또한 회사를 그만두면서 다짐했던 초심도 다시 되돌아볼 수 있어서 저에게도 참 좋은 기회였습니다.

　독자님들 모두 댁내 평안과 행복과 부유함이 철철 넘치시기를 기원드리며, 저는 다음번에 '진정한 농지 투자'를 주제로 한 새로운 저서로 또 다시 인사드리겠습니다. 부족한 졸필을 읽어주심에 다시 한번 깊은 감사를 드립니다.

2022년 1월
송도국제도시 자택 서재에서…
작가 박춘성

네이버 블로그: '미추홀 박사의 생계형 기술사 이야기'
e-mail: 2sakoo@naver.com